本刊得到中国—中亚人类与环境"一带一路"联合实验室，文化遗产研究与保护技术教育部重点实验室资助

Sponsored by China-Central Asia "the Belt and Road" Joint Laboratory on Human and Environment Research, Key Laboratory of Cultural Heritage Research and Conservation

丝绸之路考古

第8辑

罗　丰　主编

中国考古学会丝绸之路考古专业委员会
西 北 大 学 文 化 遗 产 学 院 编
宁 夏 文 物 考 古 研 究 所

科 学 出 版 社

北　京

图书在版编目（CIP）数据

丝绸之路考古. 第 8 辑 / 罗丰主编；中国考古学会丝绸之路考古专业委员会，西北大学文化遗产学院，宁夏文物考古研究所编. —北京：科学出版社，2023.11

ISBN 978-7-03-077156-8

Ⅰ.①丝… Ⅱ.①罗… ②中… ③西… ④宁… Ⅲ.①丝绸之路–考古–文集 Ⅳ.①K928.6-53

中国国家版本馆 CIP 数据核字（2023）第 221737 号

责任编辑：孙　莉　蔡鸿博 / 责任校对：张亚丹
责任印制：肖　兴 / 封面设计：张　放

科学出版社 出版
北京东黄城根北街 16 号
邮政编码：100717
http://www.sciencep.com
北京厚诚则铭印刷科技有限公司印刷
科学出版社发行　各地新华书店经销
*
2023 年 11 月第 一 版　开本：787×1092　1/16
2024 年 8 月第二次印刷　印张：17
字数：400 000
定价：168.00 元
（如有印装质量问题，我社负责调换）

编 委 会

目　录

书　评

史前黄河流域与印度河流域的文化互动[*]

施兰英[1]　水　涛[2]　向其芳[3]　Mazhar Alam[4]　汤惠生[1]

（1. 河北师范大学　2. 南京大学　3. 湖北省文物考古研究院

4. Lahore Ethnographic Research Center）

摘要： 2018 年，由河北师范大学、南京大学、湖北省文物考古研究院组成的联合考古队，对印度河上游的 Jhang Bahatar 遗址进行了正式的考古发掘，这也是中国考古学家首次在印度河谷独立发掘哈拉帕文化遗址。本文对巴哈塔尔遗址的发掘情况做了简要介绍，在此基础上初步探讨了史前黄河流域与印度河流域的文化互动。

关键词： 巴基斯坦，哈拉帕文化，巴哈塔尔遗址

巴基斯坦地处西亚、西南亚、南亚、中亚等古代文明交汇的十字路口，是古代丝绸之路上重要的节点，区域内的印度河流域曾经产生过著名的以哈拉帕（Harappa）文化为代表的印度河文明，特别是 20 世纪末以来在俾路支斯坦发现的近一万年前的玛哈伽（Mehrgarh）文化，不仅被认为是南亚文明的最早起源地，同时也是古代世界里主要的文明中心之一。这里同时也是佛教的诞生与早期传播的重要区域，历来为全世界的考古学家研究的热点。经过 2016、2017 和 2018 年连续三年的努力，最终于 2018 年 3 月 20 日我们获得了巴基斯坦旁遮普省考古总局（Directorate General of Archaeology）所颁发的发掘执照。旁遮普省考古总局给了我们 5 个地点让我们选择，2018 年 4 月下旬经过实地勘察后，选定位于伊斯兰堡和塔克西拉之间的巴哈塔尔

---

* 本论文系国家社会科学基金青年项目（批准号：21CKG001）阶段性成果。

（Jhang Bahatar）的土墩遗址作为我们的发掘地点进行发掘。值得一提的是，这是我国在巴基斯坦境内对世界著名的哈拉帕文化遗址首次进行独立发掘。

对巴哈塔尔遗址的发掘，也是在一带一路背景和视野下进行的考古学研究。哈拉帕文化与埃及金字塔一样著名，且与我国史前文化有着紧密的互动关系，在中国政府实施一带一路的经济策略下，积极介入世界著名的考古学文化的发掘和研究，是中国学者在世界上争取话语权的必经之路，也是中国考古学家的一份责任与职守。从一方面来看，自古以来中国的黄河流域文明与巴基斯坦印度河文明都是古代文明的重要发源地；另一方面来看，中国与巴基斯坦是一带一路最主要的战略伙伴之一。在境外考古中，考古人员更多的是作为文化的使者或先行者的角色，对于增加两国文化间的相互理解与信任有积极的推动作用。

一、地理环境与地方历史文化

印度河是巴基斯坦最主要的河流之一，也是巴基斯坦重要的农业灌溉水源。巴基斯坦著名考古学家哈桑达尼（Ahmad Hasan Dani）说过，印度河是连接印巴次大陆和中国的一根纽带。印度河发源于海拔约 5500 米的西藏西南部，其上游的朗钦藏布（亦象泉河）和噶尔藏布（帐篷河）都在我国西藏境内。就在我们发掘地点所在的阿托克（Attock），喀布尔河汇入印度河，然后南下切穿盐岭进入旁遮普（Punjab，旁遮普语，意思是“五河之邦”）平原，与其他河流一起造就了富庶的旁遮普平原。

巴哈塔尔遗址坐落在塔克西拉谷地（Taxila Valley）。该谷地有印度河等河流流过，土地肥沃，自古就是人类居住繁衍之地。塔克西拉谷地于 1980 年被联合国教科文组织列为世界遗产，特别是其间的四处古代定居遗址，“揭示了印度次大陆五个多世纪以来的城市演变模式”。该连环遗址包括一些史前遗址、古迹和其他历史名胜，除了在比尔（Bhir）、萨拉卡拉（Saraikala）、西尔卡普（Sirkap）和西尔苏赫（Sirsukh）的 4 个定居点外，它们还包括其他总数为 18 个的史前和历史文化遗迹、墓葬、建筑及洞穴等。

这里最早的文化就是距今 5000 年前的哈拉帕文化。哈拉帕是巴基斯坦旁遮普省的一处小镇地名，位于萨希瓦尔（Sahiwal）以西约 24 千米处的拉维河畔（Ravi River）。哈拉帕文化是印度次大陆已知的最早的城市文化，最早英国考古学家昆宁汉爵士（Sir Alexander C. Cunninghan）、马歇尔（John Marshasll），以及印度考古学家巴纳吉（R. D. Banerji）等在 19 世纪末 20 世纪初在哈拉帕、摩亨佐·达罗（Mohenjo-daro）等地开展考古调查和发掘，最终以哈拉帕来命名整个印度河谷的早期文明。1920 年，潘迪特·达亚·拉姆·萨尼（Pandit Daya Ram Sahni）第一次在旁遮普邦的哈拉帕调查和发掘该文明，并遵循用首次发现该文化的地名来命名该文化的传统，使用哈拉帕文化来定义该文化。1946 年，英国考古学家莫尔蒂默·惠勒（Mortimer Wheeler）在他的发掘报告中首次正式使用哈拉帕文化一词。不过到了 1953 年，惠勒将其书名改为"印度河文明"（Indus Civilization），所以后来学者们往往用"哈拉帕文化"和"印度河文明"来并称同一种考古学文化。不过印度次大陆的考古学家们宁愿称其为"印度河—萨拉斯瓦蒂河文明"（Indus-Saraswati Civilization），因为该文明早期的分布范围已远远超出了印度河流域，扩大到东部的萨拉斯瓦蒂河一带[1]。到 2002 年，据统计有 1000 多个成熟的哈拉帕城市和居住遗址，其中不到 100 个被挖掘。被发掘的哈拉帕文化遗址中最为著名的五个是：旁遮普的哈拉帕（Harappa）、信德的摩亨佐·达罗（Mohenjo-daro）、古吉拉特多拉维拉（Dholavira）以及乔利斯坦（Cholistan）的甘那里瓦拉（Ganeriwala）和拉吉伽利（Rakhigarhi）。

就目前的考古资料来看，塔克西拉谷地已被发掘的最早人类定居地点是位于塔克西拉博物馆西南方 2 千米处的萨拉伊·霍拉（Sarai Khola）遗址。该遗址最早从公元前 3 千到前 2 千年初的中后期开始被使用。出土有磨光石斧、细石叶等；此时的陶器已使用陶轮，陶器中红陶占多数，有的饰黑白彩、有的器表被磨光、有的施陶衣或抹以泥浆。根据出土器物的风格与特征及其碳素测年，这个遗址属于哈拉帕文化的第二期科特·迪吉（Kot Diji）类型。很多反映贸易的出土物品将这种文化与相关的区域文化和遥远的原材料来源联系起来，包括青金石和其他制作珠子的材料。此时，人们已经驯化了许多农作物（包括豌豆、芝麻、枣子、棉花、大麦）以及包括水牛在内的动物。公元前 2600 年，早期的哈拉帕社区变成了大型的城市中心，成熟的哈拉帕阶段就是从那里开始的。最新的研究表明，印度河流域的人们从村庄迁移到城市。

印度河文明显然是由邻近地方或古时的村庄演变而来。采用美索不达米亚的灌溉农耕方式，一则有足够的技术在广阔肥沃的印度河流域收获作物，再则可控制每年一度既会肥沃土地又会制造祸患的水灾。新文明一旦在平原区取得立足点并能应付切身的温饱问题，人口数量增加，下一步当然是沿着大河道两侧向前扩展。虽然零星的商业在此出现过，人们仍有赖农业为生，除了栽种小麦和六棱大麦外，考古学家们也找到了饲料豆、芥末、芝麻以及一些枣核和些许最早栽植棉花的痕迹。驯养的动物有狗、猫、瘤牛、短角牛、家禽等，还可能饲养过猪、骆驼、水牛。象可能也被驯养，象牙的使用颇为普遍。由于冲积平原没有矿产，矿物有时自外地运来。黄金由南印度或阿富汗输入，银和铜自阿富汗或印度西北（今拉贾斯坦，Rajasthan）输入，青金石来自阿富汗，绿松石来自伊朗，另有似玉的白云母来自印度南部。

公元前一千年间，阿契美尼德人入侵到印度河流域。考古发掘表明，整个塔克西拉地区在公元前 6 世纪被阿契美尼德帝国所统治。

公元前 4 世纪，这个地方处于孔雀王朝（Mauryan）时期，塔克西拉是在古老的"皇家高速公路"沿线的战略位置建立的，该公路将古印度摩揭陀国孔雀王朝的首府华氏城（Pāṭaliputra）、古城白沙瓦，犍陀罗王朝的首都普塔卡尔萨瓦（Puṣkalāvatī），经克什米尔、大夏（Bactria）以及曾经是贵霜王朝的夏都迦毕尸（Kāpiśa），最终至中亚全部联系起来。在过去的几个世纪里，塔克西拉多次易手，许多帝国都在争夺它的控制权。

公元前 2 世纪，塔克西拉被大夏的印度—希腊王国吞并。印度—希腊人在塔克西拉河的对岸建立了一个新的首都西尔卡普（Sirkap）。在这个新时期受大夏—希腊统治。

公元前 90 年左右，统治塔克西拉的末代大夏希腊国王被印度—斯基泰酋长毛斯（Maues）推翻。稍后印度帕坦王国（the Indo-Parthian Kingdom）的创始人贡多法尔（Gondophares）于公元前 20 年征服了塔克西拉，将塔克西拉定为他的首都。

大约在公元 50 年，希腊新比塔哥利亚哲学家阿波罗尼乌斯的泰亚纳据称访问了塔克西拉，他的传记作者费利斯特拉图在大约 200 年后写到，作为一个建立在对称计划之上的防御城市，大小类似于尼尼微，现代考古学证实了这一描述。公元 76 年的铭文表明，在库申帝国的创建者库朱拉·卡德菲斯从帕提亚人手中夺取这座城市后，库申城就已处于库申统治之下。伟大的贵霜统治者卡尼什卡后来建立了锡尔苏克，最近的一个古老的定居点就在塔克西拉。

公元 1 世纪，迦腻色伽一世（Kanishka I）建立了他的贵霜王朝，塔克西拉归属于他。

公元 4 世纪中期，笈多王朝在东犍陀罗的领土上兴起了，塔克西拉成为众所周知的贸易中心，开展包括丝绸、檀香、马、棉花、银器、珍珠和香料等贸易。正是在这段时间里，这座城市在印度古典文学中占据了重要地位——既是文化的中心，也是军事化的边境城市。也正是在笈多王朝，中国朝圣者法显来到了塔克西拉。

公元 405 年到 411 年，法显访问过此地，《佛国记》称塔克西拉为"竺刹尸罗"，或"截头"，因为佛陀在这里生活时"把他的头给了一个人"，故名。这个时期佛教十分兴盛。公元 520 年，中国的朝圣者宋云访问这一地区时，所见便大不相同了。西北印度的大部已为嚈哒人（白匈奴）所统治，这时的国王是印度什叶派王（Hindushahiyya King），"立性凶暴，多行杀戮，不信佛法，好祀鬼神"（《洛阳伽蓝记》）。后来的嚈哒统治者米希拉库拉对佛教更是无情打击，出征幼日王失败后，他在犍陀罗"毁串堵波，废僧伽蓝，凡一千六百所"。

公元 630 年，玄奘来到塔克西拉，他在《大唐西域记》中将塔克西拉译作"呾叉始罗"，梵文意为"石雕之城"，书中描述道："地称活壤，稼穑殷盛。泉流多，花果茂。气序和畅，崇敬三宝"，"伽蓝虽多，荒芜已甚，僧徒寡少"，往昔的繁荣景象已无处寻觅了，书中提到他去拜访过一片荒凉、半荒废的塔克西拉，只有少数僧侣留在那里。他补充说，该王国此时已经成为克什米尔的一个附属国。按照玄奘的记载，昔日的贵霜统治遗迹已经不存在了，本地也不存在纷争了，整个地区被克什米尔来的人统治着，但是塔克西拉的人民仍然是佛教徒。

二、发掘介绍

巴哈塔尔遗址位于巴基斯坦伊斯兰共和国伊斯兰堡近郊的阿托克市，地理坐标为北纬 33°41′15″，东经 72°41′46″，海拔为 480 米（图一）。很多哈拉帕遗址都呈现出土墩形态，巴哈塔尔遗址也是一处土墩形态的史前遗址，直径约 80 米，现存高度约 11 米，遗址现地面上可以看到密布的陶片和石块等。这种土墩遗址是被人类长期居住以后所遗留下来的生活垃圾堆积所造成，也就是说多少代人居住在这同一地点，住宅建了毁，毁了又建，多少年之后便形成了这样一种土墩或高台。这种土墩遗址最早出现在西亚地区，是西亚地区典型的早期遗址堆积，后来在中东、中亚、乃至东欧也很常见。这种土墩有的可高达 30 米，像截了尖的半椎体。这种土墩遗址一望即知是农业部落，一般周边灌溉系统很发达。我们所要发掘的巴哈塔尔就是一个大土墩，这种土墩英语称"mound"，也就是"Depe""Tepe"或"Tibba"，指的是一种人工堆积的大土堆。斯坦因在他的"Ruins Ancient and Modern"一文中将其称为"mesa"，认为是古代人们用于居住的，其地面上散见的彩陶片斯坦因认为是铜石并用时代的[2]。

根据地面陶片和土墩剖面的堆积情况，以及以往的调查材料来看，土墩上部堆积为历史时期的遗存，大约 8—10 米以下开始出现哈拉帕文化的堆积层。根据已发掘出土的大量的陶器、石器、铜器、玻

图一　巴哈塔尔遗址地形图

璃以及费昂斯（Faience）等来看，该遗址时代最早为在哈拉帕文化科特·迪吉类型（Kot Diji Phrase，c. 2800 BC—2600 BC），经过吠陀时代（Vedic Civilisation, c. 1500 BC—522 BC）到孔雀王朝（Mauryan Empire, c. 300 BC—200 BC）。是一处史前时期到历史时期的聚落遗址，上部主要是伊斯兰时期至近代的遗存，下部为哈拉帕文化时期的遗存，底部或许有早于哈拉帕时期的遗存。科特·迪吉为一地名，位于巴基斯坦信德省海尔普尔以南约 24 千米处的印度河东岸。1955 年和 1957 年，巴基斯坦考古部在此发掘，揭露了一个时代在公元前近 3000 年的早期印度河文明，属于哈拉帕文化第二阶段，亦称科特·迪吉类型。

2018 年 11 月 20 日，一支由河北师范大学、南京大学、湖北省文物考古研究院组成的联合考古队进驻巴哈塔尔遗址，开始进行正式的考古发掘工作。进场布方时，首先，在遗址东部的已经被取土破坏的部位，选择正东西向布设了一条探沟，长度 40、宽度 2 米。该探沟又被分割为 2 米×10 米一个的四个发掘单位，由四组发掘队员同时进场，分别负责发掘。之所以选择在遗址近底部的堆积层面进行布方，主要是考虑到第一次发掘计划的时间有限，土墩本身堆积层太厚，如果从顶部开始发掘，无法在发掘面积较小的情况下，向下一直发掘到底部。而土丘的上部堆积，主要是近代以来直到伊斯兰化的历史时期形成的遗存，这部分年代偏晚的文化堆积不是我们学术研究的重点所在，而该遗址东部已被破坏的部分，在地面和耕土层中仍有大量哈拉帕文化时期的陶片，经使用洛阳铲钻探表明，其地面以下仍有 1—2 米的文化层堆积（图二）。因此，本次发掘所选择的区域和层位，能够保证在较短的时间内获得比较重要的文化堆积和遗物。

图二　巴哈塔尔遗址发掘现场（后面断崖即为土墩遗址的断壁剖面）

地层堆积可分 5 层：由于选择土墩已被破坏的平地进行发掘，故残余的文化堆积并不太厚，一般厚度在 1 米左右，除第 1 层为耕土层外，文化层可分 4 层。第 2—4 层为吠陀时代到犍陀罗时期，从考古学文化区分是从比尔丘（Bhir Mound）时期到西尔卡普（Sirkap）时期的文化堆积，第 5 层为哈拉帕文化科特·迪吉类型的堆积。第 4 层下和 5 层下灰坑分布十分密集，打破关系较多，形状多呈圆桶形、锅底形，部分为深 2—3 米的袋状坑，共 36 个灰坑（图三）。灰坑内包含物丰富，如在编号为 H15 的灰坑内一次出土完整陶器 15 件。H32

图三　巴哈塔尔遗址发掘现场

为一个袋状坑，同层位打破 H25，在其底部出土 3 件完整陶器。H16 底部与坑壁交界之处一圈规律地放置着许多可以复原的破碎陶器（图四）。在一些灰坑的底部，如 H9 底部发现一层带石灰质的白色硬质地面，根据其他地区科特·迪吉类型发掘的情况来分析，为白灰面（图五）。此外，在壁和底交界处规律分布着直径约 10 厘米的洞，其底部曾经有过木构设施，如是，该袋状坑则为地穴式房屋（pits dwelling）。

该遗址现地面可以看到密集的陶片和石块等，在已经发掘的一条 2 米×40 米的探沟中，清理出 36 座灰坑 30 余件完整陶器，以及 1000 多件小件，此外尚有大量的动植物考古的环境制品（ecofacts）和测年标本。出土了大量的陶器、石器、铜器、玻璃以及费昂斯等，时代最早为在哈拉帕文化科特·迪吉类型，经过吠陀时代到孔雀王朝。

图四　H16 的清理现场

图五　H9 的清理现场

已编号小件和样本数量千余件，计有玻璃、蚌壳、陶和费昂斯制作的手镯与珠子（图六）、陶塑动物与人像（图七）、青铜和铁制作的小刀、钉等，石器有马鞍形磨盘（图八）、球形研磨器、石叶刮削器、砍砸器（图九）、石斧等；陶器主要是泥质红陶，器形有短颈圆鼓腹罐、大瓮、钵等，多为圆底或小平底（图一〇）。密弦纹、三角形刻划纹、碗钵外部口沿的宽带黑彩、菩提叶纹、波浪纹的彩陶等，特别是黑白二彩的使用，很有特色（图一一）。此外还出土有大量的兽骨，目前可辨者有马、牛牙及鹿、羊的下颌骨等。遗址也按地层和发掘单

图六　巴哈塔尔遗址出土遗物

1. 印章　2、3. 玛瑙珠子　4. 费昂斯珠子　5. 玻璃手镯　6. 陶手镯

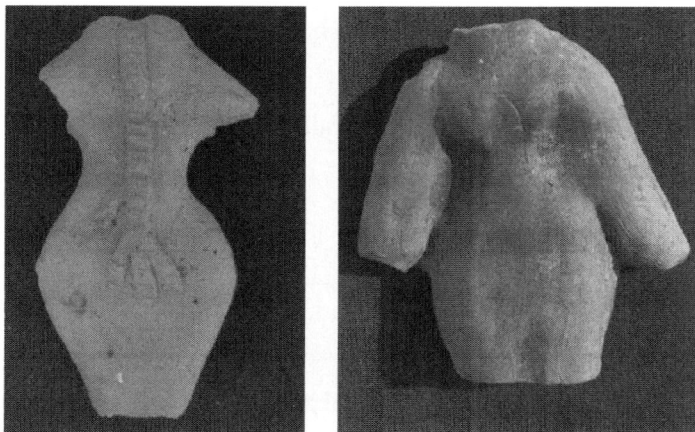

图七　巴哈塔尔遗址出土陶塑人像

图八　巴哈塔尔遗址出土哈拉帕文化科特·迪吉类型的马鞍形石磨盘

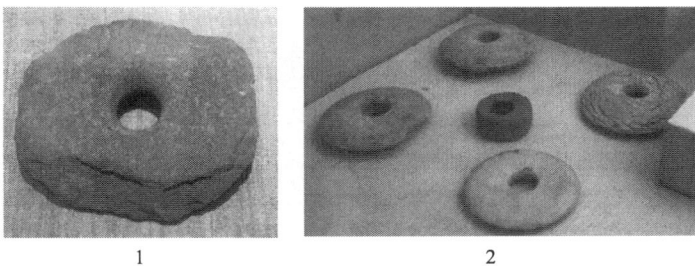

1　　　　　　　　　　2

3

0　　　　　10厘米

图九　巴哈塔尔遗址出土砍砸器与青海地区出土砍砸器比较

1. 青海贵德罗汉堂马家窑出土盘状砍砸器（贵德博物馆藏，汤惠生拍摄）

2. 哈拉帕博物馆展品　3. 巴哈塔尔遗址出土盘状砍砸器

位进行浮选，提取了丰富的植硅体样本可供测年以及植物考古研究。

图一〇　巴哈塔尔遗址出土陶器

在考古发掘和遗址测量工作进行的同时，我们的环境研究专家还对遗址外围的地貌和水文状况进行了实地调查，在河流的阶地和剖面中采集了热释光测年系列样本和黄土沉积物分析样本，可对本区域进行古气候与古环境研究。

图一一　巴哈塔尔发掘出土科特·迪吉类型彩陶纹饰

三、主要发现、认识收获及学术意义

本次发掘工作选择了该遗址已遭破坏的东部进行布方，意图就是避开遗址上部厚达近 8 米的晚期地层，重点发掘哈拉帕文化的遗存，或更早的文化遗存。就这一学术目的而言，本次发掘是一次非常成功的尝试，在东西向 40 米长的探沟范围内，普遍发现了丰富的哈拉帕文化时期的遗迹和遗物，发掘表明，该遗址土丘范围内，均为哈拉帕时期的遗存分布区，并且有可能延伸分布到土丘以外的更大区域内。这对于我们下一步工作选择发掘区是十分重要的依据。

由于在该遗址的哈拉帕文化层内发现的遗迹和遗物非常丰富，可以断定，这个遗址是一处非常重要的哈拉帕时期的聚落。结合在遗址外围即将进行的区域调查工作，我们最终有可能搞清楚哈拉帕文化在印度河上游地区的基本分布状况和规律，这也为解决哈拉帕文化的来源及与中亚、中国的新疆和西藏等地区的早期文化交流问题提供了更多的可能性。这是本项目最终想要实现的学术目标。

巴基斯坦是我们的邻国，特别是对于我们青藏高原来说，印巴次大陆虽然谈不上一衣带水，却也是隔山相望。自古以来，喜马拉雅山脉不仅不是两边人们来往的障碍和阻隔，恰恰相反，却是连接两地文化互动的通道与走廊[3]。

前面我们谈到距塔克西拉博物馆西南方 2 千米处的萨拉伊·霍拉遗址，该遗址距巴哈塔尔遗址西北约 7 千米，20 世纪 60 年代末经过发掘，其发掘报告发表在 *Pakistan Archaeology* 1972 年第 8 期上。萨拉伊·霍拉也是属于科特·迪吉类型的遗址，出土的器物与我们的一样。

关于印度河文明的起源，不同的学者有不同的看法，而且不同时期也有着不同的观点。马歇尔认为印度河文明有着自己悠久的历史，是本地起源的，他对此坚信不疑[4]。他的看法获得了柴尔德的支持，柴尔德认为"印度河文明是人类生活适应特定环境的完美表现"，摩亨佐·达罗遗址所表现出来的现代印度文明的古老特征，足以说明了这个文明历史传承性[5]。而惠勒却与马歇尔等人相反，认为印度河文明是美索不达米亚文化影响下产生的，而摩亨佐·达罗和哈拉帕等遗址的砖构遗迹认为是"异族统治"（alien domination）的建筑标志[6]。20 世纪 70 年代初萨拉伊·霍拉遗址的发掘者哈利姆（M. A. Halim）直言萨拉伊·霍拉出土的陶器风格是通过克什米尔的布尔扎洪（Burzahom）文化受来自中国北方仰韶文化的影响[7]。然而自从20 世纪 80 年代后，随着俾路支斯坦的玛哈伽文化的发现与发掘，印巴次大陆的考古学界都众口一词地认为哈拉帕文化源自玛哈伽文化，认为玛哈伽文化传播到印度河流域，便成为印度河文明[8]。

尽管如此，哈拉帕文化与中国仰韶文化之间的相似与相同，则是不言而喻的，这种相似首先来自陶器，亦即那些红陶黑彩风格的陶器，甚至有些纹饰，几乎如出一辙。图一二中的这种纹饰被称作"西阴纹"或"四叶花瓣纹"。可以将其分作两部分来看，白的部分可以视为四叶花瓣，黑的部分则像十字交叉，西方称"马耳他十字"（Maltese Cross）。中国则因最早发现于山西西阴村，故称"西阴纹"。通过对比，我们可以看到两者之间的相似程度。不，相似到这个程度，就不能再说相似了，应该就是同一种纹饰，与此相同的还有对三角纹等（图一二）。直到公元前一千年左右，这种来自喜马拉雅北麓的影响才逐渐式微。譬如萨拉伊·霍拉遗址Ⅰ期和ⅠA 期（过渡期）陶器完全为手制，器物底部往往有蓝纹或席纹，有些器物施以泥质陶衣。但到了萨拉伊·霍拉遗址第Ⅱ期，风格巨变，譬如素面短颈罐，一系列有横槽的（或密弦纹，Ⅶ型）、折沿器皿（Ⅷ型），以及器盖（ⅩⅢ型）等过渡期中刚刚出现的器物在第Ⅱ期中便很普遍了，这些器物在旁遮普、信德和俾路支斯坦等地的哈拉帕文化中非常普遍。而随着这些器物同时出现的还有玉髓（carnelian）、青金石（lapis lazuli）、玛瑙（agate）等质地的珠子和陶手镯（terracotta bracelets）。萨拉伊·霍拉遗址的发掘者认为这一切说明在公元前三千纪印度河流域发生的一种文化的变化，即先前与中国所建立的接触换成了与西南亚之间的联系。

不仅是仰韶文化，实际上与甘青地区的马家窑文化、西藏的卡若文化之间，都有着互动关系。譬如卡若出土的陶器主要有钵、罐、盘等，均为平底，以泥条盘筑法制作，底部印有席纹。有一种容器的表面出现不规则的扫痕，被认为是在陶器成型后经细树束或扫把刮扫后所致的扫痕。卡若遗址出土 1664 片陶片，这种有扫痕的陶片占陶片

图一二　哈拉帕文化与仰韶文化彩陶比较

1、2. 仰韶文化彩陶上的花瓣纹（陕西省考古研究院藏，采自网络）与
三角纹（甘肃省博物馆藏，采自网络）　3、4. 哈拉帕文化彩陶上的花瓣纹与三角纹

总数 7.8%。有趣的是卡若遗址也出土这种扫痕，发掘者称其为“抹刷纹”，“纹痕深浅不一，纵横交错，极不规整，似在制陶过程中用粗纤维或草抹刷器表时所留的痕迹，一般饰于作炊器用的深腹罐上”[9]。而我们在巴哈塔尔的科特·迪吉类型单位中，也发现很多这种“抹刷纹”。尤其是在克什米尔地区发现的公元前两千多年前的布尔扎洪文化，与昌都卡若文化有着诸多的相似与相同。很多学者认为印度河流域的哈拉帕文化和中国黄河流域的仰韶和马家窑文化有着很多的互动，而这种互动正是通过克什米尔地区的布尔扎洪文化来实现的。学者们通过两个遗址由碳-14测年所提供的年代数据的比较，卡若遗址年代稍早于布尔扎洪遗址，认为布尔扎洪遗址是卡若文化向泛喜马拉雅地区传播的结果，而且这条传播路线就是西藏与内地、与克什米尔、旁遮普以及阿萨姆地区之间移动往来的“麝香与丝绸之路”[10]。甚至有些学者认为布尔扎洪遗址与黄河流域的仰韶文化也有诸多联系[11]，是“彩陶文化”西渐的证据[12]。

　　20 世纪，巴基斯坦的考古学家也是这么认为的，但随着玛哈伽文化发掘和研究的深入，他们认为将布尔扎洪遗址看作是"仰韶新石器文化中的一种悠久传统的扩散"[13]，是不成熟的观点，他们认为布尔扎洪遗址的文化传统在玛哈伽文化中有着深厚的传统。玛哈伽文化不仅是布尔扎洪遗址的文化源头，而且被认为也曾经深刻地影响着南土库曼斯坦，乃至伊朗北部的早期新石器文化。不仅陶器，石器亦然，譬如凹背弧刃半月形穿孔石刀或长方形穿孔石刀等，则应置于整个东亚文化传统范围[14]。

　　我们在巴哈塔尔遗址发现的带孔盘状石器，马家窑这件圆盘砍砸器来自青海贵德罗汉堂，标牌说明是纺轮，但这不可能，这个圆盘直径约 13 厘米，中间孔直径约 2 厘米，不可能是纺轮。而巴哈塔尔遗址也出土类似的中间带孔的圆盘器。巴基斯坦学者认为是权杖首，但我们认为是圆盘砍砸器，因为所有出土的这类石器的周边缘刃均有使用过的砍砸痕迹，如罗汉堂出土的这件便有明显的使用痕迹。有的甚至不需要安装在杖头使用，即不需要木头手柄，可以直接手持石器使用，所以中心圆孔没有穿透，巴哈塔尔出土的这件即是如此（参见图九）。

　　我们在巴哈塔尔发现的菱形项链坠或纺轮，与马家窑出土的同类器物毫无二致（参见图六，4），特别是陶手镯（参见图六，6），若将其放在一起，根本无法区别。只是马家窑文化的陶手镯数量较少，而哈拉帕文化中出土的这种陶手镯可以说是海量。这与陶手镯的大量使用和易于损坏有关（图一三）。

　　此外与马家窑文化出土的同类器物几乎一模一样的，尤其值得注意的是装饰品中的海贝和费昂斯。首先是费昂斯可能来自哈拉帕文化。在我们发掘的巴哈塔尔遗址科特·迪吉文化层中也发现费昂斯珠子，时代在距今 4800 年前。印度河谷发现的时代最早的费昂斯珠子是距今 5000 多年前哈拉帕文化早期或玛哈伽文化晚期的[15]，不过最近有报道说，在玛哈伽文化 II 期（5500 BC—4800 BC），就已经发现了上釉的费昂斯珠子（Glazed Faience Beads）（图一四，2）[16]。从目前的考古资

图一三　哈拉帕文化出土陶器
1. 哈拉帕印章图案中双臂戴满臂钏手镯的湿婆神　2. 哈拉帕博物馆现代塑像
3. 哈拉帕博物馆陈列的陶手镯

料看，我国最早的费昂斯发现于新疆，距今不到 4000 年[17]，但事实上在青海马家窑文化出土的材料中，早就出土过费昂斯，只是发掘者不认识，错将其视作骨珠（图一四，1）[18]。

卡若遗址出土的装饰品中，珠子有 10 枚，质地有大理岩、硬玉、黏土岩、孔雀石、骨等；形状有圆形、扁圆形、管形、葡萄形等，其上均有一穿，对穿而成。此外还出土项饰两串，每串出土时均集中在一起。项饰有长方形珠和管珠两种，长方形珠系黏土岩制成，珠体较薄，孔的位置不甚固定，或在中心，或偏一端。管状珠系鸟类腿骨片制成。与此形成对比的是曲贡遗址和墓葬，无论早期或晚期，竟然未出土任何项饰类的珠子或人体悬挂饰品，这是一个令人非常费解的现象。

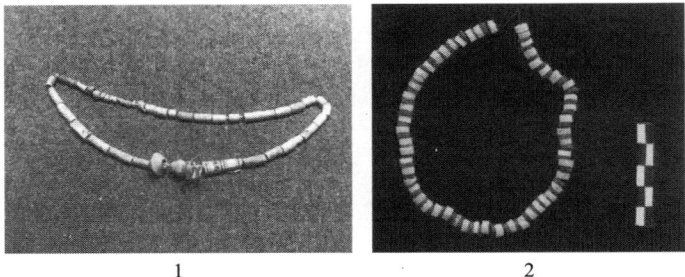

图一四　玛哈伽文化与马家窑文化出土项链
1. 马家窑文化出土的石、骨、费昂斯项链（中间的菱形项链坠即为费昂斯）
（贵德博物馆藏，汤惠生拍摄）　2. 玛哈伽文化Ⅱ期的费昂斯项链

　　吐蕃时期进贡长安的贡品之一是"瑟瑟"，史书记载波斯产"瑟瑟"[19]，而吐蕃人与波斯人多有往来，所以吐蕃变成了唐朝输入"瑟瑟"的来源地[20]。所谓"瑟瑟"即指绿松石和孔雀石，由于绿松石的主要产地在土耳其，故又称土耳其玉。藏语之所以将其称为"瑟瑟"，学者们疑其来自波斯语。波斯语称绿松石为"jamsat"，而"瑟瑟"可能是这个词的对音省译[21]。无论是绿松石还是孔雀石，我国仅南方像湖北、广东等地有蕴藏量不大的产地。这两种矿石的主要产区仍然是西亚，而对宝石的加工来说，与西藏邻近的印度河文明[22]，乃至于前哈拉帕文明都是以这种珠饰生产加工而闻名[23]。卡若遗址出土的硬玉，是指其产地也在喜马拉雅，如缅甸翡翠。但其加工，如蚀花玉髓，即藏语中的"瑟瑟"（zig），应该还指硬玉，即翡翠、玉髓或玛瑙，包括由蚀花技术制成的"天珠"[24]，这种蚀花玉髓最为盛行的就是哈拉帕文化[25]，而其更为久远的源头可以追溯到玛哈伽文化。我们以为卡若的珠子和项饰，包括甘青地区马家窑文化出土的同类器物，应该都是由泛喜马拉雅廊道传播而来。

　　此外还有海贝的来源问题。卡若遗址出土海贝 10 枚，童恩正在报告中指出：

　　　　穿孔贝属于宝贝（cowrie shell），此类贝主要产于南海，
　　但在仰韶文化、龙山文化以及黄河上游诸石器时代文化中，
　　经常可以发现以宝贝作为装饰品的情况，这似乎是我国原始

文化的共同特征之一，所以国外有的学者是以宝贝的传播作为一种文化因素的传播而加以考虑的。卡若遗址远离南海，竟然也发现了这种贝，这除了证明它的居民与我国其它类型的新石器时代文化的居民有着共同的意识以外，也反映了当时部落之间的交换，不论是直接的或间接的，已经达到了很远的范围[26]。

也就是说，童恩正认为卡若遗址出土的贝产自中国南海，普遍见诸仰韶、龙山以及马家窑文化，那么出土于卡若遗址的海贝定然也是来自中原地区新石器文化因素之一。然而近年来的发现与研究，贝在中国的出现与传播，应该是全新世5000以后的事。比卡若早一点的是青海宗日遗址出土的海贝，从碳-14年代来看，宗日遗址的两个碳-14测年数据为距今5685±225年和距今5650±140年[27]，稍早于卡若遗址，但应视为同时期的新石器文化。安特生说在渑池的仰韶文化中发现海贝，但验诸后来发现的仰韶文化，均不见海贝，后来夏鼐先生在核验安特生在河南渑池发掘的地层时发现，安特生将晚期的文化地层当作仰韶文化了[28]。

1993年10月25日的《中国科学报（海外版）》头版登载了中国地质科学院地质力学研究所钱方教授在青海省海西州昆仑山口的西大滩发现一万年前人类遗迹的报道文章[29]。钱方教授发现的遗物包括石器等人工制品、兽骨、灰烬等，其中最为引人注目的是一枚经过切割和钻孔加工的人体悬挂装饰海贝。对同层位出土的两件动物骨骼标本（W2、W3）进行热释光测年（Thermoluminescence Dating）后，分别获得为距今17290±1210年和18910±1510年两个年代数据。

根据日本学者白川静的考证，甲骨文和金文中所有的"贝"无一例外全部都是子安贝的象形[30]。殷商时期出土的海贝亦然，比如三星堆"祭祀坑"共计出土的海贝约4727枚，主要为货贝、白色环纹货贝、黑色虎斑纹贝，均为海洋性贝类，而其中的白色环纹货贝，亦即子安贝[31]。子安贝，英文称作"cowry"或"cowrie"，拉丁学名为"*Monetaria moneta*"。现在我们知道这种宝螺（也称宝贝）科（Cypraeidae）的热带海洋腹足纲软体动物，只生活在红海和印度洋[32]。

从中国旧石器时代晚期以来的考古资料看，海贝最早出现于青海的马家窑文化和西藏的卡若文化。直到龙山文化时期，海贝才普遍见诸中国内地，这一现象便从一个方面暗示着海贝应该来自印巴次大陆，或准确地说来自哈拉帕文化。

我们这次一共清理 36 座灰坑，其中几座值得进一步探讨，譬如 H9。该灰坑底部直径 3.3 米，深 3.5 米，靠近底部的四周坑壁上规律分布着许多直径 10 厘米左右的洞，疑地表原来有木构设施。灰坑的壁和底，都涂抹 3—6 厘米的青膏泥，我们认为 H9 是地穴式房屋（subterranean dwelling）。根据这些现象分析，这可能是某种木构设施的遗迹。灰坑的填充物很丰富，分层清晰，灰烬与各种人工制品以及生物制品驳杂混同。换句话说，这个坑起初很可能是作为住房使用的地穴式房屋（pit dwelling），废弃后才变成了垃圾坑。如果这是地穴式房屋，似乎成了神话中湿婆"用泥土建造了一间房子"的地下之物证，那么与之相应的仰韶文化地穴式房屋可否理解为《山海经》中"穴居"的物证呢？

在昆奈尔（Kunal）的ⅠA 期，即科特·迪吉期也发现窖穴式住房，被称作房屋（houses），其制作方式为先挖一个深 1.1 米，底径 2 米的坑，地面经过拍打（rammed floor），坑壁经过抹泥。坑口的柱洞表明坑口上方有至少 2 米高的外表涂泥的篱笆墙（wattle-and-daub）。而ⅠB 期则开始出现面积更大的坑，而且坑壁用土坯砌筑后用泥抹光。此外在贾利普尔（Jalilpur）、哈拉帕等地发现钟形（bell-shaped，即袋状）的小型储藏坑，壁和底都经过抹泥处理；在卡立邦甘（Kalibangan）也发现有科特·迪吉时期的住房，为土坯建筑，在建筑内还发现有灶、白灰（或青膏泥）地面的窖藏灰坑（lime-plastered storage pits）、马鞍形磨盘。卡立邦甘发掘的科特·迪吉期，碳-14 校正年代在 2900 BC—2800 BC。

　　仰韶文化就出土很多地穴式房屋的灰坑，其壁与底有的有木结构，并涂以 1—4 厘米的草拌泥（亦即古汉语中的"墐"）用于防潮[33]，有的甚至出口处盖以顶棚以遮蔽雨水（图一五）。近年来在陕西杨官寨仰韶文化遗址发掘的灰坑中，也出现这种袋状灰坑，譬如"H85 的壁面基本竖直，坑底部的结构基本呈对称分布，可能是其原初用途的

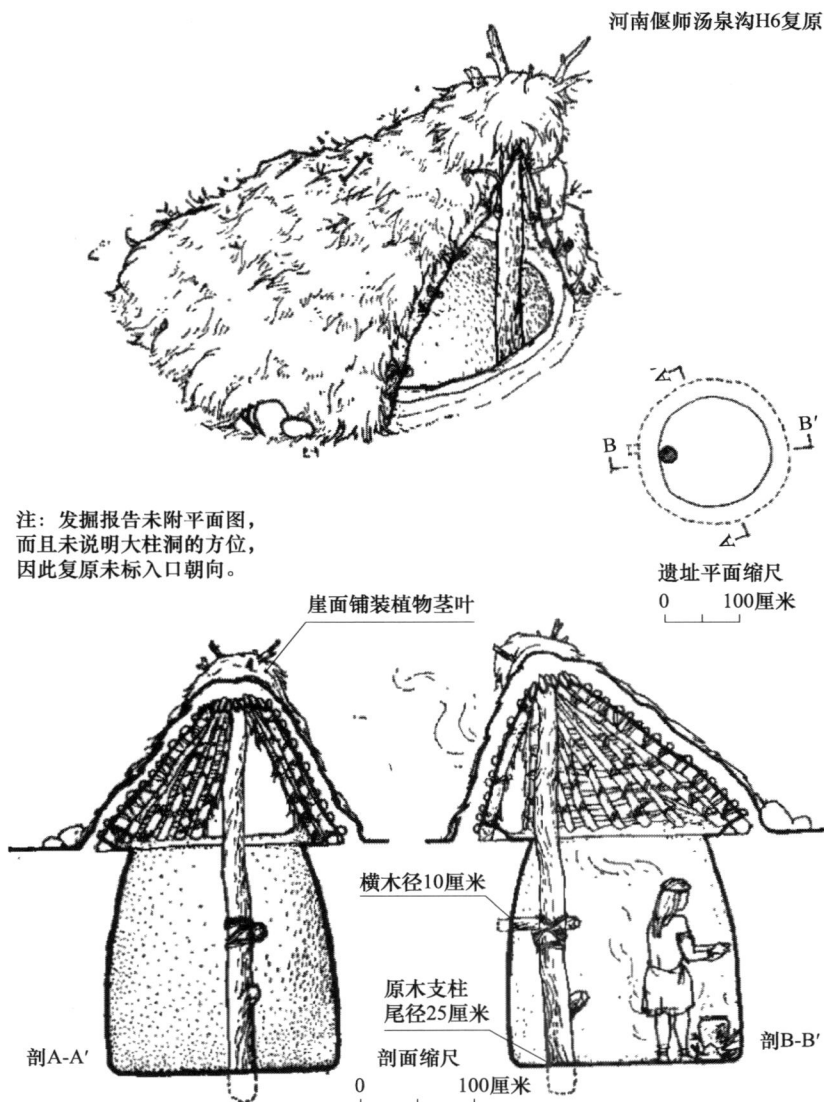

河南偃师汤泉沟H6复原

注：发掘报告未附平面图，
而且未说明大柱洞的方位，
因此复原未标入口朝向。

遗址平面缩尺
0　　　100厘米

崖面铺装植物茎叶

横木径10厘米

原木支柱
尾径25厘米

剖A-A′　　　剖面缩尺　　　剖B-B′
0　　　100厘米

图一五　河南偃师汤泉沟仰韶文化地穴式房屋复原

（采自：杨鸿勋《仰韶文化居住建筑发展问题的探讨》，《考古学报》1975 年第 1 期，第 53 页图一四）

直接证据，与房屋建筑内的'土床'或上下台阶一类的设施十分相似，坑北壁的长方形孔洞，可能用于搭建或支撑房屋的木构架。在坑内部不同层位堆积中发现多处草拌泥类的建筑材料，特别是坑下部贴近壁面处经火烧烤的草拌泥，应该是人为特殊加工处理的，种种迹象表明 H85 很有可能为一处史前先民长期居住的地穴式房屋建筑遗迹"[34]。虽然萨拉伊·霍拉遗址的发掘者认为科特·迪吉文化类型出土的这种袋状居住坑可能是来自仰韶文化的影响，但俾路支斯坦玛哈伽文化出土有时代更早的这种袋状居住坑，因而从玛哈伽传入巴哈塔尔的可能性更大。

玛哈伽是南亚最早的农业和畜牧业遗址之一，"驯化小麦品种、早期农业、陶器以及其他考古文物，一些驯化植物和畜群动物等与后来印度河文明之间有相似之处"。据帕波拉说，玛哈伽文化传播到印度河流域，便成为印度河文明[35]。在公元前八千多年前的玛哈伽 I 期中发现的是六棱裸大麦（H. vulgare subsp.），拉丁学名为 Hordeum vulgare Linn. var. nudum Hook.f.，俗称青稞。我们在巴哈塔尔遗址也发现许多六棱裸大麦的植硅体。青藏高原最早的青稞发现于距今 3700 年前的山南昌果沟遗址[36]。西藏与印巴次大陆为邻居，西藏的青稞应该来自印度河流域。

在斑块—廊道—基质的景观生态学语境下，对于新石器时代的定居农业文化来说，整个青藏高原，包括那些分布着新石器文化的澜沧江、岷江、河湟地区等河谷地带都是一个廊道，基质则是定居的农业文化。在景观中所谓廊道是一个狭长的地带，这是针对其形状而言的。但就其传送功能而言，或在文化的语境下，草原也可以理解为由无数狭长形状构成的廊道。尽管青藏高原的草原地区空间辽阔，但对于农业文明来说，却无立锥之地，所以对于新石器时代寻求良田沃土以定居的农人而言，青藏高原广袤的草原，仅仅是一个通道而已。青藏高原新石器时代的三个文化分布集中区——拉萨腹地、澜沧江岷江流域、河湟地区——便是在定居的农业文化这个基质上形成的，或者说是在仰韶这个农业文明的基质上形成。我们也可以将其视为文化斑块，所以尽管彼此有别，远隔千里，但其基质是相同的，并且是通过草原廊道相通的，所以文化间的共性、互动和交流也是明显的。

之所以在前面零零碎碎地进行了一些初步比较，主要是基于一个"文化包裹"（culrural package）的概念，很多西方学者在研究青藏高原文明时，经常使用这个概念[37]。包裹的意思有点像我国学者经常使用的"因素"意蕴，不过包裹一词更使人一目了然的是"外来的"这样一层含义。此外还有多样一体化的蕴含，如果不适合使用"体系"或"系统"等词汇的话。最后，也是最主要的，亦即包裹一词所蕴含的"传递"的意义，而不是文化因素分析中所采用的正本清源意图。打个比方，二里头的玉璋，作为文化包裹，其实我们不必深究它是来自海岱龙山还是新砦，不过将其做文化因素对待时，考古学家们每每要正本溯源，排出其序列[38]。不过也并不是所有的文化因素都能做到正本溯源，排出序列。比如卡约文化中的青铜器，如果按照文化因素来观察的话，有图尔宾诺青铜器、鄂尔多斯青铜器因素，还有齐家青铜器等不同时代、不同地区的文化因素，情况很复杂，条理不易，更不要说正本清源。在这种情况下，我们或许采用一种更为简洁的办法，即将其视为游牧文化包裹或青铜器包裹，这样可能会便于我们从大的方面来把握文化的整体和基本属性。换句话说，有时候，特别是在资料阙如不完整的情况下，对于文化的互动，我们只辨认其"上流"，而不追溯其"源流"。通过对巴基斯坦印度河谷哈拉帕文化遗址的发掘，通过对史前文化互动的观察，我们发现虽然青藏地区地处高原，环境恶劣，但文明的进程似乎并未受这种环境的影响，文化的互动、包裹的互递、因素的互渗远远超出了我们先前的认识。

注　释

［1］ Chakrabarti, D. K., *The Archaeological Foundations of Ancient India Stone Age to 13th Century*, Oxford University Press, 2016, p.136.

［2］ Sir Aurel Stein, *Innermost Asia Detailed Report of Explorations in Central Asia, Kan-su and Eastern Iran-Carried out and described under the orders of H.M. Indian Government*, Oxford at the Clarendon Press, 1928, K.C.I.E. Vol.

II Text. p. 947.

［3］ van Driem, George, *Neplal: An Introduction to the Natural History, Ecology and Human Environment in the Himalayas*, Royal Botanic Garden Edinburgh, United Kingdom, 2015, pp. 318-325.

［4］ Marshall, J., *Mohemjo-daro and Indus Civilization*, London. Arthur Probsthein, 1931, vol. 1, pp. vi-viii.

［5］ Childe, V. G., *New Light on the Most Ancient East*, Routledge and Kegan Pail, 1952, pp. 183-184.

［6］ Wheeler, M., *The Indus Civilization*, Sang-E-Meel Publication, Lahore, 1997, pp. 24-27.

［7］ Muhammad Abdul Halim, Excavations at Sarai Khola, Part II, *Pakistan Archaeology*, 1972, (8), pp. 1-112.

［8］ Parpola, Asko, *The Roots of Hinduism: The Early Aryans and the Indus Civilization*, Oxford University Press, 2015, p. 17.

［9］ 西藏自治区文物管理委员会、四川大学历史系《昌都卡若》，文物出版社，1985 年，第 136 页。

［10］ 霍巍《喜马拉雅山南麓与澜沧江流域的新石器时代农业村落——兼论克什米尔布鲁扎霍姆遗址与我国西南地区新石器农业文化的联系》，《农业考古》1990 年第 2 期，第 101～107 页。

［11］ 徐朝龙《喜马拉雅山南麓所见的中国北方新石器时代文化因素——浅谈克什米尔地区的新石器时代遗址布鲁扎霍姆（Bruzahom）》，《农业考古》1988 年第 2 期，第 137～144 页。

［12］ 韩建业《"彩陶之路"与早期中西文化交流》，《考古与文物》2013 年第 1 期，第 28～37 页。

［13］ Mughl, M. R., Excavation at Jalilpur, *Pakistan Archaeology*, 1972, (8), pp. 117-124.

［14］ J. G. 谢菲尔、B. K. 撒帕尔《巴基斯坦与印度的前印度河文化及早期印度河文化》，A. H. 丹尼、V. M. 马松主编，芮传明译《中亚文明史》（第一卷），中国对外翻译出版公司，2002 年，第 177～206 页。

［15］ Vidale, M., Early Harappan Steatite, Faience and Paste Beads in a Necklace from Mehrgarh-Nausharo (Pakistan), *East and West*, 1989, 10(1)39, pp. 291-300; Kennoyer, J. M., Faience Ornaments from Harappa and the Indus Valley Civilization, *Ornament*, 1994, 17(3), pp. 35-39.

［16］ 参见 Tribune 网站 2019 年 5 月 6 日快讯："9000 年前的玛哈伽遗址需要保护"（9000-year-old Mehrgarh needs to be preserved）（网址：https://tribune.com.pk）。

［17］ 新疆文物考古研究所《新疆萨恩萨伊墓地》，文物出版社，2013 年。

［18］ 在贵德县博物馆的马家窑文化展品陈列中，有一串标着"马家窑文化"的珠子，其中坠饰我们认为是费昂斯。

［19］ 参见《魏书》卷一〇二《西域传》、《周书》卷五〇《异域传下》、《北史》卷九十七《西域传》、《隋书》卷八三《西域传》等。

［20］ 见王尧《吐蕃金石录》，文物出版社，1982 年，第 58 页；张云《上古西藏与波斯文明》，中国藏学出版社，2005 年，第 292～300 页。

［21］（元）汪大渊著，苏继庼校释《岛夷志略校释》，中华书局，1981 年，第 256～257 页。

［22］ Gajjar, N., *Ancient Indian Art and the West-A Study of Parallels, Continuity and Symbolism from Proto-historic to Early Buddhist Times*, Bombay, 1967, pp. 15-18.

［23］ J. G. 谢菲尔、B. K. 撒帕尔《巴基斯坦与印度的前印度河文化及早期印度河文化》，A. H. 丹尼、V. M. 马松主编，芮传明译《中亚文明史》（第一卷），第 177～206 页。

［24］ 夏鼐《我国出土的蚀花肉红石髓珠》，《考古》1974 年第 6 期，第 382～383 页；汤惠生《藏族饰珠"Gzi"考略》，《中国藏学》1995 年第 2 期，第 30～43 页。

［25］ 赵德云《中国出土的蚀花肉红石髓珠研究》，《考古》2011 年第 10 期，第 68～78 页。

［26］ 西藏自治区文物管理委员会、四川大学历史系《昌都卡若》，第 154 页。

［27］ 陈洪海、格桑本、李国林《试论宗日遗址的文化性质》，《考古》1998 年第 5 期，第 15～26 页。

［28］ 夏鼐《夏鼐日记》（四），华东师范大学出版社，2011 年，第 407 页。

［29］ 吴宇、周国洪《东昆仑地区一万年前有人类生存》，《中国科学报（海外版）》1993 年 10 月 25 日第 1 版。

［30］〔日〕白川静著，张莉译《白川静文字学的精华》，天津人民出版社，2012 年，第 112 页。

［31］ 张善熙、陈显丹《三星堆文化的贝币试探》，《四川文物》1989 年第 S1 期，第 69～71 页；四川文物考古研究所《三星堆祭祀坑》，文物出版社，1999 年，第 150、419 页。

［32］ Doolin, A., *Cowries, in Hawaiian Shell News*, New Series No. 306, 1985, Vol. XXXIII No. 6.

［33］ 杨鸿勋《仰韶文化居住建筑发展问题的探讨》，《考古学报》1975 年第 1 期，第 39～72 页。

［34］ 陕西省考古研究院、中美国际田野考古学校、西北大学文化遗产学院

《陕西高陵杨官寨遗址 H85 发掘报告》，《考古与文物》2018 年第 6 期，第 3～19 页。

[35] Parpola, A., *The Roots of Hinduism: The Early Aryans and the Indus Civilization*, Oxford University Press, 2015, p. 17.

[36] 傅大雄、张俊卿、田存余《雅鲁藏布江中部流域发现古青稞（Hordeum vulgare L.var. nudum）炭化粒》，《西南农业大学学报》1994 年第 6 期，第 38～41 页；傅大雄《西藏昌果沟遗址粟（Setaria italica）碳化粒的发现》，《四川农业大学学报》1997 年第 1 期，第 145 页。

[37] van Driem, G., *Languages of the Himalayas: An Ethnolinguistic Handbook of the Greater Himalayan Region*, Leiden: Brill, 2001, p. 417; Mark Aldenderfer, Zhang Yinong, The Prehistory of the Tibetan Plateau to the Seventh Century A. D.: Perspectives and Research from China and the West Since 1950, *Journal of World Prehistory*, 2004, 18(1), pp. 1-55.

[38] 许宏《何以中国——公元前 2000 年的中原图景》，生活·读书·新知三联书店，2014 年，第 93 页。

The Cultural Interaction between the Yellow River and the Indus River in Prehistoric Times

Shi Lanying[1]　　Shui Tao[2]　　Xiang Qifang[3]　　Mazhar Alam[4]

Tang Huisheng[1]

(1. Hebei Normal University　2. Nanjing University　3. Hubei Provincial Institute of Cultural Relics and Archaeology

4. Lahore Ethnographic Research Center)

Abstract: The joint archaeological team which is composed of Hebei Normal University, Nanjing University and Hubei Provincial Institute of Cultural Relics and Archaeology carried out a formal archaeological excavation of the Jhang Bahatar Site located in the upper reaches of the Indus River, in 2018. It is also the first time that Chinese archaeologists have independently excavated the Harappan Cultural site in the Indus Valley. This paper gives a brief introduction to the excavation of the Jhang Bahatar Site. On this basis, the cultural interaction between the Yellow River and the Indus River in prehistoric times is discussed.

Keywords: Pakistan, Harappa Culture, Jhang Bahatar Site

周代有轮铜方盒造型探讨

梁 云 王 宁

（西北大学文化遗产学院）

摘要： 周代有轮铜方盒目前仅发现 5 件，分布于晋南、陇东，年代属西周晚期至春秋中期。依据轮子数量有双轮和四轮之分，依据轮辐数量有 8 根与 10 根之别。中国境内出土马车实物均为双轮，而且出现伊始轮辐数量就多达 16 根以上。由此可见，有轮方盒应不是以中国马车为原型制作的。本文主要探讨了有轮方盒的造型来源，其轮辐数量指向地中海、西亚战车系统，四轮造型则可能来自欧亚草原西部及其以西文化。这两种因素应是由沙漠绿洲之路或北方草原之路传播而来的。

关键词： 有轮铜方盒，四轮，8 根轮辐，地中海，西亚

铜方盒的基本形制为长方体盒身，其上附铸有形态各异的动物与人物，盒顶部多有盖门可以打开，足部由轮子或者动物、人物形象构成。该类器物集中发现于山西、河南、甘肃、山东等地，例如山西闻喜上郭村墓地[1]、山西曲沃北赵晋侯墓地[2]、山西垣曲北白鹅墓地[3]、河南浚县辛村墓地、河南三门峡虢国墓地、甘肃礼县圆顶山秦墓[4]、山东枣庄小邾国墓地[5]等，学术界对于无轮方盒的研究较为全面，本文着重探讨有轮方盒的造型来源。

一、形制及定名

目前的有轮铜方盒共 5 件，其中考古出土 4 件，保利博物馆馆藏

1 件，年代属于西周晚期至春秋早中期。从轮子数量看有双轮与四轮两种，从轮辐数量看有 8 根和 10 根两类。

（一）考古出土概况

1. 山西垣曲北白鹅墓地铜方盒[6]

出土于垣曲北白鹅墓地 M6 棺椁间东北部，整体外形像车，上大下小，出沿，沿内一周支托，对开门盒盖；盒盖上两只小鸟相对而立；盒身四角接以 4 条回首卷尾四足龙形兽；盒身下承镂空高圈座；座上中部靠前处置轴，接两轮，可以转动，车轮为 8 根轮辐，远端圈足上有支托可固定车身。器盖装饰龙纹，盒身、圈足皆装饰双首单身龙纹，每面装饰一组，圈足处龙纹采用镂空装饰，轴头为兽头，年代约为春秋早期至中期（图一）。

2. 刖人守囿车[7]

出土于山西闻喜上郭村墓地 M7 棺内头盖骨右上角。器物整体为长方形厢式，车顶部有双扇盖可以开启，盖面嵌有一猴形捉手，周边围绕四只小鸟；器壁饰相背的凤鸟纹，并有兽形装饰；器足由两大轮、两卧虎组成，两虎足下各有两个小轮，主要起支撑作用；如此共有两大轮、四小轮，可挽环牵引，手推转动，从整体形态看应归入两轮类。属于西周晚期的器物（图二）。

图一　垣曲北白鹅墓地 M6：53[8]

图二 闻喜上郭村墓地 M7：2[9]

3. 山西闻喜上郭村四轮铜车

出土于闻喜上郭村墓地 M374，因 M374 经盗扰，发掘时该器物损毁，后经整理修复。器物整体造型是长方形小型车，由车舆、车轵、车轮三个主要部分构成。车舆底部两侧铸有车轵，轵两端为车轮，共 4 个车轮，每轮各 8 根轮辐，尚可行动；车舆四角均铸装饰有匍立回首卷尾兽，舆面有盖，盖为两扇，可开启；盖面中部铸有蹲姿形象的猴作为錾；盖面和车舆四面都装饰有双鸾鸟纹。年代为西周末年至春秋早期（图三）[10]。

图三 闻喜上郭村墓地 M374：14[11]

4. 甘肃礼县圆顶山墓地四轮方盒

出土于圆顶山墓地 M1 棺内西南角。盖门双开（朝宽面开），以二熊为盖纽，器口四隅立四鸟，器壁四隅饰四爬兽，器足为四轮，每轮各 8 根轮辐，器盖和器壁饰典型的秦式蟠虺纹。年代为春秋中期（图四）[12]。

5. 保利博物馆所藏铜匮

该器物由车舆、车軨、车轮三个主要部分构成，形制与闻喜上郭村 M374 所出土的车型盒基本一致，不同之处在于 4 个车轮是 10 根轮辐（图五）。

图四　礼县圆顶山春秋秦墓 M1∶9 [13]

图五　保利博物馆藏铜匮 [14]

（二）用途与定名

从方盒所出土的墓葬等级与墓主身份来看，所有方盒（包括无轮方盒）均出土于高等级贵族墓葬，且墓主人有很强的性别倾向，多为女性。例如山西垣曲北白鹅墓地，发掘者认为此墓地是召氏家族太保匽中（燕仲）一支在东周王畿内的采邑墓地[15]，M6 墓葬规格高，面积达 20 平方米以上，随葬有大量青铜器。甘肃礼县圆顶山秦国墓地的 M1 有殉人、殉狗等，随葬有玉石器，规格较高，M1 与 M2 为夫妇合葬墓，M1 墓主为女性；闻喜上郭村墓地 M7 墓主性别不详，随葬有铜鼎、玉玦、玉圭等。

方盒的具体用途可以根据其内的包含物来判断。无轮方盒内的包含物主要有珠宝和化妆品两类：山西曲沃晋侯墓地 M63 椁室西北角铜方盒内盛满各类玉质小件器物，有玉人、熊、牛、鹰、鸮、龗、龟等；山东枣庄小邾国墓地 M3 出土的虎纽方奁内盛玉玦 2 件、玉耳刀 1 把[16]；河南浚县辛村墓地 M5 所出铜方盒在出土时同出有白石圈、红白玛瑙珠、绿松石珠、绿松石兽面和骨笄等物；三门峡虢国墓地 2012 号墓出土铜方盒在出土时盒内装有以绿松石、料珠和煤精等组成的串饰一组；垣曲北白鹅墓地 M4 出土的铜方盒出土时里面盛满混合红色物质的残留物，应是以动物脂肪为基质，添加植物精油，并可能是以朱砂为颜料的美容化妆品[17]。综上，方盒主要为盛敛化妆品与珠宝首饰之用。

学术界多位学者已对方盒的定名问题做过研究，最具代表性的为李零先生的观点，他认为应将珠宝盒定名为"椟"和"匴"，对化妆品盒的定名结合梁姬罐的铭文及陈耘先生对铭文的考释判定为"匴"[18]，新发现的盛放化妆品的方盒类器物应与该圆罐类器物命名一致。

二、造 型 来 源

（一）盒身及纹饰

从商代晚期开始，青铜器中普遍开始流行方形器，如方鼎、方罍等，直到西周早期殷遗民仍较多使用方形器，但到西周中期以后方形器逐渐消失不见。

从后视图上看，礼县圆顶山铜盒底部的车轴上有三个"方块"；在铜盒底部平面图上也可看到（图六），在双轴左、右两边（毂内侧）和中心处，各有一个"方块"。车轴左右两边的"方块"位于轴与方盒底框的交接处，象征"伏兔"。"伏兔"是塞在车毂与车轴间隙处的长方形木块，起稳固、减震作用。车轸是车舆底部的边框，为车舆的一部分，这恰好说明轴上的铜方盒其实象征了马车的车舆。当然是取其大意，而非细部完全一样，比如前者对开的盒盖就不同于后者开在后端的舆门。

方盒上的纹饰多为商周时期青铜器的典型纹饰，如龙纹、凤鸟纹

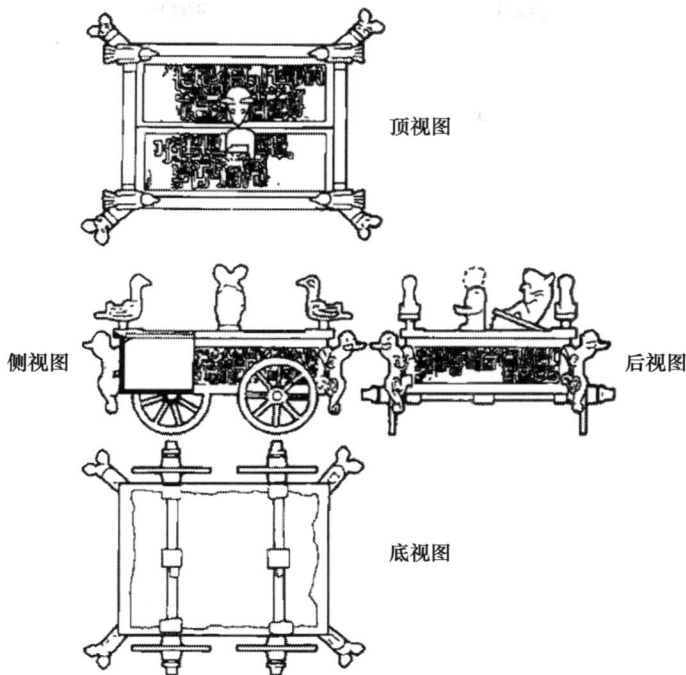

图六　礼县圆顶山春秋秦墓 M1 : 9[19]

等。鸟纹在商、西周青铜器上是一种比较常见的纹饰，最早出现于商代中期，多属于辅助性的纹饰，到商末周初开始成为主题装饰，西周中期前后，作为主题装饰的凤鸟纹已经非常流行，达到了鸟纹的全盛时期，西周晚期以后逐渐衰落[20]。龙纹是商周时期最为重要且流行时间最长的纹饰，周穆王之后，交龙纹、回纹、波浪纹、重环纹、垂鳞纹等纹饰开始出现，且都具有和谐、活泼的特点[21]；西周晚期至春秋早期，龙纹开始出现相互盘绕的形式结构[22]。

（二）动物及人形附件

目前发现的方盒多以动物形象作为盖纽或者用于盒身四隅、足部等的装饰。盖纽的动物形象主要有鸟、猴、熊等；盒身四隅主要饰回首卷尾爬行兽；足部以爬虎形象装饰为主。

人物形象多见于足部装饰，也有少量作为盖纽的。人形足大致于西周中晚期出现，主要流行于西周和春秋时期；空间范围上西周时期人形足器物主要发现于西北地区，中原与吴越地区少见；春秋时期以山东地区最为集中，吴越地区也有发现[23]。例如陕西韩城梁带村 M26 出土的方鼎，大鼎内合铸一小鼎，大鼎鼎足为裸体女奴，呈跪立状背负器身[24]。

附铸动物与人物形象的器物在考古发现上也较为常见，例如晋公盘、子仲姜盘、立鸟人足筒形器、鸟盖人足盉等。

（三）车 轮 形 制

中国最早的木质马车发现于商代晚期的殷墟，其双轮较大，直径约 136 厘米[25]，轮辐数量在 16—20 根之间，其中绝大多数为 18 根轮辐，有少数可达 20 根以上（图七）。西周时期，车前驾马增加到四匹，在两匹服马左右两侧各增加一匹骖马，即一车驷马；另外对马车的细部结构也加以改进，轮辐增多，为 22 辐甚至 24 辐，双轮直径与商晚期相差不大。

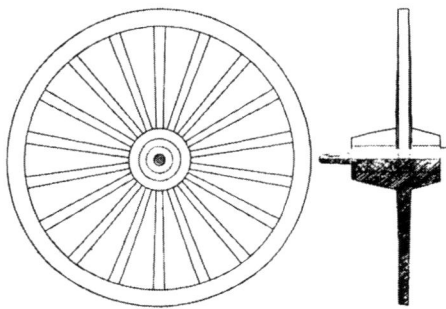

图七　安阳殷墟西区 M1613 车轮复原[26]

西周晚期至春秋早期是青铜器技术发展的成熟时期，当时已经可以熟练使用浑铸、分铸、铸接等铸造方法和阴线刻划、浅浮雕、高浮雕、圆雕、透雕等多种装饰技法，当时参照中国本土马车的样式铸造带 16 根以上轮辐车轮的铜方盒，在技术上并非难事。例如在四川省盐源老龙头遗址出土的一件东周时期青铜马车，三轮，每轮各 16 根轮辐，是中国发现的最早三轮马车实物模型之一。这说明可能并非技术原因导致周代铜方盒的轮子只铸造 8 根或 10 根轮辐。

总之，我国的马车出现伊始就是双轮车，轮辐数量为 16 根以上，而目前发现的有轮方盒以四轮居多，除保利博物馆所藏方盒为 10 根轮辐之外，其余均为 8 根轮辐，显然这种造型并非取意于中国本土的马车。

1. 轮辐

从世界范围看，马车主要可以划分为三个系统，分别为地中海系统、西亚系统与南俄系统[27]。

地中海系统为轻型战车，主要特点是车轮小，车体低矮，车舆空间较小，注重速度与机动性，分布于埃及、古希腊、罗马等。埃及的战车基本继承苏美尔战车的特点，构造简单，车体轻便，多是一车驾二马，双轮[28]，轮辐数量有四辐、六辐和八辐。阿拜多斯神庙中的浮雕反映出法老阿赫摩斯驾驶4根轮辐的战车；图特摩斯四世墓葬中所出土的战车描绘了图特摩斯四世与赫梯人作战的画面，其战车为8根轮辐；阿蒙霍特普三世时期轮辐数量变为6根轮辐，并在此之后其他两类轮辐不再出现，如卡纳克神庙浮雕中描绘的赛提一世的战车（图八）[29]、图坦卡蒙墓内随葬的至少6辆马车等均是6根轮辐[30]。公元前9世纪至前6世纪的希腊战车受到埃及轻型战车的深刻影响，车轮小，轮辐少，车舆狭小，仅能立乘一或两人。罗马战车出现与使用的年代均比较晚，但也受到埃及与希腊战车的影响[31]。

图八　埃及卡纳克神庙浮雕赛提一世的战车（6根轮辐）[32]

西亚系统为重型战车，车轮直径大，车身高，重力量，可以乘坐2—3人，轮辐为6根或8根，赫梯战车、亚述战车、波斯战车以及伊朗战车均属于此系统。从时间及马车形制上看，亚述战车很可能由赫梯战车发展而来。考古资料显示赫梯战车上可以容纳3人，且各有分工，分别为车夫、矛兵和盾牌持有者[33]。亚述战车的基本形制为单辕、长方形车舆、双轮，由两匹马牵引，车门位于车体后面，车轮在车体的末端。早期战车较低，车身短，车轮直径较小，6 根轮辐，主要用于公元前 900 年的纳西尔帕时代。晚期战车属于萨尔贡二世、希那赫里布和阿述尔巴尼拔时代，整体较高，车身变长，轮辐有的增加至 8 根。在伊拉克尼尼微巴尼拔王宫殿遗址出土的《猎狮图》系列浮雕中，亚述王所乘坐的战车为 6 根轮辐的双轮战车（图九，1）。在强大的波斯军队中，战车与骑兵是重要的组成部分，波斯战车继承并发展了亚述战车[34]，双轮加大，轮辐增多，以 8 根轮辐居多，车舆也更高（图九，2）。

1

2

图九　亚述战车[35]

1. 6 根轮辐战车　2. 8 根轮辐战车

南俄系统战车的主要特点为多轮辐。马匹驾辕的双轮战车是欧亚草原的一项重要发明，辛塔什塔—彼得罗夫卡人群使用的双轮战车比之前的四轮战车轻巧许多，车轮为实木结构，后来发展为多根辐条的结构，车厢前部和左右两侧都有护栏，方便驾车人员扶握，而且这种轻巧的战车在马匹的牵引下可以在战场上快速行进。辛塔什塔文化（公元前2999—前2000年）是欧亚草原南乌拉尔地区公元前两千纪初期的遗存，在该文化中发现了目前世界上最早的马拉轮辐式战车，经过复原，其轮辐数量为12根（图一〇）[36]。

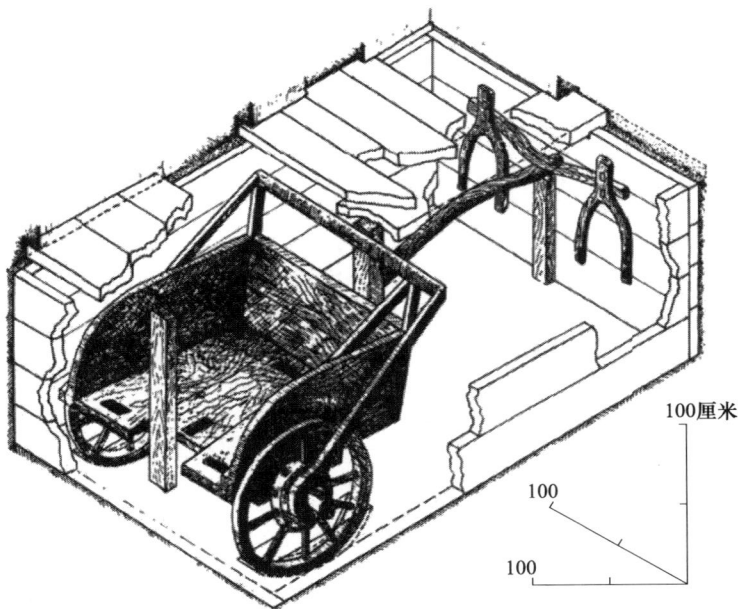

图一〇　辛塔什塔文化多轮辐式战车复原图[37]

双轮、多轮辐的战车后经由北方草原部族传入中国，直接影响了殷商时期的马车形制。在甘谷毛家坪发现的马车在车舆外侧彩绘有各种动物形象，均以粗线条勾画出轮廓，内部填有细小圆点，该描绘方式即受到了中亚草原的影响[38]。在对马车的学习过程中，中国也有些新的发明，例如不同于地中海等地区"颈带式系驾法"而采用"轭靷式系驾法"，该系驾法在汉以后逐渐被"胸带式系驾法"取代，之后又变革为"鞍套式系驾法"[39]；此外中国还发明了车轊等。

有轮铜方盒的 8 根轮辐造型与地中海系统、西亚系统的战车有较大的相似性，轮牙宽度也较接近；而南俄系统在公元前 21 世纪左右即为多轮辐战车，因此有轮铜方盒出现 8 根轮辐的造型应是受到地中海与西亚系统战车形象的影响。

2. 四轮车

在欧亚草原、两河流域、南俄草原等地的早期文化中都发现有四轮车的存在，约公元前 3400—前 3000 年间，轮式车辆以四种不同的媒介出现：四轮马车的书写符号、四轮马车和双轮马车的二维图像、四轮马车的三维模型以及保存下来的木质车轮和四轮马车构件[40]。在波兰南部布洛诺西聚落出土绘有四轮车图案的陶杯（图一一，1）；美索不达米亚平原乌鲁克的伊南纳寺庙区发现了印有四轮马车符号的泥版文书（图一一，2）；巴登文化晚期墓葬出土了外形为四轮马车的陶杯（图一一，3）。乌克兰及南俄草原发现公元前 4000 年晚期至公元前 2000 年早期的 250 余座有车子的墓葬，有四轮车与双轮车两种（图一二）[41]。乌尔王陵出土的镶嵌画（公元前 26 世纪左右）所描述的庆功场面的战车均为四轮车（图一三）。

四轮车的实心车轮逐渐演变为辐条式车轮，并有辐条多少的变化。哈尔施塔特文化是西欧和中欧的早期铁器文化，属于凯尔特人的文化，延续时间从公元前 1000 年左右至公元前 450 年左右。该文化出土一件公元前 7 世纪的仪式马车，上面有众多的人物与动物形象，基本结构为四轮，每轮各 8 根轮辐。

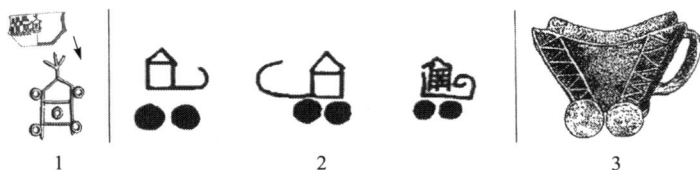

图一一 四轮车图案及模型[42]
1. 波兰南部布洛诺西陶杯上的四轮车图案（公元前 3500—前 3350 年）
2. 乌鲁克伊南纳寺庙区泥版文书上的四轮马车符号（公元前 3200—前 3100 年）
3. 巴登文化晚期墓葬出土四轮车造型的陶杯（公元前 3300—前 3100 年）

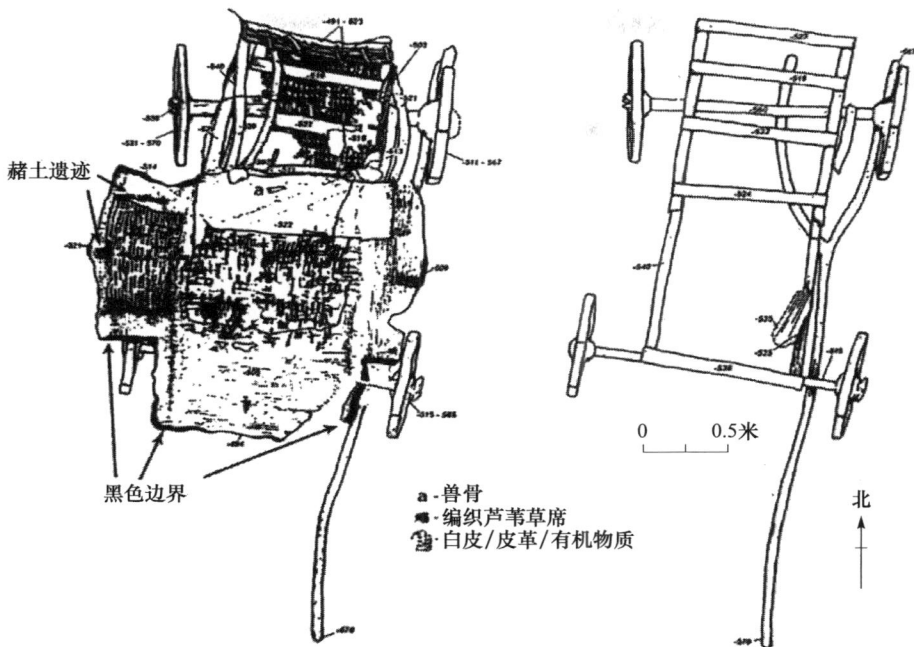

赭土遗迹

黑色边界

a - 兽骨
- 编织芦苇草席
- 白皮/皮革/有机物质

0　　0.5米

北

图一二　俄罗斯南部库班河流域保存完整的四轮马车（约公元前 3300—前 2900 年）[43]

1

2

图一三　乌尔王陵出土镶嵌画上出征的乌尔步兵（公元前 26 世纪左右）[44]

大都会博物馆收藏的"西布莉及其狮子车"青铜雕塑，是公元2 世纪罗马时代的作品[45]。小亚细亚大母神西布莉崇拜早在公元前1000 年就已经在安纳托利亚中部弗里吉亚出现，被认为是众神之母、丰收女神、生育女神等。在第二次布匿战争时由罗马官方引进，之后西布莉女神崇拜曾在罗马帝国广泛传播[46]，该雕塑雕塑上表现了女神西布莉右手持碗，左手拿一面鼓，身着厚重袍服端坐在由两头雄狮子拉着的四轮青铜车上，车轮每轮各 7 根轮辐（图一四）。

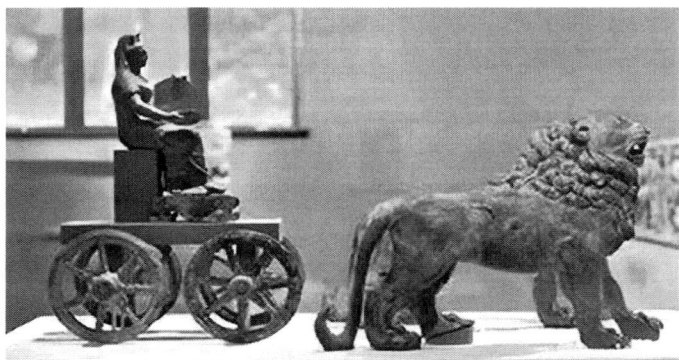

图一四　"西布莉及其狮子车"青铜雕塑[47]

四轮车在欧亚草原、两河流域、乌克兰及南俄草原的存在时间较长，从公元前 3500 年延续至公元前后，说明它虽然不是主流，但确实存在，并有较为明确的发展变化。相较而言，中国的四轮车出现较晚，在秦始皇帝陵西大墓的北墓道出土有带车伞的四轮车，因而中国有轮方盒的四轮造型很可能是受到欧亚草原中西部及其以西文化的影响。

（四）小　　结

有轮方盒的长方体盒身可能象征了马车的车舆，纹饰为西周时期中原地区青铜器的典型纹饰，盒上附铸动物与人物形象应是当时较为流行的装饰技法。

从轮子形制来看，8 根轮辐的特点显然是依据地中海系统与西亚系统的马车制成，10 根轮辐可能是在此基础上发展而来。四轮的造型可能来自于欧亚草原西部及其以西的文化。

总之，有轮方盒的造型融合了西周时期中原地区青铜器装饰技法、地中海—西亚系统战车轮辐、西方四轮车等多种文化的特点，是文化交流的产物。

三、传 播 路 线

8 根轮辐与四轮这两种因素的传入与丝绸之路上的文化交流有密切的关系，但具体的传入路线应有一定区别。

1. 8 根轮辐造型的传播

该造型应是自地中海、西亚向东传播到中亚地区，然后翻越帕米尔高原抵达中国西域地区，再传入中原王朝的西北部。其中，中亚地区在传播路线中扮演着至关重要的作用。在中亚地区发现有时代稍晚的 8 根轮辐战车，例如阿姆河流域奥克瑟斯宝藏中的黄金战车模型，属于阿契美尼德王朝时期，约公元前 5—4 世纪。该战车模型由四匹马拉，车厢内两人，站立者为车夫，坐者穿着华丽的外衣，有醒目的头饰，地位较高，应是波斯王朝的官员（图一五）。阿伊哈努姆神庙遗址出土公元前 3 世纪的神像图案鎏金银饰板，描绘了西布莉和妮可两位女神乘坐狮拉战车的画面，所见战车为 8 根轮辐[48]（图一六）。这两件文物证明了地中海—西亚系统 8 根轮辐战车向东的传播。

图一五　奥克瑟斯宝藏中黄金战车模型[49]

2. 四轮车的传播

考古发现表明，四轮马车从公元前 4500 年左右就开始出现在欧亚草原西部地区，一直延续到公元前后，并且经历了较为完整的演变过程，即从实心车轮到少辐条式车轮，再到多辐条式车轮的转变。

<table>
<tr><td align="center">1</td><td align="center">2</td></tr>
</table>

图一六　阿伊哈努姆神庙遗址出土神像图案鎏金银饰板[50]

　　阿尔泰地区巴泽雷克 5 号墓四轮马车的发现将四轮车的传播线路指向北方草原之路。在该墓的木坑和木椁之间发现了每个零件都被分解的马车，经过复原是一辆保存完好、真实比例的四轮马车，轮辐数可达 30 根左右，年代约为公元前 5—前 4 世纪，由桦木制成，前驾四马[51]。但该车轮牙较细，无法快速奔跑，只适用于缓慢前进的场合，林俊雄先生据此认为它属于用在葬仪上的灵柩车（图一七）[52]。

　　另在新疆尼勒克吉仁台沟口遗址高台遗存的发现也佐证了四轮车的传播路线应是北方草原之路。该遗址有 40 余件木质车构件，其中有 11 件实心木车轮，从出土时的情况来看应为四轮车，测年结果显示距今约 3500 年（注：正式的发掘成果未公布，只在相关新闻上可

图一七　巴泽雷克 5 号墓马车复制品（公元前 5—前 4 世纪）[53]

见报道，清晰图片无法获得）。

在春秋战国时，中国北方与欧亚草原就存在密切的文化交往和联系。在陕西省神木县纳林高兔发现有带鹿角的鸟喙立兽金像，应为格力芬（Griffin），即一种鸟兽合体的幻想型动物，曾广泛流行于欧亚草原地区。陕西扶风召陈西周建筑群出土的蚌雕人头像[54]，甘肃灵台百草坡出土的人头銎钩戟[55]，其上人物均为高鼻深目形象，说明西周时期欧亚草原中西部的文化因素或人员可能到达过中原王朝的西北地区。

四、结　语

已发现的有轮铜方盒年代集中于西周晚期至春秋早中期，多见于女性贵族墓葬中，主要用途为珠宝盒、化妆品盒两种，可定名为"椟"或"匵"。造型来源更是一个值得深究的问题，其 8 根轮辐造型很可能受到地中海—西亚系统战车的影响，应是沿沙漠绿洲之路传播而来，四轮马车在很长的历史时期内存在于欧亚草原西段及其以西区域，其造型的传播线路很可能经由北方草原之路。

注　释

［1］山西省考古所《闻喜县上郭村 1989 年发掘简报》，《三晋考古》，1994 年，第 145～147 页；山西省考古所《闻喜上郭村古墓群试掘》，《三晋考古》（第一辑），山西人民出版社，1994 年，第 95～122、315～317 页。

［2］山西省文物考古研究所、北京大学考古学系《天马—曲村遗址北赵晋侯墓地第四次发掘》，《文物》1994 年第 8 期，第 4～21 页。

［3］杨及耘、曹俊《山西垣曲北白鹅墓地出土铜盒》，《江汉考古》2021 年第 2 期，第 39～45 页。

［4］甘肃省文物考古研究所、礼县博物馆《礼县圆顶山春秋秦墓》，《文物》2002 年第 2 期，第 4～30 页。

［5］李光雨、张云《山东枣庄春秋时期小邾国墓地的发掘》，《中国历史文物》2003 年第 5 期，第 65～67 页。

［6］杨及耘、曹俊《山西垣曲北白鹅墓地出土铜盒》，第 39 页。

［7］山西省考古所《闻喜县上郭村 1989 年发掘简报》，第 145～147 页。

［8］杨及耘、曹俊《山西垣曲北白鹅墓地出土铜盒》，第 40 页，图版一，1。

［9］ 山西省考古所《闻喜上郭村古墓群试掘》，第 110 页，图十四。

［10］ 山西省考古所《闻喜上郭村古墓群试掘》，第 95～122、315～317 页。

［11］ 山西省考古所《闻喜上郭村古墓群试掘》，第 110 页，图十四。

［12］ 甘肃省文物考古研究所、礼县博物馆《礼县圆顶山春秋秦墓》，第 19 页。

［13］ 甘肃省文物考古研究所、礼县博物馆《礼县圆顶山春秋秦墓》，第 16 页，图一八。

［14］ 李零《说匲——中国早期的妇女用品：首饰盒、化妆盒和香盒》，《万变：李零考古艺术史文集》，生活·读书·新知三联书店，2016 年，第 49 页，图三十九。

［15］ 杨及耘、曹俊《山西垣曲北白鹅出土周代虢国重器》，"考古汇" 2020 年 12 月 8 日，https://mp.weixin.qq.com/s/0LTWwlwC7dWWA3ES7pFKhw；杨及耘、曹俊《白鹅展翅引吭歌——北白鹅墓地新收获与认识》，"考古汇" 2021 年 1 月 15 日，https://mp.weixin.qq.com/s/2hCrHgAifXSHVeF19Kw_OQ.

［16］ 李光雨、张云《山东枣庄春秋时期小邾国墓地的发掘》，第 65～67 页。

［17］ 韩宾、杨及耘、杨益民等《山西垣曲北白鹅周代墓地出土铜盒化妆品的新认识》，"考古汇" 2021 年 3 月 10 日，https://mp.weixin.qq.com/s/4bRKXDaF3G_c2PUbyC3JLA.

［18］ 李零《说匲——中国早期的妇女用品：首饰盒、化妆盒和香盒》，《故宫博物院院刊》2009 年第 3 期，第 69～86 页；李零《万变：李零考古艺术史文集》，第 21～49 页。

［19］ 甘肃省文物考古研究所、礼县博物馆《礼县圆顶山春秋秦墓》，第 19 页，图二三。

［20］ 乔文杰《晋国青铜器纹饰研究（西周时期）》，山西大学硕士学位论文，2009 年。

［21］ 曾曦《从青铜器的纹饰艺术看商周文化的变迁》，《兰台世界》2015 年第 12 期，第 152、153 页。

［22］ 张慧光《春秋时期青铜器纹饰的艺术特色》，《才智》2011 年第 26 期，第 211 页。

［23］ 朱华东《人形器足与悬铃：以晋侯墓地出青铜筒形器为缘起》，《文博》2011 年第 4 期，第 32～38 页。

［24］ 陕西省考古研究所、渭南市文物保护考古研究所、韩城市文物旅游局《陕西韩城梁带村遗址 M26 发掘简报》，《文物》2008 年第 1 期，第 4～21 页。

［25］ 杨泓《战车与车战二论》，《故宫博物院院刊》2000 年第 3 期，第 36～52 页。

［26］ 张长寿、张孝光《殷周车制略说》，《商周考古论集》，文物出版社，2007 年，第 232 页，图一。

［27］ 杨英杰《战车与车战》，东北师范大学出版社，1986 年，第 40～55 页。

［28］ 杨英杰《战车与车战》，第 50 页。

［29］ 佟子垚《古埃及新王国时期的战车》，东北师范大学硕士学位论文，2019 年。

［30］ 王海城《中国马车的起源》，《欧亚学刊》2001 年 3 卷第 00 期，第 1～75 页。

［31］ 杨英杰《战车与车战》，第 53 页。

［32］ 佟子垚《古埃及新王国时期的战车》，东北师范大学硕士论文，2019 年，第 41 页。

［33］ Elias Manuel Morgado Pinheiro, The Origin and Spread of the War Chariot, *Dissertação, Mestrado em Civilizações do Médio Oriente e Ásia Antiga*, 2010, pp.18-19.

［34］ 杨英杰《战车与车战》，第 48 页。

［35］ 1 来源于大英博物馆官网 https://media.britishmuseum.org/media/Repository/Documents/2014_10/6_15/4afe1774_d9ad_48a5_b68d_a3bc00ff1582/mid_00427916_001.jpg；2 来源于大英博物馆官网 https://www.britishmuseum.org/sites/default/files/styles/uncropped_medium/public/2022-07/Capture-Babylon-relief-1000x885.jpg?itok=CaEbl6Rq.

［36］ 曼弗雷·德林登、佩特拉·艾森纳赫、托马斯·施蒂尔纳等《未知的哈萨克斯坦 亚洲心脏地带考古掠影》，《文明》2013 年第 10 期，第 86～103 页。

［37］ 林俊雄著，李博含译《车的起源及其向东方的传播》，《丝绸之路考古》（第 4 辑），科学出版社，2020 年，第 13 页，图二九。

［38］ 梁云《考古学上所见秦与西戎的关系》，《西部考古》（第 11 辑），科学出版社，2016 年，第 112～146 页。

［39］ 孙机《从胸式系驾法到鞍套式系驾法——我国古代车制略说》，《考古》1980 年第 5 期，第 448～460 页。

［40］〔美〕大卫·安东尼著，张礼艳、胡保华、洪猛等译《马、车轮和语言——欧亚草原的骑马者如何塑造古代文明与现代世界》，八旗文化出版社，2021 年，第 100～106 页。

［41］ 龚缨晏《车子的演进与传播——兼论中国古代马车的起源问题》，《浙江大学学报（人文社会科学版）》2003 年第 3 期，第 21～31 页。

［42］〔美〕大卫·安东尼著，张礼艳、胡保华、洪猛等译《马、车轮和语言——欧亚草原的骑马者如何塑造古代文明与现代世界》，第 67 页，图

4.3，图有改动。

［43］〔美〕大卫·安东尼著，张礼艳、胡保华、洪猛等译《马、车轮和语言——欧亚草原的骑马者如何塑造古代文明与现代世界》，第 71 页，图 4.5。

［44］1 来源于大英博物馆官网 https://www.britishmuseum.org/collection/image/12551001；2 来源于大英博物馆官网 https://media.britishmuseum.org/media/Repository/Documents/2014_9/30_12/60664847_3dc2_44c5_865c_a3b600d2367b/00008057_006.JPG.

［45］尚永琪《莲花上的狮子——内陆欧亚的物种、图像与传说》，商务印书馆，2014 年，第 65 页。

［46］霍静亚《罗马帝国西布莉女神崇拜研究》，辽宁大学硕士学位论文，2016 年。

［47］尚永琪《莲花上的狮子——内陆欧亚的物种、图像与传说》，第 65 页，图有改动。

［48］Paul Bernard, Campagne de fouilles 1969 à Aï Khanoum en Afghanistan, *Comptes rendus des séances de l'Académie des Inscriptions et Belles-Lettres*, 1970, (2), pp. 300-349.

［49］图片来源于大英博物馆官网 http://lvyou168.cn/upload/20180716/1739350921.jpg.

［50］1 来源于 Paul Bernard, Campagne de fouilles 1969 à Aï Khanoum en Afghanistan, *Comptes rendus des séances de l'Académie des Inscriptions et Belles-Lettres*, 1970, (2), fig 31, pp.349；2 来源于法国集美博物馆官网 http://www.guimet.fr/event/afghanistan-les-tresors-retrouves/.

［51］〔苏〕М. П. 格里亚兹诺夫、О. И. 达维母、К. М. 斯卡郎《阿尔泰巴泽雷克的五座古塚》，《考古》1960 年第 7 期，第 16、63～69 页；林俊雄《草原王权的诞生——斯基泰人与匈奴，早期游牧国家的文明》，八旗文化出版社，2019 年，第 141 页。

［52］林俊雄《草原王权的诞生——斯基泰人与匈奴，早期游牧国家的文明》，第 142 页。

［53］〔苏〕М. П. 格里亚兹诺夫、О. И. 达维母、К. М. 斯卡郎《阿尔泰巴泽雷克的五座古塚》，《考古》1960 年第 7 期，第 16 页，图版十二，1，清晰度略作调整。

［54］尹盛平《西周蚌雕人头像种族探索》，《文物》1986 年第 1 期，第 46～49 页。

［55］初仕宾《甘肃灵台白草坡西周墓》，《考古学报》1977 年第 2 期，第 99～130 页；李璇《甘肃出土先秦时期青铜兵器研究》，西北师范大学硕士学位论文，2018 年。

Discussion on the Shape of Zhou Dynasty Copper Square Box with Wheels

Liang Yun   Wang Ning

(School of Cultural Heritage, Northwest University)

Abstract: The Zhou Dynasty copper square box with wheels has only been found in five pieces, distributed in the sourth of the Jin, the east of the Long, dating from the Late Western Zhou Dynasty to the middle of the Spring and Autumn Period. According to the number of wheels, there are two wheels and four wheels, and according to the number of spokes, include two types that eight and ten spokes. The excavated carriage in China are all double-wheeled, and the number of spokes of the wheels from the beginning of the emergence of as many as sixteen or more. It is clear that the square box with wheels was not made on the model of Chinese carriages. This paper focuses on the source of the wheeled square box, the number of spokes points to the Mediterranean and West Asian chariot system, and the four-wheeled shape may come from the western Eurasian steppe and the cultures to the west of the Eurasian steppe. These two elements should have spread from the Desert Oasis Route or the Northern Steppe Route.

Keywords: Wheeled Copper Square Box, Four Wheels, Eight Spokes, Mediterranean, West Asia

饮食的分野

——东西方公元前一千纪发酵食品比较研究[*]

温　睿　曹聪健

（西北大学文化遗产学院）

摘要： 公元前一千纪，在东西方饮食上都形成了丰富的发酵食品体系，一系列的发酵食品为后世饮食体系奠定基础，形成了各个地区人民特有的舌尖记忆和文化风俗。但是与此同时，东西方发酵食品无论从原料、加工方式，还是产品风味上都出现明确的分野，这种差异为何产生，又是怎样持续影响到现代东西方的饮食体系，形成风格迥异的饮食文化的值得关注。本文选取豆类发酵食品和奶酪作为东西方典型发酵食物，通过梳理其考古出土材料和文献记载，分析它们产生的社会背景、使用人群、加工工艺等信息。通过比较研究发现东西方发酵食品技术在公元前一千纪都经历了快速发展与成熟的过程。到公元前一千纪晚期，以豆酱为代表的东方发酵食品和以奶酪为代表的西方发酵食品几乎同步普及到了普通百姓的日常生活中，这造就了东西方发酵食品种类与风味的根本性差异，并深刻影响了各自其后两千年的食品风味与加工技术。

关键词： 发酵过程，曲，东西方饮食，饮食习惯

---

* 本论文研究得到国家重点研发计划"考古有机残留物生物来源精细鉴别关键技术与应用"项目（项目编号：2022YFF0903800）资助。

一、引　言

在冰箱被发明之前，利用发酵技术加工食品是人类最重要的保存食物的方式之一，同时，发酵过程还造就了食品的特殊风味，丰富了人类加工食品的手段，一直影响到今天的食品加工。在食品发酵过程中，人类通过控制经过选择的微生物来改变食物质地，发酵产生的酸和酒精可以更好地保存食物，微生物代谢产生的特殊风味可以提高原料的价值。人类对于发酵技术的利用，从旧石器时代就已经开始了，如以色列拉奎费特洞穴发现13000年前石钵中的谷物发酵饮料[1]。在人类历史发展进程中，各个地区逐渐形成了不同的发酵技术路线，包括选用不同的发酵微生物种群、采用不同的发酵控制与调节手段以及对发酵食材选择的不同偏好，形成了千差万别、丰富多彩的发酵食品种类与风味体系，带有鲜明地域特色的发酵食品也是各个地区独特文化风俗的重要组成部分。无论是考古发现、文献记载还是现实体验，都表明以中国为代表的东方发酵食品体系与以地中海地区为代表的西方发酵食品体系无论是在发酵食品的食材选择还是口感风味上都存在巨大差别，形成了东西方独特的食品风味与饮食传统。东西方发酵食品的差别主要体现在什么地方？这种差别是什么时期的？为什么会形成不同的发酵食品体系？对这些问题的探索不仅可以梳理出东西方发酵技术的发展脉络，而且对理解东西方人群的饮食文化差异有重要作用。

从已发表的考古资料来看，公元前一千纪在东西方的饮食史上都是极其重要的一个时期，因为在这个阶段常见的发酵食品种类都已经出现且具有普遍性，后世其他发酵食品大多也是基于这个时期发酵食品的基础发展而来的，而且直到今天依然是东西方各自发酵食品的主体和特色。在中国的两周和两汉时期，形成以曲（各种酶与米曲霉、根霉等构成的选择培养基）为中心，结合发霉的大豆、谷物、面、肉、蔬菜的发酵体系[2]。王乃慧通过对上百座汉墓出土的发酵食品实物（主要是酒）和陶文遣策的梳理，证明了酒、醋、酱、豉等发酵食品在汉代的普遍性[3]。

对于西方古希腊罗马时期，小麦、大麦粉发酵烘焙制作的面包成为大多数人维持生命的主食，沿海及内陆地区依靠海洋与贸易网络获取的鱼酱以及乳制品发酵的奶酪在高级别的社交聚会与宴飨活动中成为上层阶级进行社会活动和娱乐的食物[4]。罗马人的饮食中大量出现的奶酪也深受希腊人的影响，而且罗马人掌握的从反刍动物胃中提取的凝乳酶用于凝乳的技术也稳定的保留到现代。

综上所述，在公元前一千纪东西方都形成稳定普遍且极具地方特色的发酵体系。因为豆类发酵食品和乳类发酵食品在东西方发酵体系中的特殊地位，所以本文分别以豆酱、豆豉和奶酪作为东西方公元前一千纪东西方发酵食品的典型代表，通过梳理考古材料，分析这两类发酵食品的原料、加工方式、相近产品之间的演变关系以及享用的人群等背景信息，从食品加工角度理解东西方文化差异与食物风味差别形成的基础。

二、中国汉代豆类发酵食品

大豆（菽）为中国古代五谷之一，商周时期的考古遗址中已出现具有驯化性状的大豆属植物，到了汉代大豆属植物种子的粒型更加稳定，各地汉墓陶仓上"大豆万石"的记载反映汉代大豆的种植规模[5]。对于大豆的加工方式，《战国策》记载了"豆饭"为当时普通百姓的食物，也就是蒸食的大豆，或者煮成豆粥采用"啜饮"的方式食用[6]。然而粗加工的豆饭难以消化，在汉代作为下等食物。为了克服大豆胰蛋白酶抑制剂使人胀气的副作用以及氧化产生的"豆腥味"对大豆引入曲（曲是霉菌，尤其是曲霉、根霉、毛霉及酵母菌，在煮熟的谷物基质上发育形成的培养物）而产生的系列发酵食品[7]，如豉、豆酱大量出现在陶文遣策之中，到西汉后期豉在经济领域成为重要商品。《史记·货殖列传》提到四通八达的都市一年之中可以销售曲、豆豉千合，醋酱千缸，商人的收入足以与千户侯相媲美，足以见得大豆产品的普及性[8]。

1. 豉

豉是以豆类为原料，以米曲霉、毛霉、细菌等制曲进行固态发酵后储存在陶缸、陶罐或陶壶中的一种发酵产物。在汉代考古材料中未见豉的残留物，而朱书、墨书陶文以及遣策中常常可以见到（图一、图二）。

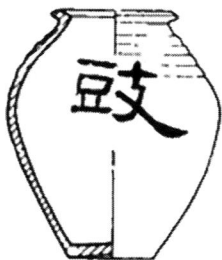

图一　洛阳五女冢陶罐 96HM267：49[9]　　图二　洛阳五女冢陶罐 IM461：35[10]

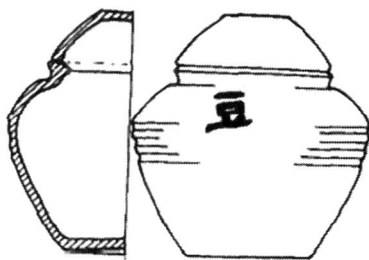

本文通过梳理汉墓发掘简报和前人的遣策考释，整理的汉代豉的考古材料，统计如下（表一）：

表一　汉代豉的考古材料统计

出土地点	年代	陶文、遣策记载	墓主身份
湖南长沙马王堆 M2、M3	西汉早期	敊（豉）一埦[11]	西汉时期侯一级墓葬
洛阳西郊 M3083、M3001	西汉中期	盐豉百石（壶）[12]、盐豉万石（壶）[13]	—
洛阳邮电局 IM372	西汉晚期	豉（壶）[14]	—
洛阳老城西北郊 M81	西汉晚期	豉（彩陶壶盖）[15]	—
河南洛阳五女冢 96HM267	新莽时期	腹部朱书：豉（陶罐 M267：49）[16]	—
河南洛阳五女冢 IM461	新莽时期	肩部白粉隶书：豆陶罐（IM461：35）[17]	—

注：除马王堆以外，其他汉墓简报中未提及墓主身份，但是根据随葬品丰富程度推测，墓主为汉代有一定身份地位的人。

通过上表可知，在中原地区无论是马王堆汉墓这种高等级墓葬还是平民墓葬都将豉作为陪葬品。根据王子今对居延汉简的整理，可知边地豉的价格以及在边地戍守的普通军人的日常生活中豉是一种必需品[18]。这些都反映豉在汉代中后期已经成为一种常见的调味品。

对于豉的加工方式，主要分为两步：① 将煮熟大豆摊开培养野生霉菌，霉菌可以产生水解大豆的蛋白质酶、碳水化合物和脂肪酶。② 用水洗去霉制大豆上松散的孢子，添加曲和盐（或只添加盐），放在基本厌氧的环境下继续发酵[19]。在上述第一步中，由于大豆蛋白分解产生的肽使豆豉即使经过清洗也带有苦味，汉代人也发现了这点，称其为"大苦"，添加盐继续发酵可以改善其风味，而成为汉代常见调味品。在《本草纲目》中也提及在第二步发酵中添加姜丝、花椒、甘草、木兰树皮等香料或草药用以改善豉的风味[20]。

2. 豆酱

《周礼》等早期书籍提及食医负责统治阶层享用的"酱物""百酱"的制作，虽然没有明确指出是以大豆作酱，但是不排除豆酱出现且与肉酱合称酱一起作为宫廷调味副食品的可能[21]。先秦时期的酱主要是肉酱，主要供奉较高社会阶层的人，甚至还形成一肴配一食的饮食礼制[22]。由于大豆在汉代种植规模的提升和发酵技术不断成熟，价格低廉、赋予食物风味以及作为平民蛋白质的补充来源，豆酱的地位不断上升。

汉代考古材料中出现的豆酱如表二所示。

表二   汉代豆酱的考古材料统计

出土地点	年代	陶文、遣策记载	墓主身份
湖南沅陵虎溪山 M1	西汉早期	菽酱汁[23]	长沙王吴臣之子，西汉时期侯一级墓葬
湖北江陵凤凰山 M167	西汉早期	辦酱一器[24]	老年女性[25]，墓主有较高的身份等级和地位[26]

续表

出土地点	年代	陶文、遣策记载	墓主身份
湖北江陵凤凰山 M169	西汉早期	□般二枚盛肉酱豆酱[27]	墓主有较高的身份等级和地位，其夫为封建统治阶级的中下层官吏
湖北江陵凤凰山 M8	西汉早期	骗酱一伤[28]	封建统治阶级的中下层官吏
河南洛阳五女冢 96HM267	新莽时期	瓣酱[29]	—

　　尽管这批高等级墓葬遣策中也记载肉酱、鱼酱等高级调味品，豆酱仍作为陪葬品伴随。作为调味品的酱在秦汉初期只供给较高等级的官员，但是到汉代中后期的汉简《过长罗侯费用簿》显示，其也对普通随行人员供应[30]。这说明汉代的酱类逐渐平民化，这也是汉代发酵技术逐渐稳定的表现。从技术发展来看，东汉王充《论衡》提及制作豆酱需要避开梅雨季节，包启安等认为这是出于农忙前的合理人力安排以及避免梅雨时节微生物过度繁殖引起发酵腐败。东汉《四民月令》记载的一年中的制酱概述表明制酱行为与农事活动息息相关，说明人们对制作豆酱的技术有了深刻理解，而且在汉代先民的日常生活中极具普遍性[31]。豆酱的发酵过程中使用了不止一种曲，添加蛋白质水解力很强的黄蒸（用熟面粉制成的米曲霉曲）来弥补笨曲（以炒熟小麦为原料制成的曲，水分含量较低）的不足，所以说中国古代豆酱的制作使用的不是单一菌种，而是以某一菌种为主的混合发酵技术。

　　为克服其不易消化的缺陷，在汉代创造了易于吸收且风味俱佳的豆酱、豆豉，为酱油的出现打下良好的基础，此外，在此时期创造的豆腐，尽管可能是初级形态，也为腐乳的出现做了技术准备[32]。

三、古希腊罗马时期乳类发酵食品

1. 西方早期奶酪生产

近东地区对牛、绵羊、山羊的驯化可追溯到距今10000年前[33]，继而它们穿过欧亚大草原向东传播到中亚[34]，人们逐渐学会利用此类动物的次级产品（如毛、奶、畜力）。在新石器时代的陶瓷筛子（奶酪过滤器）碎片中检测出高丰度的反刍动物乳脂残留物，几乎可以证实在新石器时代早期，西南亚[35]、东南欧[36]和北欧[37]就开始制作奶酪了。来自乌鲁克的原始楔形文字泥板提供了奶酪生产最早的原始文字记录（公元前 4 千纪晚期）[38]。在葡萄牙的史前遗址 Leceia 村（公元前 2500 年），发现 25 块被认为用于挤压凝乳生产奶酪的陶器筛子碎片（图三）[39]。在古埃及公元前 2000 年的坟墓和壁画中发现了与奶酪相关的遗存，其中壁画描述了制作奶酪和黄油的步骤[40]。可以说，奶酪在西方世界有着久远的历史，而且其加工技术通过壁画或陶瓷筛子等载体延续下来。

图三　葡萄牙 Leceia 村出土一种用于压凝乳的陶器碎片

2. 古希腊时期的奶酪生产与消费

古希腊开始在日常生活中消费奶酪，并将其在贸易和宴饮方面的地位提升到新的高度。在古希腊，奶酪在日常生活中被用作主食的佐料或配菜（opson），算作是调味品。此外，新鲜奶酪和蜂蜜可作为祭祀和节日庆典宴会上的蛋糕馅料，这种对奶酪的消费属于上层贵族阶级的生活方式[41]，古希腊人将奶酪视作奢侈的食物，仅由少数贵族享用。每个希腊城邦在市中心都有集市中专门出售新鲜奶酪的区域，它们由城市周围农业区的农民供应。

到公元前 4 世纪亚里士多德时代，希腊文明逐渐强盛，奶酪的海上贸易也随之成熟。一些名声显赫的奶酪会以原产地来标识，比如来自爱琴海 Cythnos 和 Chios 岛的奶酪，农民喂给羊群的草料品种取决于当地自然环境中生长的植物种类，这将会影响奶酪的风味。雅典备受推崇的进口奶酪则来自希腊人聚居的西西里岛，在那里，干硬的奶酪经过精心加工，保存时间长，味道鲜美，磨碎后可以作为烹饪时的调味品。腓尼基商人将奶酪运往利润丰厚的埃及市场，尽管根据公元前3世纪的记录，埃及对进口奶酪加收重税，但这仍然没有阻止埃及贵族享用它们。说明希腊奶酪已经超越了本地日常消费品，成为出口商品[42]。

3. 古罗马时期的奶酪生产与消费

在古罗马时期，奶酪生产的基本技术路线已经建立，而且消费更加普及，相关的记载与考古遗迹反映出奶酪已经进入普通人的日常生活。

从奶酪制作技术的角度看，罗马时期奶酪制作的重大进步体现在：加速凝乳工具的发明、开辟单独的奶酪加工区域、奶酪交易市场的出现。为了改善凝乳的排出过程，罗马人发明了奶酪压榨机[43]，这种技术后来被出口到不同的国家，最远到英国。比较大的罗马房屋有一个单独的奶酪厨房，其中有用于鲜奶酪发酵成熟的特殊区域。在凝乳过程中，凝乳中可能生长各种细菌，其在代谢过程中产生的酶继续起作用。因此，奶酪凝乳的风味和品质在储存过程中会发生变化。如果发酵条件控制得当，奶酪生产的这个过程就被称为成熟。在成熟过程中奶酪会出现多种特色风味和质地[44]。在大的城镇，家庭自制的奶酪可以送到加工中心进行熏制。古罗马人认为不同的储存和处理条件会导致不同的风味和特征。所以罗马时代的奶酪很有特点，他们的制作高度专业化（如分离乳清和凝乳的工具、单独的发酵环境控制），使当时的奶酪产品达到很高标准。奶酪的重要性与独特风味使得古罗马有奶酪交易市场，大约有13种不同类型的奶酪，其香气和风味、制作过程和使用的调料各不相同。公元300年左右，奶酪贸易和出口活动在地中海沿岸建立起来，随着罗马人的入侵，奶酪制作技术也传入了整个欧洲[45]。可以说，罗马奶酪制作技术对欧洲奶酪制作的未来打下坚实基础。

除了技术路线的初步形成，罗马时期的奶酪已经为更多平民阶层所消费，不再是古希腊时期的奢侈品属性，有更多的考古遗迹可以证明这一点。例如在被公元79年维苏威火山爆发所掩埋的庞贝古城，发掘出罗马时期分布最广泛的酒吧柜台和墙壁遗迹，这些酒吧规模不大而数量众多，是面向罗马社区普通市民的餐饮消费场所。在遗址墙壁上刻有"涂鸦"状的消费清单记录，如编号IX.7.24～25的酒吧墙上列出出售的奶酪种类及对应价格[46]。近期有学者收集了五份庞贝社区的"涂鸦"清单，经过整理发现奶酪和面包、油、酒一起作为出现频率最高的食物，其中有一份标注了八天内的食物消费情况的清单，其中奶酪在几天内重复出现[47]，作为第二种主食与面包一起食用，由此可见奶酪在普通人中消费的普遍性。来自CILIV 5380的清单把奶酪划分成日常消费和特殊日期Ides（古罗马历法中每个月中旬的某一天）才能食用两种，使奶酪诞生之初的宗教意义得以保留。

通过上述考古资料可见在罗马时期庞贝社区普通人的餐饮清单中，奶酪较为常见且搭配面包一起食用，不再是古希腊人日常生活中的奢侈品。而且奶酪分化出不同类别，分为日常食用与节日庆典的不同用途。

四、东西方饮食分野的过去、现在与未来

1. 饮食的分野及原因分析

通过上述东西方发酵体系形成的第一个高峰期发酵食品考古材料的收集，表明在公元前一千纪以东方豆类发酵食品体系和西方乳制品发酵体系为代表，东西方就已经形成风格迥异的饮食文化，具体的差异体现在发酵食材、参与发酵的微生物和加工方式上。

从发酵食材来看，尽管东西方都包括谷物、蔬菜、水果、肉类、鱼类，但是大豆类作物在东方发酵体系和乳制品在西方发酵体系中占据几乎压倒性的优势。首先，在中国驯化性状的大豆属作物出现时间较早而且到了汉代其种植规模已经很大；其次，富含蛋白质的大豆可以成为平民补充蛋白质的重要途径，大豆发酵食品也可以克服大豆使

人胀气和口感不佳的缺陷。此外大豆发酵食品具备的医疗与调味功能使得其在东亚国家很受欢迎。

东方并非完全没有发酵乳制品，很多学者指出汉代发酵乳品生产消费分内地和北方草原游牧民族两条脉络[48]，就发酵乳品之一的奶酪而言，根据《汉书》记载，西汉时期北方胡族已经广泛掌握乳酪制作技术[49]。东汉《释名·释饮食》反映了内地汉族人对酪的保健和营养价值有清晰认知[50]。但是仅限于极少数的贵族可以享用[51]。马奶酒也与此类似，西汉前期为反抗匈奴骑兵的侵扰，汉政府提倡大量饲养军马，副产品马乳产量大增，这为马奶酒的流行提供了政策和物质上的大力支持[52]。也就是说，在汉代北方游牧民族由于天然地理优势可以大量饲养牛羊，甚至普通人也可以生产、消费发酵乳制品。而对于中原地区，除了上层社会追求养生、美容或者是出于军事需要短期大量饲养马匹生产发酵乳制品外，普通人几乎很难接触到。从自然条件上讲，中原地区适合发展农耕经济，对于动物的饲养选择与次级产品的开发利用主要是为提高耕作效率考虑的，所以动物乳的产量很低。即使出现短期"饮酪"之风，也都是战争或者文化交流、民族融合等原因造成的[53]，中原地区的发酵乳制品技术深受北方游牧民族的影响，而且这种影响长期存在，但是依然没有改变中原发酵奶制品没有成为主流的状况。

对于西方的乳品发酵，因为西方悠久的牛、羊驯化与动物奶利用的历史，加上适宜发展畜牧业的自然环境，不难获取大量动物奶资源。早期宗教活动需要源源不断的乳制品并且祭祀逐渐制度化，这种奶酪和宗教表达之间的紧密联系对后续文明也产生了强大的文化影响[54]，再加上奶酪通过海上贸易作为高等级食物出口可以带来丰厚利润，奶酪逐渐成为西方世界普遍接受和喜爱的发酵食品。古希腊罗马时期的地中海气候夏季炎热干燥，冬季多雨，意大利和希腊境内的山脉屏蔽了降水。此外，贫乏的土壤腐殖质和较小的种植面积也导致此时期的地中海地区非常不利于农作物种植[55]，这似乎解释了古希腊罗马人为什么不像汉代人一样普遍的利用豆类作物制作发酵食品。

从加工方式上看，以中国豆类发酵食品为代表的东方发酵体系倾向于多菌种的混合发酵，综合利用不同种类的谷物霉菌的糖化和发酵功能激发食物原材料本身不具有的风味，这体现在对曲的创造上，可以说东方发酵体系是以曲为核心的食物加工系统。黄兴宗等认为曲的发现是三种因素绝妙结合的结果：第一是古代中国栽培谷物的性质，稻和黍的质地柔软；第二是首先采用蒸作为烹饪这些谷物的方式，使之成为相互分离颗粒疏松的饭，饭粒是空气中天然真菌孢子沉降、萌发与繁殖的绝佳基质；第三是环境中存在的真菌孢子含有曲所需的全套酶成分。而中国的自然地理条件和食物加工方式可以同时满足以上三种条件，这也是曲没有出现在西方早期文明中的原因[56]。在仰韶文化早期，仰韶人就掌握两种酿造方法：利用发芽的谷物酿造谷芽酒和利用发霉的谷物加植物茎叶制麴酿造麴酒[57]。《天工开物》中提到："古来曲造酒，蘖造醴，后世厌醴味薄，遂至失传，则并蘖法亦亡。"[58]。也就是说中国古代先民很早就掌握了较简单的先利用谷芽完成糖化步骤，再发酵的单式发酵，此外也掌握引用曲来完成一边糖化一边发酵的复式发酵，只是因为谷芽酿造的醴味道寡淡随后放弃，而选择含有多菌种的曲来酿造风味复杂的酒类。用曲的传统也迁移到对豆类发酵食品的制作中。

相对来讲，以发酵乳制品为代表的西方发酵体系中用于生产发酵乳制品的主要微生物群是同型发酵乳酸菌，异源发酵乳酸菌和其他次级微生物群落（酵母、霉菌和细菌混合物）有时用于生产特殊风味的化合物[59]。从总体上看，微生物的组成与比例相对固定，因而发酵产物品质稳定，发酵效率高的同时味道均一。例如起源于高加索北部的发酵乳品开菲尔，它的发酵培养基开菲尔颗粒主要由乳酸菌和酵母在皮袋中连续发酵而来[60]，品质稳定。单从奶酪的发酵技术特点来讲，有两个显著特点，一是发酵环节之前的奶酪加工过程（关键的技术突破点）从罗马时期开始基本成型，这些技术进步使奶酪生产者能根据环境选择发酵微生物种群；另一个是物理环境对奶酪发酵过程的影响很大，造成奶酪多样性（目前世界上有 1000 多种奶酪），同时本土化特征明显。罗马时期业已形成的奶酪加工过程前面有所提及，不再赘述。和今天的奶酪制作相比，这个过程本身没有实质性变化[61]。然而基本技术路线的形成是意义重大的，对奶源的选择、挤压凝乳降低含水率等技术进步使奶酪生产者合理利用当地的自然微环境进行奶酪的贮藏与发酵成熟。如在中世纪，欧洲西北部的庄园农民家庭制作奶酪时，混合挤奶的方式利于乳酸菌大量繁殖，导致生产出的奶酪体积小、水分高、pH 值低，在地中海的温暖气候下容易腐坏。然而修道院奶源充足避免了不同奶源混用的情况，使乳酸菌数量较低，地窖或山洞潮湿阴冷的保存环境使得奶酪具有高湿度和相对较高的 pH 值，奶酪能很好地进行发酵[62]。当地的产奶动物品种、奶的品质、地形地质特征和温湿度条件都会影响环境微生物区系，而这些因素共同作用下产生的当地奶酪的独特性成为奶酪的地理标志，也使当地人民对于奶酪原产地保护和对风土的追求成为一种文化现象。

2. 发酵食品的分野对今天的影响

以曲为核心的发酵工艺为酱油、腐乳等大豆发酵产品诞生奠定基础，豆类发酵食品作为调味品构成了东方独特的食物风味体系；而奶酪在西方食物体系中依然占据重要位置，作为调味品佐餐，不同奶酪与葡萄酒的习惯性搭配不仅是西方独特食品风味的典型代表，而且形成了文化习惯。

东方发酵食品体系对风味调和的追求从一开始的帝王及高级社会阶层的专属奢侈品逐渐过渡到平民百姓饮食的日常调味，直到现在中国人的烹饪中酱、醋、酒、酱油等发酵食品不可或缺。《周礼》中记载了用鹿肉、蜗牛、牡蛎、蚂蚁卵、鱼和兔肉等制作的调味酱汁，"膳夫"在御膳房中储存了 120 缸酱，食医负责监控 100 种酱的质量，以供帝王享用[63]。从前文梳理的汉墓陶文遣策也可以发现大豆发酵的酱和豉在诸侯一级和普通官员的日常调味中很常见。西汉中期以后戍边的普通将士也可以得到一定分量的酱和豉来佐餐。在现代，豆类已经不是中国人获取蛋白质的主要食物，但是发酵的豆类食品仍然是中国菜肴的主要调味品，构成了中国乃至东方食物的基础风味。酱油在中国调味品市场消费占比超过 60%，2021 年中国酱油消费量达到 761.2 万吨，酱油人均年消费量超过 5 千克[64]，是中国人的第一大调味品。受中国文化影响的亚太地区是全世界最主要的酱油消费地，每年消费的酱油占全世界的 80% 以上。除了酱油外，大豆发酵制成的豆瓣酱、味噌、大酱等在中、日、韩的菜肴调味品中都占据着极其重要的地位，构成了东方食品的基础风味。

　　2021 年，欧盟消费了约 910 万吨奶酪，这一数字远远超过了世界其他地区的消费量，排在第二位的美国也仅消费了约 590 万吨奶酪。2014 至 2021 年间，欧盟人均奶酪消费量稳步增长，2021 年达到 20.44 千克，迄今为止，欧盟人均奶酪消费量是世界上最高的[65]。从上述数据可以看出，奶酪已融入环地中海地区人们的日常生活并深受当地人们的喜爱。总的来说，罗马时期形成的奶酪制作的基本步骤、凝乳方式、发酵环境的精确控制不仅为后续西方奶酪的生产奠定了坚实的技术基础，也使后世奶酪多样化且独具特色，成为一种有地域风格的发酵食品，这体现在欧洲的传统奶酪制造国对原产地保护和奶酪风味的追求上。奶酪不仅是欧美国家人民的日常食物之一，在各种食物的烹饪过程中，奶酪也是重要的调味品，构成了西方食物的主要风味。

五、结　　论

　　发酵是人类保藏食物的重要手段，在历史发展过程中东西方逐渐形成不同的发酵技术路线，形成各个地区特定的文化风俗。但是差异在何时出现，体现在哪些方面，出现的缘由以及对今天东西方饮食体系的影响都值得探究。本文分别选取公元前一千纪大豆发酵食品和奶酪作为东西方发酵食品的典型，通过对汉代陶文遣策和古罗马时期有关奶酪生产的考古材料以及相关文献记载的梳理，表明饮食的分野体现在发酵食材、参与发酵的微生物、加工方式和风味上。这些差异不仅仅因为不同区域动植物资源的可获得性不一致，更是与区域多元的饮食文化与消费者的饮食习惯息息相关。中国人更加追求风味调和，西方更重视品质稳定。以大豆发酵食品为基础的调味品构成的东方食物风味体系与以奶酪为风土代表的西方食物体系一起，形成了有地域特色的饮食习惯，创造了多元的发酵食品世界。

注　释

［1］ Liu, L., Wang, J., Hao, Z., etc., Fermented Beverage and Food Storage in 13000 y-old Stone Mortars at Raqefet Cave, Israel: Investigating Natufian Ritual Feasting, *Journal of Archaeological Science: Reports*, 2018, 21, pp.783-793.

［2］ 黄兴宗著，韩北忠等译《李约瑟中国科学技术史·发酵与食品科学卷》，科学出版社，2008 年，第 513～515 页。

［3］ 王乃慧《基于出土酒残留物分析的汉代发酵工艺研究》，西北大学硕士学位论文，2019 年，第 7～26 页。

［4］〔德〕贡特尔·希施费尔德著，吴裕康译《欧洲饮食文化史：从石器时代至今的营养史》，广西师范大学出版社，2009 年，第 44～53 页。

［5］ 吴文婉、靳桂云、王海玉等《古代中国大豆属（Glycine）植物的利用与驯化》，《农业考古》2013 年第 6 期，第 3～6 页。

［6］（汉）刘向编著，颜兴林译注《战国策·韩策一》，二十一世纪出版社，2015 年，第 280～281 页。

［7］ 黄兴宗著，韩北忠等译《李约瑟中国科学技术史·发酵与食品科学卷》，科学出版社，2008 年，第 243～245 页。

［8］（汉）司马迁《史记》卷一百二十九，中华书局，2013 年，第 3944 页。

［9］ 洛阳市第二文物工作队《洛阳五女冢 267 号新莽墓发掘简报》，《文物》1996 年第 7 期，第 42～53 页。

［10］ 洛阳市第二文物工作队《洛阳五女冢新莽墓发掘简报》，《文物》1995 年第 11 期，第 4～19 页。

［11］ 湖南省博物馆、湖南省文物考古研究所《长沙马王堆二、三号汉墓（第一卷：田野考古发掘报告）》，文物出版社，2004 年，第 53～56 页。

［12］ 中国科学院考古研究所洛阳发掘队《洛阳西郊汉墓发掘报告》，《考古学报》1963 年第 2 期，第 1～58 页。

［13］ 中国科学院考古研究所洛阳发掘队《洛阳西郊汉墓发掘报告》，《考古学报》1963 年第 2 期，第 1～58 页。

［14］ 洛阳市第二文物工作队《洛阳邮电局 372 号西汉墓》，《文物》1994 年第 7 期，第 22～33 页。

［15］ 贺官保《洛阳老城西北郊 81 号汉墓》,《考古》1964 年第 8 期, 第 403～406 页。

［16］ 洛阳市第二文物工作队《洛阳五女冢 267 号新莽墓发掘简报》,《文物》1996 年第 7 期, 第 42～53 页。

［17］ 洛阳市第二文物工作队《洛阳五女冢新莽墓发掘简报》,《文物》1995 年第 11 期, 第 4～19 页。

［18］ 王子今《汉代河西军民饮食生活中的"酱"与"豉"》,《重庆师范大学学报（哲学社会科学版）》2012 年第 3 期, 第 5～11 页。

［19］ 黄兴宗著, 韩北忠等译《李约瑟中国科学技术史·发酵与食品科学卷》, 科学出版社, 2008 年, 第 283 页。

［20］ （明）李时珍《本草纲目》卷二十五, 人民卫生出版社, 1975 年, 第 1527 页。

［21］ 包启安、周嘉华《中国传统工艺全集：酿造》, 大象出版社, 2007 年, 第 28、29 页。

［22］ 刘朴兵《释"酱"》,《四川旅游学院学报》2019 年第 3 期, 第 5～8 页。

［23］ 湖南省文物考古研究所、怀化市文物处、沅陵县博物馆《沅陵虎溪山一号汉墓发掘简报》,《文物》2003 年第 1 期, 第 36～55 页。

［24］ 吉林大学考古专业赴纪南城开门办学小分队《凤凰山一六七号汉墓遣策考释》,《文物》1976 年第 10 期, 第 38～46 页。

［25］ 张一诺《江陵凤凰山漠墓遣策集释》, 首都师范大学硕士毕业论文, 2011 年, 第 1 页。

［26］ 凤凰山一六七号汉墓发掘整理小组《江陵凤凰山一六七号汉墓发掘简报》,《文物》1976 年第 10 期, 第 31～37 页。

［27］ 张一诺《凤凰山一六九號漢墓遣策匯釋》,《首都师范大学学报（社会科学版）》2011 年第 S1 期, 第 12～15 页。

［28］ 陈振裕《从凤凰山简牍看文景时期的农业生产》,《农业考古》1982 年第 1 期, 第 62～70 页。

［29］ 洛阳市第二文物工作队《洛阳五女冢 267 号新莽墓发掘简报》,《文物》1996 年第 7 期, 第 42～53 页。

［30］ 董琴《简牍所见秦汉糜食问题探析》, 东北师范大学硕士毕业论文, 2015 年, 第 37 页。

［31］ 包启安、周嘉华《中国传统工艺全集：酿造》, 大象出版社, 2007 年, 第 28～29 页。

［32］ 黄兴宗著, 韩北忠等译《李约瑟中国科学技术史·发酵与食品科学卷》, 科学出版社, 2008 年, 第 264～272 页。

［33］ Evershed, R. P., Payne, S., Earliest Date for Milk Use in the Near East and

Southeastern Europe Linked to Cattle Herding, *Nature*, 2008, 455(7212), pp. 528-531.

［34］ Wilkin, S., Ventresca, M. A., Taylor, W. T., Dairy Pastoralism Sustained Eastern Eurasian Steppe Populations for 5000 Years, *Nature Ecology & Evolution*, 2020, 4(3). pp. 346-355.

［35］ Zheng, Z. Q., Fu, Q. M., Liu, Y. C., Exploration of Adaptation, Evolution and Domestication of Fermentation Microorganisms by Applying Ancient DNA Technology, *Yi Chuan*, 2022, 44(5), pp. 414-423.

［36］ Evershed, R. P., Payne, S., Earliest Date for Milk Use in the Near East and Southeastern Europe Linked to Cattle Herding, *Nature*, 2008, 455(7212), pp. 528-531.

［37］ Salque, M., Bogucki, P. I., Earliest Evidence for Cheese Making in the Sixth Millennium BC in Northern Europe, *Nature*, 2013, 493(7433), pp. 522-525.

［38］ Whitley, L., *Global Cheesemaking Technology: Cheese Quality and Characteristics*, John Wiley & Sons Ltd., Chichester, UK, 2018, pp. 3-14.

［39］ Cardoso, J. L., As cerâmicas decoradas pré-campaniformes do povoado pré-históo o rrico de Leceia: suas características e distribuição estratigráfica, *Estudos Arqueológicos de Oeiras*, 2007, 14, pp. 15-33.

［40］ Pais, M. S. S., *The Cheese Those Romans Already Used To Eat, From Tradition To Molecular Biology And Plant Biotechnology,* Academia das Ciências de Lisboa R. Academia das Ciências, 2015. pp.1-6.

［41］ Whitley, L., *Global Cheesemaking Technology: Cheese Quality and Characteristics*, John Wiley & Sons Ltd., Chichester, UK, 2018, pp. 3-14.

［42］ Kindstedt, P., *Cheese and Culture: a History of Cheese and its Place in Western Civilization*, Chelsea Green Publishing, 2012, pp. 80-99.

［43］ Green, H. J. M., *Durovigutum*: *Roman Godmanchester*, *Archaeopress Roman Archaeology,* Oxford, 2018, pp.115-122.

［44］ Fox, P. F., Guinee, T. P., Cogan, T. M., McSweeney, P. L., *Cheese: Historical Aspects. In Fundamentals of Cheese Science,* Springer, Boston, MA. 2017, pp. 1-10.

［45］ Pais, M. S. S., *The Cheese Those Romans Already Used To Eat, From Tradition To Molecular Biology And Plant Biotechnology,* Academia das Ciências de Lisboa R. Academia das Ciências, 2015. pp.1-6.

［46］ Ellis, S. J., The Pompeian Bar: Archaeology and the Role of Food and Drink Outlets in an Ancient Community, *Food and History*, 2004, 2(1), pp. 41-58.

［47］ Bowes, K., Tracking Consumption at Pompeii: the Graffiti Lists, *Journal of*

Roman Archaeology, 2021, 34(2), pp. 552-584.

［48］ 董杰、张和平《中国传统发酵乳制品发展脉络分析》,《中国乳品工业》
2014 年第 11 期，第 26～30 页。

［49］ （汉）班固撰，（唐）颜师古注《汉书补注·扬雄传第五十七下》卷
八十七，商务印书馆，1959 年，第 5108、5109 页。

［50］ （汉）刘熙《释名》卷第四，中华书局，2020 年，第 59 页。

［51］ 刘双《中国古代乳制品考述》,《饮食文化研究》2007 年第 3 期，第 59～
65 页。

［52］ 刘双《中国古代乳制品考述》,《饮食文化研究》2007 年第 3 期，第 59～
65 页。

［53］ 王利《中古时期的乳品生产与消费》,《中国农史》2000 年第 4 期，第 6 页。

［54］ Whitley, L., *Global Cheesemaking Technology: Cheese Quality and
Characteristics*, John Wiley & Sons Ltd., Chichester, UK, 2018, pp. 3-14.

［55］ 〔德〕赫尔穆特·施耐德编著，张巍译《古希腊罗马技术史》，上海三联
书店，2018 年，第 6～10 页。

［56］ 黄兴宗著，韩北忠等译《李约瑟中国科学技术史·发酵与食品科学卷》，
科学出版社，2008 年，第 513～515 页。

［57］ 刘莉、王佳静、刘慧芳《半坡和姜寨出土仰韶文化早期尖底瓶的酿酒功
能》,《考古与文物》2021 年第 2 期，第 110～122 页。

［58］ （明）宋应星著，中共新余市委政策研究室译《天工开物》，江西科学技
术出版社，2018 年，第 225、226 页。

［59］ Erkmen, O., Bozoglu, T. F., *Food Microbiology: Principles into Practice*,
First Edition. John Wiley & Sons, Ltd., 2016, pp. 253-255.

［60］ Nikoloudaki, O., Gobbetti, M., *Lactic acid bacteria: Lactobacillus
helveticus. Encyclopedia of Dairy Sciences* (*Third Edition*), *4*. Academic
Press, 2022, pp. 674-675.

［61］ Ožanić Roguljić, I., De caseo faciendo, *Prilozi Instituta za arheologiju u
Zagrebu*, *27*, 2010, pp. 171-176.

［62］ Whitley, L., *Global Cheesemaking Technology: Cheese Quality and
Characteristics,* John Wiley & Sons Ltd., Chichester, UK, 2018, pp. 3-14.

［63］ 林尹注释《周礼今注今释》，天津古籍出版社，1988 年，第 34～40 页。

［64］ 中研普华研究院《2022～2017 年酱油行业市场深度分析与发展规划咨询
综合研究报告》。

［65］ STATISTA: Annual consumption of cheese worldwide in 2021, by selected
country (in 1,000 metric tons)*, 2021, https://www.statista.com/topics/6586/
global-cheese-market/# topicOverview.

Demarcation of Diet——A Comparative Study of Fermented Foods in the East and West in the 1st Millennium BC

Wen Rui　Cao Congjian

(School of Cultural Heritage, Northwest University)

Abstract: A rich fermented food system was formed in the diet history of the East and the West in the first millennium BC. A series of fermented food laid the foundation for the food system of later generations and formed the unique memories and cultural customs of people in various regions. At the same time, however, there is a clear distinction between Eastern and Western fermented foods in terms of raw materials, processing methods and product flavours, and it is interesting to see how this difference has arisen and how it has continued to influence modern Eastern and Western food systems, resulting in very different food cultures. In this paper, soybean fermented foods and cheese were selected as typical fermented foods of the East and West, and we analysed their social background and user groups, as well as processing techniques, by sorting out archaeological excavations and literature records. Through comparative research, it is found that the fermented food technology in both the East and the West experienced a process of rapid development and maturity in the first millennium BC. By the late 1st millennium BC, fermented foods from the East and the West, represented by bean paste and cheese respectively, were almost simultaneously popularized in the daily life of ordinary people, which created the fundamental nature of the types and flavors of eastern and western fermented foods, profoundly influencing the flavour and processing techniques of each for the next two millennia.

Keywords: Fermented Process, Qu Starter, Eastern and Western Diet, Dietary Habits

从艾斯克霞尔南遗址看
焉不拉克文化的相关问题[*]

任　萌　常晓雯

（西北大学文化遗产学院）

摘要： 焉不拉克文化是新疆青铜器时代晚期至早期铁器时代的重要考古学文化，但目前学界对它的认识仍存在不足之处。本文以焉不拉克文化的典型聚落遗址——艾斯克霞尔南遗址为出发点，结合其他遗址的相关发现，梳理了焉不拉克文化的聚落形态和墓葬形态特征，补充了焉不拉克文化的典型陶器器类、器型的多样性，探讨焉不拉克文化与骟马文化、天山北路文化和苏贝希文化的关系，从而对焉不拉克文化形成了一定的新认识，填补了一些研究空白。

关键词： 焉不拉克文化，聚落，陶器，文化交流

　　焉不拉克文化是新疆青铜时代晚期至早期铁器时代重要的考古学文化，分布于新疆东部东天山南北两麓的山前、山间草原地带及哈密盆地、伊吾盆地的河岸绿洲区域。经过发掘的遗存主要包括天山以南哈密市伊州区的焉不拉克[1]、五堡[2]、艾斯克霞尔[3]、沙枣泉[4]、拉甫乔克[5]、上庙尔沟[6]、柳树沟[7]等墓地的部分墓葬，以及天山以北的伊州区寒气沟[8]、伊吾县拜其尔[9]等墓地的部分墓葬。此外，经过调查的伊州区白山遗址、腐殖酸厂墓地等，也发现了焉不拉克文化的陶器等遗物（图一）。

---

　　* 本论文得到教育部"中华文明早期历史研究"重大专项课题"黄土高原与中华文明形成机制研究"（项目编号：2022JZDZ026）资助。

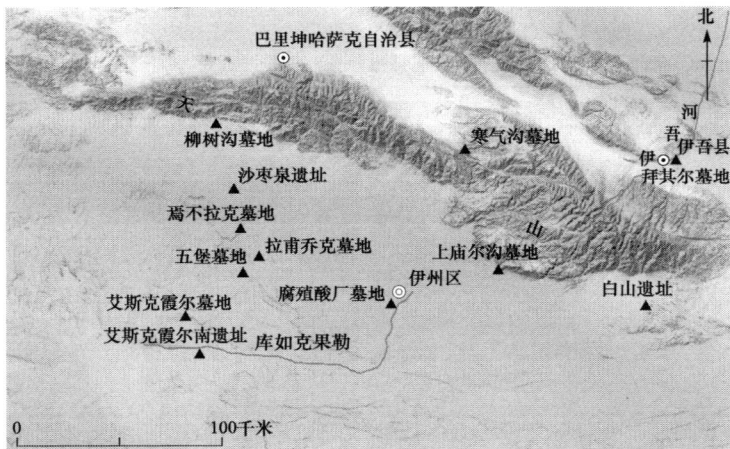

图一 焉不拉克文化遗存分布图

经过多年的发现与研究，学术界对焉不拉克文化的了解越来越深入，对其分布规律、延续年代、墓葬形制、代表性器物的器类器形等方面已经达成了基本的共识。但是，这些关于焉不拉克文化的认识基本都来自墓葬的发掘资料，对该文化聚落遗址的发现和研究，目前均十分缺乏。而即使是墓葬资料，也囿于保存状况不佳、年代关系复杂、早年发掘条件有限等诸多限制，仍有一些关键信息未得到充分关注。这就难免影响到对焉不拉克文化的面貌和特征的全面认识，以及对该文化与其他文化关系等问题的深入探讨。

近年来，哈密艾斯克霞尔南遗址考古调查与发掘的新收获，可以为更进一步了解焉不拉克文化提供重要资料与线索。艾斯克霞尔南遗址位于哈密市伊州区五堡镇西南 32 千米，白杨河流域下游的南湖戈壁深处，北、东、南三面被干涸的河床包围，周边雅丹地貌星罗棋布，荒无人烟，数十千米范围内未发现其他遗存，显得较为孤立。该遗址由一处墓地和一处集中分布的房址区组成[10]，第三次全国文物普查首次发现时，原本将其登记为"墓地""遗址"两处不可移动文物点[11]。墓地于 2010 年经新疆文物考古研究所全面发掘，确认其性质为典型且非常单纯的焉不拉克文化遗存。已公布的 7 组测年数据，时代均处于公元前 780～前 400 年，亦在以往认定的焉不拉克文化年代范围内[12]。房址分布区位于墓地西北约 270 米，虽未经发掘，但墓地发掘者和西北大学东天山考古队先后对其开展过调查，发现其房址结构清晰，堆积简单，文化性质应较为单纯。且采集到的豆、罐、钵等陶器和土坯、木材等建筑构件，也多与墓葬出土物相同（表一，8、18、26、28），由此判定房址分布区与墓地具有共存关系，共同构成了一处保存较完好的焉不拉克文化聚落遗址。因此，在本文中，将这两处文物点统称为"艾斯克霞尔南遗址"。

表一　焉不拉克文化典型陶器

焉不拉克文化墓葬出土或采集遗物	焉不拉克文化墓葬附近的房址采集或出土遗物

腹耳壶

1. 焉不拉克 M75：18[13]

2. 腐殖酸厂 C：1[14]

3. 焉不拉克 M53：1[15]

4. 柳树沟 M3：13[16]

5. 拜其尔 M15：1[17]

6. 艾斯克霞尔 M1：17[18]

7. 拜其尔 M6：8[19]

8. 艾斯克霞尔南房址采集

9. 拜其尔遗址采集[20]

10. 艾斯克霞尔遗址采集[21]

11. 艾斯克霞尔遗址采集

12. 艾斯克霞尔遗址采集

13. 拜其尔遗址采集[22]

14. 拜其尔遗址采集

15. 柳树沟 F3：3[23]

续表

	焉不拉克文化墓葬出土或采集遗物		焉不拉克文化墓葬附近的房址采集或出土遗物	
单耳豆	16. 焉不拉克 M75：16[24]	17. 腐殖酸厂 C：2[25]	18. 艾斯克霞尔南房址采集	19. 艾斯克霞尔遗址采集[26]
钵	20. 焉不拉克 M44：1[27]	21. 五堡 M152：24[28]	25. 柳树沟 F3 出土[32]	26. 艾斯克霞尔南房址采集
	22. 焉不拉克 M75：14[29]	23. 焉不拉克 T12：3[30]	27. 艾斯克霞尔遗址采集[33]	
	24. 焉不拉克 M63：1[31]		28. 艾斯克霞尔南房址采集	
单耳罐（杯）	29. 焉不拉克 M75：15[34]	30. 焉不拉克 M31：3[35]	35. 艾斯克霞尔遗址采集[40]	36. 白山遗址采集[41]
	31. 焉不拉克 M40：4[36]	32. 焉不拉克 M30：2[37]	37. 焉不拉克古城遗址 T2 ②[42]	
	33. 焉不拉克 T1：10[38]	34. 柳树沟 M10：3[39]		

续表

焉不拉克文化墓葬出土或采集遗物		焉不拉克文化墓葬附近的房址采集或出土遗物	
鋬耳釜	38. 寒气沟 M2：4[43]　39. 腐殖酸厂 C：30[44]	40. 艾斯克霞尔南房址采集　41. 焉不拉克古城采集　42. 焉不拉克古城采集　43. 艾斯克霞尔遗址采集[45]　44. 沙枣泉遗址采集[46]　45. 焉不拉克古城采集	
深腹罐	46. 焉不拉克 T32：2[47]　47. 寒气沟 M1：13[48]	48. 艾斯克霞尔南房址采集　49. 拜其尔遗址采集[49]	
鼓腹罐	50. 腐殖酸厂 C：28[50]　51. 上庙尔沟 M7：5[51]	52. 艾斯克霞尔遗址采集[52]　53. 艾斯克霞尔南房址采集　54. 艾斯克霞尔南房址采集	
盆	55. 上庙尔沟 M3：1[53]	56. 艾斯克霞尔南房址采集　57. 拜其尔遗址采集[54]	

续表

焉不拉克文化墓葬出土或采集遗物		焉不拉克文化墓葬附近的房址采集或出土遗物	
鸡冠状鋬耳	58. 焉不拉克墓地采集　　59. 寒气沟 M3：1 [55] 60. 拜其尔 M64：1 [56]	61. 白山遗址采集 [57] 62. 焉不拉克古城采集	

一、焉不拉克文化的聚落形态问题

艾斯克霞尔南遗址所代表的聚落，显然可至少分为居住生活区和埋葬区两个功能区（图二）。其中居住生活区依托一处风蚀雅丹而建，雅丹长约 56、宽约 40 米，高出地面约 14 米（图三）。房址平面均近方形，均以土坯构筑墙体，地表残存有墙基（图四）。目前至少可辨识出十余间房间，彼此紧密相连，呈三级台阶状分布在雅丹平缓的顶面、南坡及坡下的平地上，南坡还见有可供上下的狭窄通道。房址被

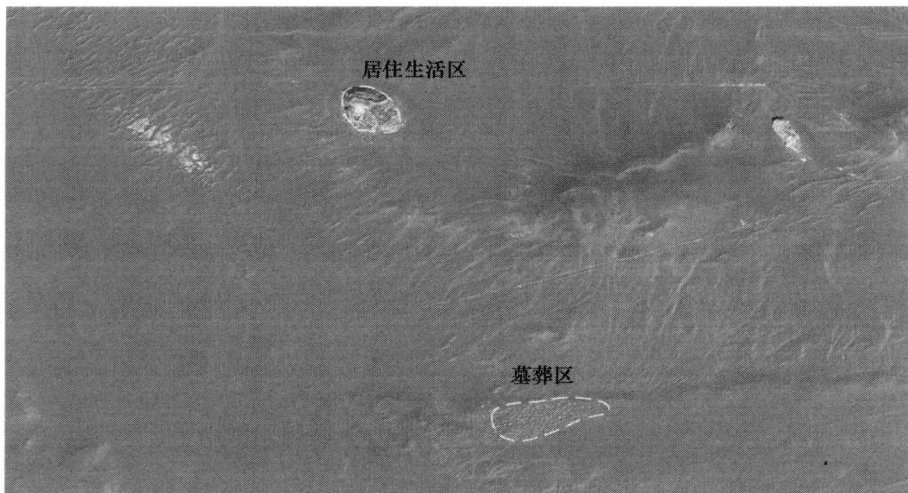

图二　艾斯克霞尔南遗址卫星照片

图三　艾斯克霞尔南遗址居住生活区全景（南—北）

图四　艾斯克霞尔南遗址房址结构（北—南）

破坏处暴露有文化堆积层，厚达1米左右，包含羊粪、土坯、草拌泥块和杂草等。埋葬区位于海拔略低于居住区雅丹的一处台地西端，墓葬分布集中、布局规整，共发掘151座墓葬，均无打破关系，显然应该经过专门规划（图五）。

事实上，以往发掘过的焉不拉克文化墓地的附近，也常发现有房

图五 艾斯克霞尔南墓葬分布情况[58]

址等居住生活类遗存，二者的相互位置关系、结构布局和艾斯克霞尔南遗址均非常类似，采集到的遗物也可确认与墓葬的共时关系。通过参照艾斯克霞尔南遗址，可推知它们应该都是焉不拉克文化的聚落遗址。

如 1999 年发掘了 32 座墓葬的艾斯克霞尔墓地，东南距艾斯克霞尔南遗址约 14 千米，所处环境接近。该墓地西邻干涸河道，南邻一组雅丹，其中西南 100 米处的风蚀雅丹边缘亦见有同时期的土坯房址（图六），分上下两层构筑，上层均匀排列三处房址，墙壁上还保留有瞭望孔；下层仅剩两堵残墙，周边有厚达 1 米的动物粪便和生活堆积（图七）。采集到的罐、壶、钵、豆等陶器残片证明其属焉不拉克文化，且与艾斯克霞尔墓地共存（表一，10～12、19、27）[59]。

焉不拉克墓地位于哈密市伊州区三堡乡，地处白杨河流域一处三面邻水的土岗上，墓葬分布非常密集，但地表破坏严重。1957—1958、1986 年共发掘了其中的 90 座墓，墓葬之间存在一定的打破关系，出土遗物也不尽相同，其中相当大的一部分确认属于焉不拉克文化。墓地东南百余米处的另一道土岗上，分布着"焉不拉克古城遗址"（图八）[60]，四周有夯土、土坯构筑的外墙，堆积较厚，仅有少量房

图六　艾斯克霞尔墓地及遗址分布情况

图七　艾斯克霞尔遗址土坯房址

址残留。20世纪50年代黄文弼先生曾试掘城内南部的一处探沟和南墙外的2个房间，出土了焉不拉克文化的单耳罐（表一，37）和彩陶壶及罐的口沿等，应该和同时期墓葬是共存的。

柳树沟墓地位于哈密市伊州区柳树沟乡，巴里坤山南麓山前地带的一处山坳内，西邻河流。墓地中石构墓葬分布密集，2013年发掘其中的108座，可分为早晚两期，早期属天山北路文化，晚期属焉不

图八 焉不拉克墓地及遗址分布情况

拉克文化。墓地南北两侧均分布有石构房址，南侧房址发掘 2 座，属天山北路文化。北侧房址位于距墓地约 200 米处海拔较高的山坡上，均为石构，呈网格状连成一片，南北总长 55、东西宽 35 米（图九）。其中一座房址经发掘，出土焉不拉克文化的彩陶和圜底器（表一，15、25），测年在公元前 770—前 480 年，显然和晚期墓葬共存[61]。

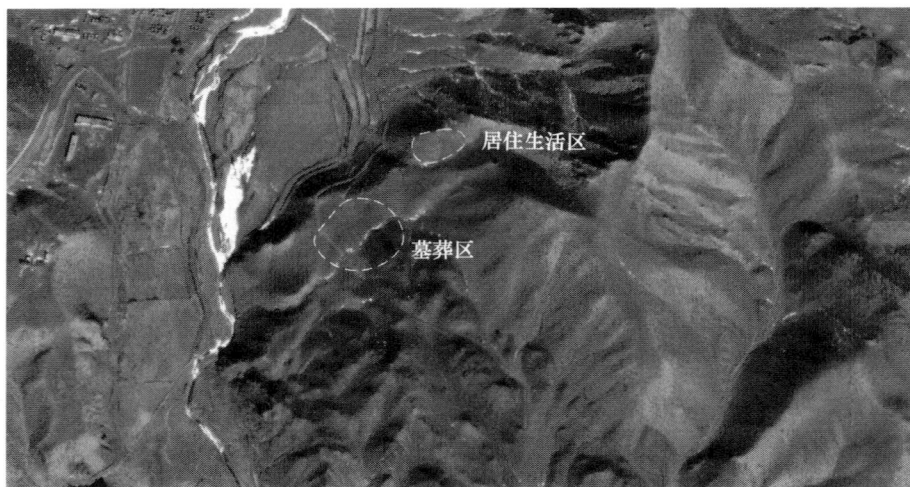

图九 柳树沟墓地及遗址分布情况

拜其尔墓地位于伊吾县吐葫芦乡，莫钦乌拉山南麓的山前地带的一处平坦台地上，西北邻伊吾河。石构墓葬数量众多，分布亦非常密集，2004—2005 年发掘其中 92 座，大多数具有焉不拉克文化因素。墓地北侧约 600 米的一座山丘顶部，集中分布有成排成列连成一片的石构房址，海拔高出墓地约 20 米，采集遗物中有壶、钵、罐等焉不拉克文化典型陶器，亦多与墓地出土遗物相似（表一，9、13、14、49、57），很可能是拜其尔墓地中焉不拉克文化墓葬所属古代聚落的居住生活区（图一〇）[62]。

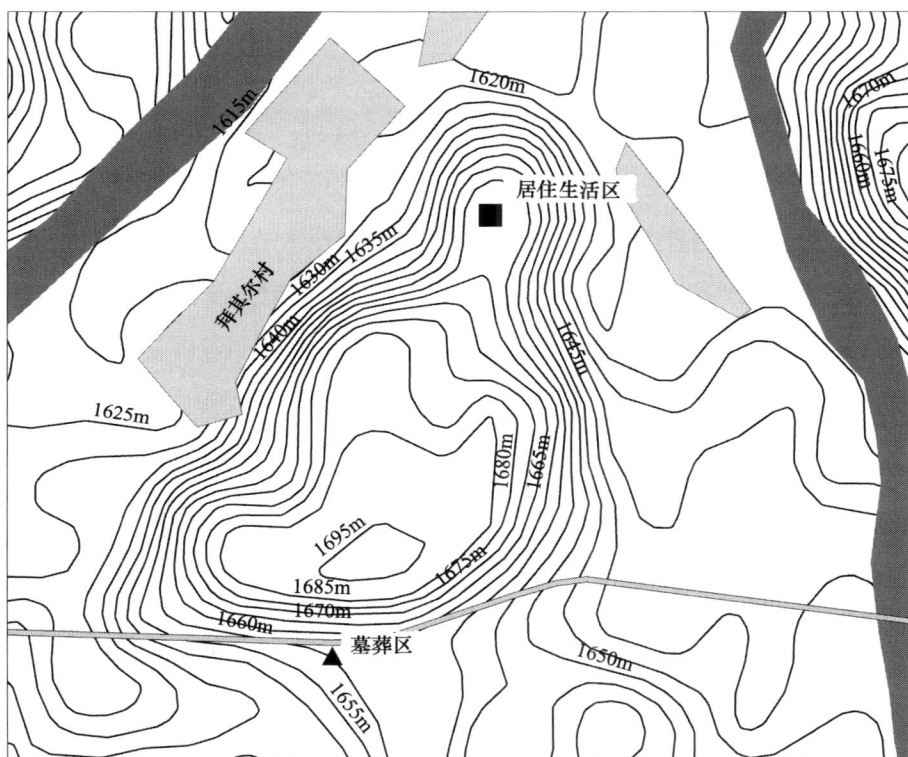

图一〇　拜其尔墓地及遗址分布情况[63]

　　根据上述材料，可归纳焉不拉克文化的聚落形态的基本结构：均依靠河流附近的高地选址，可分为居住生活区和埋葬区两大功能区，且前者海拔一般会高于后者，二者间隔多在 100—300 米，个别相距较远，如拜其尔墓地，可达 500—600 米。根据所处环境的不同，房址和墓葬或为石构，或以土坯构筑，但均各自密集分布，排列有序，体现出一定的布局规划特征。

二、焉不拉克文化的墓葬形态问题

根据以往的发掘资料，一般认为焉不拉克文化的墓葬形制较为统一，多为平面长方形或椭圆形的竖穴墓，有的有二层台。由于所处环境的不同，绿洲区域多使用土坯葬具或木葬具，山区多使用石葬具或木葬具，也有相当部分无葬具。流行侧身屈肢葬，单人葬和多人合葬并存，流行二次扰乱的葬俗[64]。但是，关于墓葬的地表建筑、附属设施、封闭设施等形态要素尚无较为明确的认识。

艾斯克霞尔南遗址的墓葬区，由于受长时间风力搬运作用，整体被掩埋于厚约 5—40 厘米的堆积层下，未经后世侵蚀和扰动，墓葬本体、附属设施和各类地表迹象都得到了良好保存。加上更为精细化的发掘，发现了一些新的墓葬形态特征。其实，对照以往的发掘资料，可知这些特征在很多墓地都早已有少量发现，很可能是焉不拉克文化广泛存在的葬俗，只是由于保存状况和发掘方式等原因，没能得到普遍确认。

首先，关于墓葬的地表标识。以往仅在山麓地带分布的焉不拉克文化墓葬，确认了石构地表标识的存在，如拜其尔墓地（图一一，1）[65]、寒气沟墓地[66]、柳树沟遗址[67]的墓葬，墓圹开口周围或上部均见有近圆形石圈或低缓石堆。而分布在绿洲区域的焉不拉克墓地[68]、五堡墓地[69]、艾斯克霞尔墓地[70]等，均未见明确的地表标识。但在艾斯克霞尔南遗址，除了少数墓葬未发现地表标识外，大多数墓葬均见有"墓垣"，即圈状地表标识，以土坯在墓口周围砌圈，平面基本呈圆形，分上下两部分，下部为较宽基底，土坯横砌，上部土坯纵接成圈（图一一，2）[71]。这种形态和山麓地带墓葬的石圈标识基本一致，说明圈状的地表标识应是焉不拉克文化墓葬的共同特征。因环境和资源所限，地处绿洲的墓葬地表标识多以土坯为材，易遭受后世侵蚀、破坏而难以发现。像焉不拉克墓地的发掘报告记载，墓葬开口之上覆盖有一层"扰乱层"，内含大量土坯块，很可能就来

1. 拜其尔墓地 M92 石圈标识[72]　　2. 艾斯克霞尔南遗址墓葬土坯圈标识[73]

图一一　焉不拉克文化墓葬地表标识

自被破坏的地表标识。只有像艾斯克霞尔南遗址这样被堆积层覆盖且未经扰动者才被保存了下来。

其次，关于墓祭设施。艾斯克霞尔南遗址的墓葬，其地表标识南侧或东南侧常以土坯建造坑状"祭台"，祭台上镶嵌小木柱，放置单耳罐或单耳杯，推测是墓前祭祀设施（图一二）[74]。柳树沟遗址墓葬的石圈一侧也常见一个小石围，其内放置单耳的杯、钵、罐，多有烟炱附着，石围顶部还用石块封盖，应该也是类似的墓祭设施（图一三）[75]。此外，焉不拉克墓地的单耳钵，据发掘报告记载均放在竖穴墓圹外缘的一个小浅坑内，坑上还平压一块土坯，应属同样的性质[76]。并且，该墓地出土的 130 件保存较完整的陶器，有 30 件出

图一二　艾斯克霞尔南遗址墓祭设施[77]

图一三　柳树沟墓地墓祭设施[78]

土于"探方扰乱层"中，很有可能就是出自这种墓祭设施中，只是发掘时没能识别出来。可见，在墓口一侧设置坑状墓祭设施、内置小型陶器的葬俗，在焉不拉克文化中应该普遍存在。

最后，关于墓口棚盖。艾斯克霞尔南遗址墓葬的墓口处多铺有草层，草层下为纵铺于墓口之上的棚木，均为胡杨原木[79]。而以往发掘的焉不拉克文化墓葬，普遍在椁室或二层台上封盖以原木、草席、片石，像艾斯克霞尔南遗址这种在墓口棚盖现象是较为罕见的，但也并非孤例。如柳树沟墓地的竖穴木（石）棺墓，墓口多用木板封盖[80]；焉不拉克墓地的少量竖穴墓，墓口上盖有木头或木板，个别的在其上还铺有苇席[81]；寒气沟墓地 M2，墓口也残留有朽木灰[82]。可见，这种在墓口施加棚盖的葬俗在焉不拉克文化墓葬中的分布还是较为广泛的。

当然，艾斯克霞尔南遗址也有一些葬俗，目前在其他焉不拉克文化墓葬中尚未发现，如墓葬周围的附属坑及用火迹象，采用尸盘或尸床作为葬具等。这些要素究竟是该遗址所特有，还是焉不拉克文化的一种普遍现象，尚待进一步探索发现。

三、焉不拉克文化的典型陶器问题

焉不拉克文化的典型器物，以往主要来自于墓葬的发掘。陶器器形主要包括腹耳壶、单耳豆、钵、单耳罐（杯）等（表一），绝大多数都是小型饮食器具，陶质较为细腻，彩陶占比较大。大中型陶器（如炊器、贮藏器等）则发现很少。显然难以代表该文化完整的陶器群。

2015年，西北大学东天山考古队在艾斯克霞尔南遗址的居住生活区采集到了较多陶片，除了部分钵、豆、壶、小型单耳罐（杯）、彩陶片等与墓葬出土陶器相同者之外，还有与之共存的另一部分陶器残片。这类陶器器形明显较大，包括鋬耳釜、深腹罐、鼓腹罐、盆等大中型炊器或贮藏器，质地更为粗糙，多为夹粗砂的红褐陶，少见彩绘，但流行在口沿等部位饰按压的附加堆纹，鸡冠状鋬耳也相当常见（表一，40、48、53、54、56），和墓葬出土的小型陶器风格迥异。

事实上，以往在艾斯克霞尔遗址居住生活区[83]、白山遗址[84]、沙枣泉遗址[85]、拜其尔遗址居住生活区[86]、腐殖酸厂墓地[87]、上庙尔沟墓地[88]、焉不拉克墓地及古城遗址[89]等，曾采集到了具有类似器形或纹饰的陶片，甚至焉不拉克墓地和寒气沟墓地亦偶有出土具有这些特征的陶器（表一，38～47、49～52、55、57～62）。只是由于采集品的年代难以判断，墓葬出土的数量又偏少，长期没有得到关注。

据此，这些大中型陶炊器和贮藏器同样是焉不拉克文化陶器群的重要组成部分，只是多出土于聚落的居住生活区域，而甚少用于随葬而已。这些发现可以说补充了焉不拉克文化典型陶器器类器形的多样性（表一）。

四、焉不拉克文化与其他考古学文化的关系问题

东天山地区是新疆重要的文化中心，也是古丝绸之路的交通要道。焉不拉克文化与其他考古学文化的关系一直以来受到学术界的关注。一般认为，焉不拉克文化上承同样分布于东天山地区的天山北路文化，还和与之大体并行的考古学文化如卡约文化[90]、辛店文化[91]、苏贝希文化[92]等，存在一定的互动关系。而根据艾斯克霞尔南遗址的新发现和上文对焉不拉克文化特征的新认识，可以进一步探讨焉不

拉克文化与其他文化的关系。

首先，与天山北路文化的关系。焉不拉克文化与天山北路文化前后相继，二者的关系十分密切。很多天山北路文化的因素，如侧身屈肢葬、扰乱葬等葬俗，双耳罐、单耳罐、单耳杯、单耳钵等陶器都被焉不拉克文化所沿用[93]。而除了这些葬俗和器物外，上文确认的一些焉不拉克文化的新特征也可能承袭自天山北路文化。

在聚落布局方面，天山北路文化也存在居住生活区与埋葬区分开，居住生活区比埋葬区地势高，房址和墓葬都分布密集、排列整齐等特点。如柳树沟遗址中，天山北路文化和焉不拉克文化的墓葬多交错分布，可以看作共用了一处墓地。天山北路文化的房址分布在埋葬区南的山梁北坡上，与焉不拉克文化的房址隔墓地相望，二者结构非常相似。巴里坤红山口遗址的早期遗存属天山北路文化南湾类型，其居住生活区的房址集中分布于数道山梁顶部及坡上，排列整齐有序，而埋葬区则位于西侧 1 千米外的山坡上（即泉儿沟墓地），分布亦密集而有序[94]。

在墓葬方面，天山北路文化的墓葬，地表亦多见有石块或土坯构筑的圈状的地表标识，且在一侧设置坑状的墓祭设施，如泉儿沟墓地[95]、柳树沟遗址[96]等已经多有发现。属天山北路文化的伊州区萨伊吐尔墓地，亦见有较多的木构墓口棚盖[97]。这些均与艾斯克霞尔南墓地的同类设施相一致。

其次，与骟马文化的关系。骟马文化分布在河西走廊与内蒙古西部，时代约在西周中期至西汉早期[98]。以往认为，焉不拉克文化与骟马文化之间仅在少量金属器等方面具有相近的文化因素，陶器的联系并不紧密[99]。这对于两支时代有所重合、分布地毗邻的考古学文化来说，显得非常不可思议。

事实上，这种状况还是由于房址出土日用器和墓葬出土随葬品的差异所导致的。以往对焉不拉克文化遗物的认识主要来自墓葬发掘资料，对骟马文化的认识却主要来自聚落、房址的调查发掘资料，肯定是难以对应的。而上文从焉不拉克文化聚落遗址中确认的那些器形较大、陶质较粗、流行附加堆纹和鸡冠状錾耳的深腹罐、鼓腹罐、錾耳釜和盆等新的典型陶炊器、贮藏器，就在西土沟[100]、古董滩[101]、赵家水磨[102]、火烧沟[103]、黑山岭[104]等骟马文化遗址中普遍存在（表二，3、7、10、12、15），除陶器外，部分铜器、骨器也在两支考古学文化中都可见到。如艾斯克霞尔南遗址和火烧沟遗址均见骨甲，平面磨制成规整的长方形，有两排平行钻孔（表二，19、20）。拜其尔遗址和火烧沟遗址均见三翼铜镞（表二，17、18）[105]。

表二　焉不拉克文化与骟马文化典型器物比较[106]

	焉不拉克文化		骟马文化
深腹罐	1. 焉不拉克 T32：2	2. 寒气沟 M1：13	3. 敦煌西土沟遗址采集[107]
鼓腹罐	4. 艾斯克霞尔南房址采集 5. 上庙尔沟 M7：5		6. 额济纳旗绿城遗址出土[108] 7. 火烧沟遗址出土[109]
錾耳釜	8. 寒气沟 M2：4	9. 腐殖酸厂 C：30	10. 赵家水磨遗址采集[110]
盆	11. 上庙尔沟 M3：1		12. 敦煌西土沟遗址采集[111]

续表

焉不拉克文化		驷马文化
鸡冠状鋬耳	13. 焉不拉克墓地采集　　14. 寒气沟 M3：1	15. 赵家水磨遗址采集[112]
镞	16. 焉不拉克 M68：2[113]　　17. 拜其尔 M75：2[114]	18. 火烧沟遗址出土[115]
骨甲	19. 艾斯克霞尔南遗址采集	20. 火烧沟遗址出土[116]

可见，焉不拉克文化与驷马文化的联系还是非常密切的。尤其在大型陶器方面，后者应是前者的主要来源之一。关于二者的交流互动路线，近年来发掘的黑山岭遗址应是一个重要线索。该遗址位于新疆哈密市和巴音郭楞蒙古自治州交界的黑山岭山脉东端，西邻罗布泊东缘，东南距玉门关遗址约 100 千米，北距艾斯克霞尔南遗址约 170 千米，是目前发现的驷马文化遗存中位置最偏西者[117]。该遗址出土、采集有大量驷马文化的典型陶器，少量彩陶等亦见有焉不拉克文化因素。这便勾勒出了当时两支考古学文化可能的沟通方式——即从河西走廊西端沿祁连山麓西行至罗布泊东缘，再沿着南北向的河流折向北抵达哈密盆地的绿洲，这些河流现已干涸，但当时可能有水存在，成为人群移动的通道和补给来源。

最后，与苏贝希文化的关系。苏贝希文化是分布在博格达山南北两侧的早期铁器时代文化，东与焉不拉克文化的分布区相邻，且二者的年代基本平行[118]。以往认为，焉不拉克文化对苏贝希文化影响较大，如后者墓葬使用土坯，陶器中的单耳钵、单耳豆、单耳斜腹杯和碗等，均来自前者。至于后者对前者的影响，以往的发现确实偏少，一般认为只集中在少量陶器纹饰上[119]。但从艾斯克霞尔南遗址的新发现可知，苏贝希文化对焉不拉克文化的影响可能存在于更多因素上。

如艾斯克霞尔南墓地特有的葬具——尸床，形似木床而简陋，四根立柱为床腿，横、纵边各两根小木柱或加工过的木条，在立柱上部凿孔，小木柱木条端削成榫头，二者相接成尸床框架，上搭平行的小木棍形成床板。尸床是苏贝希文化代表性的葬具，洋海墓地发现尤多，为长方形，四边边框与四条腿用榫卯连接，上面平铺长条形细木棍，与艾斯克霞尔南墓地基本一致[120]。艾斯克霞尔南墓地还出土了 11 件竖箜篌，是目前新疆出土箜篌数量最多、位置最靠东的墓地。竖箜篌本是源自西方的传统乐器，自西亚两河流域经伊朗高原向东传播，目前在新疆考古出土的箜篌，时代与艾斯克霞尔南遗址相当或更早者有塔什库尔干县吉尔赞喀勒墓地出土的 2 件，且末县扎滚鲁克墓地出土的 3 件，乌鲁木齐鱼儿沟墓地出土的 1 件，鄯善县洋海墓地出土的 4 件，自西向东传播的分布特征非常明显。其中，艾斯克霞尔南墓地的箜篌无论是器形与比例，还是音箱、琴颈、琴首及弦杆等局部形态都更接近于洋海墓地的箜篌，时代又较后者略晚，说明其源头应该在吐鲁番盆地的苏贝希文化遗存中[121]。

可见，目前在焉不拉克文化遗存中位置最靠南的艾斯克霞尔南遗址发现的苏贝希文化因素最为集中，由此推测苏贝希文化与焉不拉克文化的交流互动路线，除了沿天山山麓东西向交流外，沿着位置更靠南的吐鲁番盆地——哈密盆地白杨河流域进行互动也是一个重要途径。

五、结　　语

据上文，从艾斯克霞尔南遗址的新发现出发，结合其他遗存的相关资料，对焉不拉克文化的聚落、墓葬、代表性器物及其与其他考古学文化的关系等问题产生了新的认识，这不仅有助于全面认识焉不拉克文化，而且对于该文化聚落遗址的探寻、文化因素源流的确认、与周临区域交流路线的复原等问题提供了较为可信的证据，今后可以此为线索开展考古调查发掘工作，不断完善和深化对该文化的认识。

注　释

［1］ 新疆维吾尔自治区文化厅文物处、新疆大学历史系文博干部专修班《新疆哈密焉不拉克墓地》，《考古学报》1989 年第 3 期，第 325～362 页。

［2］ 新疆文物考古研究所《新疆哈密五堡墓地 151、152 号墓葬》，《新疆文物》1992 年第 3 期，第 1～10 页。

［3］ 新疆文物考古研究所、哈密地区文物管理所《新疆哈密市艾斯克霞尔墓地的发掘》，《考古》2002 年第 6 期，第 30～41 页。

［4］ 新疆维吾尔族自治区文物普查办公室、哈密地区文物普查队《哈密地区文物普查资料》，《新疆文物》1991 年第 4 期。

［5］ 新疆文物考古研究所东疆队《新疆哈密拉甫乔克发现新石器时代晚期墓葬》，《考古与文物》1984 年第 4 期，第 2～4 页。

［6］ 新疆文物考古研究所、哈密地区文物管理所《1996 年哈密黄田上庙尔沟 I号墓地发掘简报》，《新疆文物》2004 年第 2 期。

［7］ 新疆文物考古研究所《新疆哈密市柳树沟遗址和墓地的考古发掘》，《西域研究》2015 年第 2 期，第 124～126 页。

［8］ 新疆文物考古研究所、哈密地区文管所《新疆哈密市寒气沟墓地发掘简报》，《考古》1997 年第 9 期，第 33～38 页。

［9］ 陈爱东《拜其尔墓地遗存与焉不拉克文化》，西北大学硕士毕业论文，2008 年。

［10］ 新疆文物考古研究所《新疆哈密五堡艾斯克霞尔南墓地考古新发现》，《西域研究》2011 年第 2 期，第 134～137 页。

［11］ 新疆维吾尔自治区文物局《新疆维吾尔自治区第三次全国文物普查成果集成：哈密地区卷》，科学出版社，2011 年，第 13、14 页。

［12］ 中国社会科学院考古研究所考古科技实验研究中心《放射性碳素测定年代报告（二三）》，《考古》1996 年第 7 期，第 66～70 页。

［13］ 新疆维吾尔自治区文化厅文物处、新疆大学历史系文博干部专修班《新疆哈密焉不拉克墓地》，第 325～362 页。

［14］ 张承安、常喜恩《哈密腐殖酸厂墓地调查》，《新疆文物》1998 年第 1

期，第36~40页。

［15］ 新疆维吾尔自治区文化厅文物处、新疆大学历史系文博干部专修班《新疆哈密焉不拉克墓地》，第325~362页。

［16］ 新疆文物考古研究所《新疆哈密市柳树沟遗址和墓地的考古发掘》，第124~126页。

［17］ 新疆文物考古研究所、西北大学文化遗产学院、哈密市文物局、哈密博物馆、伊吾县文物管理局《新疆拜其尔墓地——2004~2005年度发掘报告》，文物出版社，2020年，第17、18页。

［18］ 新疆文物考古研究所、哈密地区文物管理所《新疆哈密市艾斯克霞尔墓地的发掘》，第30~41页。

［19］ 新疆文物考古研究所、西北大学文化遗产学院、哈密市文物局、哈密博物馆、伊吾县文物管理局《新疆拜其尔墓地——2004~2005年度发掘报告》，第17、18页。

［20］ 新疆维吾尔族自治区文物普查办公室、哈密地区文物普查队《哈密地区文物普查资料》，第32页。

［21］ 新疆文物考古研究所、哈密地区文物管理所《新疆哈密市艾斯克霞尔墓地的发掘》，，第30~41页。

［22］ 新疆维吾尔族自治区文物普查办公室、哈密地区文物普查队《哈密地区文物普查资料》，第32页。

［23］ 新疆文物考古研究所《新疆哈密市柳树沟遗址和墓地的考古发掘》，第124~126页。

［24］ 新疆维吾尔自治区文化厅文物处、新疆大学历史系文博干部专修班《新疆哈密焉不拉克墓地》，第325~362页。

［25］ 张承安、常喜恩《哈密腐殖酸厂墓地调查》，第36~40页。

［26］ 新疆维吾尔族自治区文物普查办公室、哈密地区文物普查队《哈密地区文物普查资料》，第7页。

［27］ 新疆维吾尔自治区文化厅文物处、新疆大学历史系文博干部专修班《新疆哈密焉不拉克墓地》，第325~362页。

［28］ 新疆文物考古研究所《新疆哈密五堡墓地151、152号墓葬》，第1~10页。

［29］ 新疆维吾尔自治区文化厅文物处、新疆大学历史系文博干部专修班《新疆哈密焉不拉克墓地》，第325~362页。

［30］ 新疆维吾尔自治区文化厅文物处、新疆大学历史系文博干部专修班《新疆哈密焉不拉克墓地》，第325~362页。

［31］ 新疆维吾尔自治区文化厅文物处、新疆大学历史系文博干部专修班《新疆哈密焉不拉克墓地》，第325~362页。

［32］ 新疆文物考古研究所《新疆哈密市柳树沟遗址和墓地的考古发掘》，第 124～126 页。

［33］ 新疆维吾尔族自治区文物普查办公室、哈密地区文物普查队《哈密地区文物普查资料》，第 7 页。

［34］ 新疆维吾尔自治区文化厅文物处、新疆大学历史系文博干部专修班《新疆哈密焉不拉克墓地》，第 325～362 页。

［35］ 新疆维吾尔自治区文化厅文物处、新疆大学历史系文博干部专修班《新疆哈密焉不拉克墓地》，第 325～362 页。

［36］ 新疆维吾尔自治区文化厅文物处、新疆大学历史系文博干部专修班《新疆哈密焉不拉克墓地》，第 325～362 页。

［37］ 新疆维吾尔自治区文化厅文物处、新疆大学历史系文博干部专修班《新疆哈密焉不拉克墓地》，第 325～362 页。

［38］ 新疆维吾尔自治区文化厅文物处、新疆大学历史系文博干部专修班《新疆哈密焉不拉克墓地》，第 325～362 页。

［39］ 新疆文物考古研究所《新疆哈密市柳树沟遗址和墓地的考古发掘》，第 124～126 页。

［40］ 新疆维吾尔族自治区文物普查办公室、哈密地区文物普查队《哈密地区文物普查资料》，第 7 页。

［41］ 哈密地区文管所《哈密沁城白山遗址调查》，《新疆文物》1988 年第 1 期，第 12～16 页。

［42］ 新疆维吾尔自治区文化厅文物处、新疆大学历史系文博干部专修班《新疆哈密焉不拉克墓地》，第 325～362 页。

［43］ 新疆文物考古研究所、哈密地区文管所《新疆哈密市寒气沟墓地发掘简报》，第 33～38 页。

［44］ 张承安、常喜恩《哈密腐殖酸厂墓地调查》，第 36～40 页。

［45］ 新疆维吾尔族自治区文物普查办公室、哈密地区文物普查队《哈密地区文物普查资料》，第 7 页。

［46］ 新疆维吾尔自治区文物局《新疆维吾尔自治区第三次全国文物普查成果集成：哈密地区卷》，第 13、14 页。

［47］ 新疆维吾尔自治区文化厅文物处、新疆大学历史系文博干部专修班《新疆哈密焉不拉克墓地》，第 325～362 页。

［48］ 新疆文物考古研究所、哈密地区文管所《新疆哈密市寒气沟墓地发掘简报》，第 33～38 页。

［49］ 新疆维吾尔族自治区文物普查办公室、哈密地区文物普查队《哈密地区文物普查资料》，第 32 页。

［50］ 张承安、常喜恩《哈密腐殖酸厂墓地调查》，第 36～40 页。

［51］ 周晓明《哈密黄田庙尔沟墓地调查》,《新疆文物》1998 年第 1 期, 第 32～35 页。

［52］ 新疆维吾尔族自治区文物普查办公室、哈密地区文物普查队《哈密地区 文物普查资料》, 第 7 页。

［53］ 周晓明《哈密黄田庙尔沟墓地调查》, 第 32～35 页。

［54］ 新疆维吾尔族自治区文物普查办公室、哈密地区文物普查队《哈密地区 文物普查资料》, 第 32 页。

［55］ 新疆文物考古研究所、哈密地区文管所《新疆哈密市寒气沟墓地发掘简 报》, 第 33～38 页。

［56］ 新疆文物考古研究所、西北大学文化遗产学院、哈密市文物局、哈密博 物馆、伊吾县文物管理局《新疆拜其尔墓地——2004～2005 年度发掘报 告》, 第 17、18 页。

［57］ 哈密地区文管所《哈密沁城白山遗址调查》, 第 12～16 页。

［58］ 采自 Zhang, G. L., Wang, Y. Q., Spate, M., Wang, S. Z., Jiang, H. G., Investigation of the Diverse Plant Uses at the South Aisikexiaer Cemetery (～2700-2400 years BP) in the Hami Basin of Xinjiang, Northwest China, 王永强先生提 供了原图。

［59］ 新疆文物考古研究所、哈密地区文物管理所《新疆哈密市艾斯克霞尔墓 地的发掘》, 第 30～41 页。

［60］ 疆维吾尔自治区文化厅文物处、新疆大学历史系文博干部专修班《新疆 哈密焉不拉克墓地》, 第 325～362 页。

［61］ 新疆文物考古研究所《新疆哈密市柳树沟遗址和墓地的考古发掘》, 第 124～126 页。

［62］ 陈爱东《拜其尔墓地遗存与焉不拉克文化》, 第 4～50 页。

［63］ 新疆文物考古研究所、西北大学文化遗产学院、哈密市文物局、哈密博 物馆、伊吾县文物管理局《新疆拜其尔墓地——2004～2005 年度发掘报 告》, 第 8 页。

［64］ 新疆维吾尔自治区文化厅文物处、新疆大学历史系文博干部专修班《新 疆哈密焉不拉克墓地》, 第 325～362 页。

［65］ 陈爱东《拜其尔墓地遗存与焉不拉克文化》, 第 4～50 页。

［66］ 新疆文物考古研究所、哈密地区文管所《新疆哈密市寒气沟墓地发掘简 报》, 第 33～38 页。

［67］ 新疆文物考古研究所《新疆哈密市柳树沟遗址和墓地的考古发掘》, 第 124～126 页。

［68］ 新疆维吾尔自治区文化厅文物处、新疆大学历史系文博干部专修班《新 疆哈密焉不拉克墓地》, 第 325～362 页。

［69］ 新疆文物考古研究所《新疆哈密五堡墓地 151、152 号墓葬》，第 1～10 页。

［70］ 新疆文物考古研究所、哈密地区文物管理所《新疆哈密市艾斯克霞尔墓地的发掘》，第 30～41 页。

［71］ 新疆文物考古研究所《新疆哈密五堡艾斯克霞尔南墓地考古新发现》，第 134～137 页。

［72］ 陈爱东《拜其尔墓地遗存与焉不拉克文化》，第 4～50 页。

［73］ 新疆文物考古研究所《新疆哈密五堡艾斯克霞尔南墓地考古新发现》，第 134～137 页。

［74］ 新疆文物考古研究所《新疆哈密五堡艾斯克霞尔南墓地考古新发现》，第 134～137 页。

［75］ 新疆文物考古研究所《新疆哈密市柳树沟遗址和墓地的考古发掘》，第 124～126 页。

［76］ 新疆维吾尔自治区文化厅文物处、新疆大学历史系文博干部专修班《新疆哈密焉不拉克墓地》，第 325～362 页。

［77］ Zhang, G. L., Wang, Y. Q., Spate, M., Wang, S. Z., Jiang, H. G., Investigation of the Diverse Plant Uses at the South Aisikexiaer Cemetery (～2700-2400 years BP) in the Hami Basin of Xinjiang, Northwest China，王永强先生提供了原图。

［78］ 新疆文物考古研究所《新疆哈密市柳树沟遗址和墓地的考古发掘》，第 124～126 页。

［79］ 新疆文物考古研究所《新疆哈密五堡艾斯克霞尔南墓地考古新发现》，第 134～137 页。

［80］ 新疆文物考古研究所《新疆哈密市柳树沟遗址和墓地的考古发掘》，第 124～126 页。

［81］ 新疆维吾尔自治区文化厅文物处、新疆大学历史系文博干部专修班《新疆哈密焉不拉克墓地》，第 325～362 页。

［82］ 新疆文物考古研究所、哈密地区文管所《新疆哈密市寒气沟墓地发掘简报》，第 33～38 页。

［83］ 新疆文物考古研究所、哈密地区文物管理所《新疆哈密市艾斯克霞尔墓地的发掘》，第 30～41 页。

［84］ 哈密地区文管所《哈密沁城白山遗址调查》，第 12～16 页。

［85］ 新疆维吾尔族自治区文物普查办公室、哈密地区文物普查队《哈密地区文物普查资料》，第 2～4 页。

［86］ 陈爱东《拜其尔墓地遗存与焉不拉克文化》，第 4～50 页。

［87］ 张承安、常喜恩《哈密腐殖酸厂墓地调查》，第 36～40 页。

［88］ 周晓明《哈密黄田庙尔沟墓地调查》，第 32～35 页。

［89］ 新疆维吾尔自治区文化厅文物处、新疆大学历史系文博干部专修班《新疆哈密焉不拉克墓地》，第 325～362 页。

［90］ 乔虹《浅析卡约文化陶器与周边地区的文化交流》，《四川文物》2013 年第 3 期，第 29～35 页。

［91］ 陈戈《略论焉不拉克文化》，《西域研究》1991 年第 1 期，第 81～96 页。

［92］ 陈戈《苏贝希文化的源流及与其它文化的关系》，《西域研究》2002 年第 2 期，第 11～18 页。

［93］ 陈爱东《拜其尔墓地遗存与焉不拉克文化》，第 4～50 页。

［94］ 西北大学丝绸之路文化遗产保护与考古学研究中心、哈密地区文物局、巴里坤县文物局《新疆巴里坤红山口遗址 2008 年调查简报》，《文物》2014 年第 7 期，第 17～30 页。

［95］ 资料正在整理中。

［96］ 新疆文物考古研究所《新疆哈密市柳树沟遗址和墓地的考古发掘》，第 124～126 页。

［97］ 新疆文物考古研究所《2013 年哈密花园乡萨伊吐尔墓地发掘简报》，《中国国家博物馆馆刊》2014 年第 9 期，第 24～38 页。

［98］ 李水城《骟马文化研究》，《丝绸之路考古》（第 5 辑），科学出版社，2022 年，第 14～26 页。

［99］ 曹玮、林嘉琳、孙岩、刘远晴《古代中国与欧亚大陆》，上海古籍出版社，2020 年，第 210 页。

［100］ 李水城《骟马文化研究》，第 14～26 页。

［101］ 李水城《骟马文化研究》，第 14～26 页。

［102］ 李水城《骟马文化研究》，第 14～26 页。

［103］ 李水城《骟马文化研究》，第 14～26 页。

［104］ 西北大学文化遗产学院、北京科技大学科技史与文化遗产研究院、新疆文物考古研究所《新疆若羌黑山岭古代绿松石矿业遗址调查简报》，《文物》2020 年第 8 期，第 4～13 页。

［105］ 李水城《骟马文化研究》，第 14～26 页。

［106］ 李水城《骟马文化研究》，第 14～26 页。

［107］ 李水城《骟马文化研究》，第 14～26 页。

［108］ 李水城《骟马文化研究》，第 14～26 页。

［109］ 李水城《骟马文化研究》，第 14～26 页。

［110］ 李水城《骟马文化研究》，第 14～26 页。

［111］ 李水城《骟马文化研究》，第 14～26 页。

［112］ 李水城《骟马文化研究》，第 14～26 页。

［113］　新疆维吾尔自治区文化厅文物处、新疆大学历史系文博干部专修班《新疆哈密焉不拉克墓地》，第 325～362 页。

［114］　陈爱东《拜其尔墓地遗存与焉不拉克文化》，第 27 页。

［115］　李水城《骟马文化研究》，第 14～26 页。

［116］　李水城《骟马文化研究》，第 14～26 页。

［117］　曹玮、林嘉琳、孙岩、刘远晴《古代中国与欧亚大陆》，第 210 页。

［118］　陈戈《苏贝希文化的源流及与其它文化的关系》，第 11～18 页。

［119］　陈戈《苏贝希文化的源流及与其它文化的关系》，第 11～18 页。

［120］　新疆文物考古研究所、吐鲁番地区文物局《鄯善县洋海一号墓地发掘简报》，《新疆文物》2004 年第 1 期，第 3 页。

［121］　王永强《新疆艾斯克霞尔南墓地箜篌的发现与研究》，《音乐研究》2019 年第 2 期，第 56～66 页。

On the Related Problems of Yanbulak Culture from the Site of the South Aisikexiaer

Ren Meng　Chang Xiaowen

（School of Cultural Heritage, Northwest University）

Abstract: Yanbulak culture is an important archaeological culture from the late Bronze Age to the early Iron Age in Xinjiang, but there are still some deficiencies in understanding. Based on the typical settlement site of Yanbulak culture the site of the South Aisikexiaer, combined with the related discoveries of other sites, this paper combs the settlement form and tomb form characteristics of Yanbulak culture, supplements the diversity of typical pottery types of Yanbulak culture, and discusses the relationship between Yanbulak culture and Shanma culture, Tianshan North Road culture and Subeixi culture, thus forming a certain new understanding of Yanbulak culture and filling some research gaps.

Keywords: Yanbulak Culture, Settlement, Pottery, Cultural Exchange

北凉佛教的"末世观"[*]

刘 屹

（首都师范大学历史学院）

摘要："北凉石塔"的发愿文明确提到"生值末法"和"生值末世"，这是否意味着 5 世纪初的北凉佛教已经具备了"末法思想"？本文通过梳理学术史和"末法""末世"在佛教内外文献中具体的语境和语意，认为"末法"一词不能简单等同于"末世"；北凉佛教的"末世观"与 6 世纪中期才开始流行起来的"末法思想"不是一回事。前者是从印度佛教传承而来的、对佛陀灭度后佛法渐衰的危机感；后者则是由中国佛教按照中国历史文化传统造作出来的一种新的佛教历史观。

关键词：北凉，石塔，末世观

一、引　言

北凉（397—439—460 年）国祚虽短，但在佛教译经、石窟、造像、建塔等方面，都对中国佛教史有着极其重要的贡献。已有学者对"北凉佛教"进行过系统全面的研究[1]。但因北凉时期的史料不足，石窟造像资料也缺乏可供断代的决定性要素，故北凉佛教史研究中仍有一些存有争议问题尚未得到彻底解决。如传世的北凉石塔发愿文中，出现了"末法"和"末世"两词。这两词在不同的语境下，具有不同的含义。究竟如何准确地理解这两词所蕴含的佛教思想，学界看法不一。

---

* 本论文系国家社科基金重点项目"中国佛教'末法思想'的历史学研究"（项目编号：19AZS015）阶段性成果。

具体而言，出土于酒泉的缘禾（延和）三年（434年）白双且塔发愿文云：

> 凉故大沮渠缘禾三年岁次甲戌七月上旬，清信士白双且，自惟薄福，生值末法，波流苦海。? 圣求旷正，自惟寙寐永叹，即于山岩，步负斯石，起灵塔一尊? 一? 窟，形容端严。愿此福报，使国主兄弟，善心纯熟，兴隆三宝。见在师僧，证菩提果。七世父母，兄弟宗亲，舍身受身，值遇弥勒。心闲意解，获其果愿[2]。

同样出土于酒泉的太缘（太延）二年（436年）段程儿塔发愿文：

> 凉太缘二年岁在丙子六月中旬，程段儿自惟薄福，生值末世，不观佛兴。自竭为父母合家，立此石塔形像。愿以此福，成无上道，并及命过官女妻陵男，亦同上愿[3]。

有学者认为这些发愿文体现了北凉佛教的"末法思想"[4]，有学者则认为这里的"末法""末世"并不能认为具有了"末法思想"的含义[5]。

目前所知14座北凉石塔中，12座出自河西走廊的武威、酒泉和敦煌，2座出土于吐鲁番。其中有纪年的石塔共有6座，时代在426—436年。而白双且和程段儿两座石塔，既有明确纪年，又有"末法""末世"的用例，更为珍贵。一般认为，这14座北凉石塔的年代彼此相去不会太远。吐鲁番出土的2座石塔，应该属于沮渠氏在河西地区被北魏击败后，西奔高昌时带到吐鲁番的河西地区佛教信仰实践产物。因此，北凉石塔可将5世纪前期河西与高昌的佛教信仰连贯起来。由此也可将一件目前被定为公元5世纪后期的《阚氏高昌左祖兴等发愿文》结合起来考虑。左祖兴等发愿文称：

> 夫佛道虚凝，妙存化表。因通塞之运，则有隐显之殊。显则法轮振朗，嘿则灭迹匿端，大誓动修，光昧俱益。是以双树之会，度者若尘。清信士左祖兴等，并共生处末世，不睹佛兴。故共相合，率施立课，会读经道，月不废加（功）。

> 立限在左，列名在右。以此功福，生生所往严净佛土，上生
> 天上，五事备足，下生世间，具以报果。董身除欲，尘秽永
> 尽，登智慧台，体菩提乐[6]。

这样，除历来深受重视的两座北凉石塔外，还可新加一件带有河西佛教传统特色的吐鲁番出土文书，也反映了信仰者"生处末世"的感叹。无论从时间还是地域上，都可把这三件不同文物上体现"末法"和"末世"的佛教发愿文归在一起讨论。其实，"末法""末世""末代""末劫"等语，在北凉石塔发愿文之外，还多见于五六世纪敦煌、吐鲁番的北朝写经题记。所以要探讨北凉佛教中的"末法""末世"观念，就不应仅仅讨论两座石塔的文字。

本文想从理解中国佛教"末法思想"如何形成的角度，关注北凉佛教信徒所说的"末法"和"末世"问题。为便于论述，我将以上石塔和文书中出现的"末法""末世"，称为北凉佛教的"末世观"而非"末法观"。为何要区分出"末法观"和"末世观"？这需要搞清在北凉佛教背景下出现的"末法"或"末世"等词汇的本义究竟是什么？以及这样的"末世观"与我们习惯想象中的"末世"有何异同？特别是该怎样理解这些词汇与"末法思想"的关系问题。这也关涉到究竟该把中国佛教"末法思想"出现和形成的时间，置于公元 5 世纪初还是公元 6 世纪中期的重要问题。

二、北凉石塔"末法"争议的学术史背景

认同北凉石塔上所谓"末世""末法"就是佛教"末法思想"反映的观点，乃至今日中国佛教学界对"末法思想"的理解，大致都可追溯到汤用彤先生早年的论述。汤先生对"末法思想"的理解，见于他在《汉魏两晋南北朝佛教史》的三处论述。第一处云：

> 晋世以来，北方人民常遭祸乱，流离颠沛，罕能安居，于是多信神求福。于人世之罪恶受之既切，于国家兵患感之既深，于是多重忏悔灭罪，而有正法灭尽，已近末日之感。

（末日说当亦由于北方毁法之酷烈）[7]

北方人民因苦难深重，"而有正法灭尽，已近末日之感"。这固然是当时历史真实的写照，但这似乎是说由当时的社会现实导致了佛教信徒"末日"将临的危机意识。将印度与中国的社会变乱频仍和佛教命运多舛，作为佛教"末法思想"产生的重要来源，认为在印度和中国发生的战乱和帝王毁佛灭法，是导致"末法思想"流行的主要原因之一，这在松本文三郎、矢吹庆辉和塚本善隆等最早一批研究"末法思想"和中国佛教史的日本学者那里，就是固定的认知模式，也是20世纪初中日佛教学界大多数学者的普遍共识[8]。古代日本佛教的"末法思想"在平安末期到镰仓时期，曾渗透到社会的各个阶层，造成社会普遍具有危机意识。这一历史事实，导致日本学者对"末法思想"的理解，从一开始就注重"末法思想"与古代社会的紧密关联性。然而在中国历史上，"末法思想"却主要限于特定时期的特定佛教僧团，并未在社会上产生广泛的影响[9]。

在印度佛教观念中，只有"成、住、坏、空"四大劫期中的"坏劫"，才是世界分别经历水、火、风灾，而渐次毁灭，最后达致一切空虚的状态。发生天地毁灭、人无孑遗的"世界末日"，只应在"坏劫"来临之时。其他劫期之间的轮换，都是伴随刀兵、疾疫和饥馑等灾难，通过人寿的增减来体现劫期的轮替[10]。在佛教经典中，找不到"末日"的概念。因为世界的毁灭，不仅是一个漫长的历程，而且在毁灭之后还会重生，也就无所谓"末日"的问题。中国北朝发生的酷烈毁佛运动，的确会使佛教信徒感到佛教即将消亡。但即便佛教彻底消亡了，也并非世界和人类的"末日"。印度佛教认为：佛法最终的消亡，并不是因为世间的病疫、刀兵、饥馑之灾，也不是来自俗世帝王的毁佛灭法，而主要是来自佛教僧侣的不守戒律和腐化堕落[11]。因此，当学者们谈论社会动荡和帝王毁佛灭法时，这些灾难的确对佛教传法带来不利的影响，却未必是佛教自己所说的"末法时代"。汤先生或许无意将"末法"等同于"末日"，但后来的学者却通常都是作如此联想。这就从根本上曲解了佛教"末法"的本义。

第二处段落，是汤先生论三阶教时，正式提及"末法"一词：

> 三阶教人信当时佛法已入末法时代。按此说传来甚早。如昙无谶云：释迦佛正法住五百年，像法（像者似也）住一千年，末法一万（《文选·头陀寺碑文》李注引之）。《祐录》北凉道朗《涅槃序》后有跋，亦曰："至于千载像法之末，虽有此经，人情薄淡，无心敬信，当知遗法将灭之相。"王简栖《头陀寺碑文》，亦言"正法既没，像教陵夷"。是在南北朝初叶已有信当世入末法者。现存敦煌伪经中，多有末法之说。如《决罪福经》（《法经》著录）曰："正教隐弊，末世时，师法不明。"《像法决疑经》（《法经》著录）曰："无上法宝，不久磨灭。"《大通方广经》（《法经》著录）曰："于我末法中有能化一人。"《首罗比丘经》（《法经》著录。经中言及洛阳。《三阶教籍目录》有此经，见矢吹书一七七页。）曰："世将欲末，渐令恶起，来年难过。"《法王经》（未悉何时所作，但按经文，或在南北朝）曰："若灭度后，千五百岁，五浊众生，所作恶业，专行十恶。"《法经录》卷二卷四著录《小般泥洹经》（一名《法灭尽经》。），《佛说法灭尽经》《五浊恶世经》等。敦煌残卷中有《小法灭尽经》。此皆宣传末法已至，均隋世以前之书，流行于民间者也[12]。

这段话有三个要点。其一，三阶教信徒相信当时已入"末法时代"。是否进入"末法时代"，一是要看具体的年数计算，二是要看对"末法"概念的界定。笼统地说，三阶教徒相信当世已是"末法时代"是不错的。但从矢吹庆辉研究开始，学者们大都认为三阶教徒相信当世已入的"末法时代"，是指"正像末三时"中的"末法"阶段。直到近年，才有学者对三阶教认同"正像末三时说"的说法提出质疑[13]。但这一问题不是本文讨论的重点。

其二，汤先生认为"在南北朝初叶已有信当世入末法者"。将北凉石塔上的"末法"认作是"末法思想"的观点，正是用新材料来印证汤先生早年得出的结论。然而，汤先生在此引用的《头陀寺碑文》、《文选》李善注和道朗《涅槃序》这三条材料，都不同程度地存在问题。首先，《文选》李善注关于昙无谶曾言及"正像末三时说"，已被证明是李善的误引和误解。昙无谶现存的译经中，从未出现"正像末三时说"。有学者根据李善注，再看到所谓昙无谶译《大方等大集经》中既有"正像二时说"，又有"末法"一词出现，遂认为《大集经》已具"正像末三时说"，完全是与事实不符的想当然尔[14]。其次，汤先生此处引用道朗《涅槃序》的文字，出现一个关键性的误引，即道朗原文是"至于千载像教之末"，汤先生引作"至于千载像法之末"。所谓"像教"是对佛教的一种代称，并不是"正法"结束之后的"像法"阶段。在20世纪初，中外都有不少学者把"像教"与"像法"等同起来。若依汤先生所引，道朗似乎也秉持"像法千年说"；"像法千年"结束之后，自然就到了"遗法将灭"的"末法"阶段。但实际上，从下文讨论可以看到，在道朗的时代，即便他真曾提及"像法"，也只可能认为像法是五百年而非一千年。再次，《头陀寺碑文》中"正法既没，像教陵夷"，这也是在将"像教"等同于"像法"的前提下，才会将其与"末法"牵连起来。

其三，汤先生认为隋以前的南北朝时期伪经，多宣传"末法"已至的观念。然而他在此列举的八九种伪经，只有《大通方广经》中出现了"末法"一词，其他诸经无疑都体现了一种对当世堕落、佛法将灭的哀叹，却都未见"末法"字样。似乎不宜把根本就不曾提及"末法"的伪经，视作"末法思想"的体现，由此再得出隋以前大量伪经都提倡"末法思想"，因而"末法思想"在中国佛教中普遍流行的印象。

汤先生关于"末法"的第三处表述说：

> 又按昙靖、信行均重戒律。其根本原因当因是时民俗败坏，生死盲暗之中。故谓五浊众生，已至末法时代。智慧禅定，均不能修。只能用戒律裁治。如《续传·习禅篇论》云：

"或有问日，大圣垂教，正像为初。禅法广行，又当修习。今
非斯时，固绝条绪，其次不伦，方称末法。乃遵戒之行，斯
为极也。"可见末法时代，当重戒行，乃极通行之说也[15]。

所谓"五浊众生"，即身处"五浊恶世"的众生。"五浊"的概念印度
早期佛典就有，甚至早于"末法"观念的提出[16]。"五浊"即劫浊、
见浊、烦恼浊、众生浊、命浊等五种浑浊不净之法。"五浊"充满的
世界，即"五浊恶世"。在这样的世间，释迦佛法一定会走向"法灭"
的结局。因此，佛陀正法消亡的前提，不是因为偶然出现的帝王灭
佛、灭法活动，而是因为在佛陀灭度之后，就进入"五浊恶世"，"正
法"已不可能在"五浊恶世"中继续维持。在佛法最终"法灭"之
前，就是所谓的"末法"阶段。但从何时开始进入"末法时代"？在
汤先生这段引文之下，有《续高僧传》撰者道宣（596—667年）对
"正像末三时"的看法。他认为"正像二时"应该各有一千年，从佛
灭后第三个千年开始，就进入"末法万年"阶段[17]。然而，"正像二
时"的时长与佛灭年代，在中国佛教宗派中各有异说，具体应在何
时"已至末法时代"，也成了一个要依其他条件而定的变量。在道宣
那里，不仅不会承认南北朝初叶的北凉时期已入末法时代，就是信
行三阶教流行之际，也还远未到入"末法"时。因道宣本人强调戒
律，故他认为"末法时代"的僧侣必须严守戒律，但并不代表所有的
佛教宗派都将戒律视作应对"末法时代"来临的有效有段。例如道绰
（562—645年）、善导（613—681年）等净土宗师，强调的就是"念
佛"。发展到日本的"末法佛教"，更有宗派公开宣扬"末法时代"可
以"破戒无戒"的理论。这些都表明：所谓"末法思想"并非一个神
圣、权威、清晰、固化的理论体系，在一定程度上就是个可以根据自
己需要而任意向里填充内容的空壳容器。当我们在讨论北凉石塔是
否具有"末法思想"时，一定要先对"末法思想"的这一特性有所
了解。

说到底，汤先生那个时代对"末法"和"末法思想"的理解，是

一种将"末法"等同于"法灭"和"灭法"的认识，凡是对佛教不利的政治、社会因素，都被视作是"末法"即将或已经到来的表现或象征。在这种认识前提下，出现"末法"一词，就一定意味着"正像末三时"中的"末法"；没出现"末法"一词，只要有佛法将衰的意涵在内，也一定是"末法思想"的体现。前文已述，这多少受到20世纪初日本佛教学界对"末法思想"认知的影响。无论在日本还是中国学界，这种认知定式至今仍然存在。将北凉石塔发愿文上的"末法"认定是"末法思想"的体现，就是这种认知定式的产物。

1991年，那体慧（Jan Nattier）提出：印度佛典中很可能原本没有"正像末三时"意义上的"末法"概念，"正像末三时"的体系是东亚佛教创造出来的；"末法"一词是从"末世"的词义转换而来的[18]。无独有偶，长期将佛教的"末法"意识等同于"末世""末代"观念的日本学界，近年也开始有人提出要区分"末法"与"末世""末代"之间的异同[19]。这正是与本文主题直接相关的"末法"与"末世"的区别与联系问题。前述阿部贤次正是基于那体慧的研究，认为石塔上出现的"末法"并非是"正像末三时"的"末法"。但北凉石塔的实例也正说明了那体慧关于"末法"一词来自"末世"的推测不能成立：显然这两词在北凉石塔中几乎同时被使用，很难分出先后和本末关系。因此那体慧虽然注意到"正像末三时"的"末法思想"本非印度佛教，而是东亚佛教的创造，但她实际上并未能够合理地解决东亚佛教如何就创造出"正像末三时"的问题。无论如何，从原先囫囵一体、不分彼此式的认知，到现在要对一系列的基本概念作更精准的细化区分，这应是学术的进步。

三、公元5世纪初的"末法"意涵

从现存汉译佛经来看，"末法"一词最早出现在鸠摩罗什在公元406年译出的《妙法莲华经》卷五《安乐行品》第十四，世尊对文殊师利菩萨所说的一句话：

文殊师利！如来灭后，于末法中，欲说是经，应住安乐行[20]。

这里所谓的"末法"，明言是在"如来灭后"。不过，这只是罗什译本的特有之处。此前竺法护译本相应的句子译作："如来灭度之后，欲说此经，住于安隐。"[21] 就没有出现"末法"。两相对照，可知罗什译本在此出现的"末法"，就是指释迦如来涅槃之后的时代。此处为何不见同样属于释迦如来灭度之后的"正法""像法"两阶段？这是因为在罗什译本中，实际上根本就不曾有"正像末三时"的概念。很多学者见到《法华经》有"正像二时说"，又出现单独的"末法"一词，遂认为印度传来的《法华经》原本就宣扬"正像末三时说"，从而把"正像末三时说"作为印度佛教原本就有的理论。然而丸山孝雄氏早已注意到《法华经·安乐行品》中的"末法"并非是"正像末三时"中的"末法"[22]。我也通过检索《法华经》中"正像二时"与"末法"的用例说明：《法华经》只有在说释迦现世的弟子未来成佛，待他们分别涅槃之后，他们的佛法传续才有"正像二时"之分。释迦如来灭度之后，就只有"末法"时代，并非经历"正像二时"之后才到第三阶段的"末法"[23]。因此，罗什译《法华经》中"末法"一词的含义，是指释迦如来灭度之后，世间逐渐进入"五浊恶世"，释迦如来正法不断衰退直至最后消亡。这样一个从如来灭度开始直到释迦佛法彻底消亡的阶段，统称为"末法"。

确定了罗什译本《法华经》中"末法"的含义，再看罗什其他译本佛经，以及其弟子著作中出现的"末法"一词，就可确认在公元 5 世纪初，虽然汉译佛经和高僧著作中已经使用"末法"一词，但它们无一例外，都不能从"正像末三时说"的角度去理解。如罗什译《大智度论》卷六十七云：

问曰：北方末法众生，漏结未尽，是罪恶人，佛何以故见知念？

答曰：……北方末后人，生于边地恶世，三毒炽盛，刀兵劫中，贤圣希少；是人自不知诸罪、福业、因缘，但从人闻：若读经，便能信乐、供养，疾近无上道不久，是事为难！若佛在世，作阿鞞跋致，信行般若波罗蜜，不足为难。如是等种种无量因缘故，佛应见念知[24]。

所谓"北方末法众生"，亦即"生于边地恶世"的"北方末后人"，原型是屡次入侵印度西北地区的外族人。佛陀说这些人虽然生于佛灭之后的边地，但他们也有意信佛，读经修行，因而值得佛陀为之"见念知"。可见，罗什译经中出现的"末法"一词，含义是统一和固定的。都是指从释迦如来灭度开始算起的佛法逐渐消亡的整个时段，并非是佛陀灭度之后，先经历了"正法"，再经历了"像法"，然后才进入的"末法"阶段。这应是"正像末三时说"在中国佛教中正式形成之前，印度佛教中"末法"一词的原初含义。

公元401年，罗什在长安译出《摩诃般若波罗蜜多经》后，弟子僧叡作《大品经序》云：

鸠摩罗什法师……乃正此文言……而出其《释论》。渭滨流祇洹之花，西明启如来之心；逍遥集德义之僧，京城溢道咏之音。末法中兴，将始于此乎[25]？

不少学者认为这说明罗什、僧叡师徒都承认当时已处"末法"时代。但罗什师徒所认可的"末法"时代，究竟是前文所说的印度佛教原本意义上的"末法"，还是"正像末三时"中的"末法"？这需要其他资料佐证说明。

罗什另一弟子慧叡，明确提到有"正像二时"，却无"正像末三时"之义。其所著《喻疑》云：

昔在汉室中兴，孝明之世……当时像法之初……究摩罗法师至自龟兹，持律三藏集自罽宾，禅师徒众亦并集关中。洋洋十数年中，当是大法后兴之盛也……但优劣存乎人，深浅在其悟。任分而行，无所臧否，前五百年也。此五百年中，

得道者多，不得者少，以多言之，故曰正法。后五百年，唯
相是非，执竞盈路，得道者少，不得者多，亦以多目之，名
为像法。像而非真，失之由人[26]。

慧叡认为，佛灭之后，佛法存世应只有一千年。这一千年分为前后两
个五百年：前五百年，得道者多，即"正法"阶段。后五百年，不得
道者多，即"像法"阶段。慧叡虽然没有明言，但这一千年过后，佛
法就将消亡。他的依据很可能是传为竺法护译的《贤劫经》，其中提
及过去、未来会有众多的佛，他们"正法"传世的时间长短不一；只
有释迦牟尼佛分为"正法"和"像法"两个阶段，都是五百年[27]。
这可能是关于"正像二时"时长最早的一种说法。此说出现的前提是
将"正法"原初的时长减半的一种理论：即原本在佛灭之后"正法"
可传一千年，后因允许女人出家，"正法"变得只能传五百年。当只
有"正像二时"共一千年时，就意味着佛灭千年之后，佛法就该消
亡了。

值得注意的是，慧叡是公元 5 世纪初的人，汉明求法在公元 1 世
纪中叶。如果汉明帝时已入"像法之初"，则显然那时"正法"五百
年已过，佛灭年代就应在公元前 6 世纪末至 5 世纪初。同时也意味
着，慧叡所处的时代已处于"像法"的末期，还有不到一百年的时
间，"像法"阶段就该结束。但慧叡显然并不担心"像法"这五百年
结束之后，佛法是否会消亡的问题。他认为即便"像法"即将结束、
佛法即将消亡，也不需要过分担忧，因为以鸠摩罗什为代表的这一批
高僧齐聚关中，就足可以扭转佛法将亡的宿命。看来，慧叡并不相信
"像法"结束之后，佛法会在"末法"阶段继续衰微下去。

前述僧叡称赞罗什"末法中兴"，慧叡又说"大法后兴"，都是表
明他们承认佛法在佛灭之后已经走向衰微，幸好有罗什法师这样的佛
学巨擘，足以使佛法得以重兴。在他们的观念中，"像法"即便结束
了，也无须担心佛法是否继续存在。尽管他们承认有"正像二时"共
千年之后，佛法就将消亡的预言，但因有罗什的出现，这个预言所限

定的佛法在世间的命运，必将得到彻底地改变。这可能是中国佛教对于印度传来的"正像二时"后"法灭"预言所做的积极应对态度之一。

慧叡的观点实际上也反证了僧叡所言的"末法"一定不是"正像末三时"中的"末法"：依慧叡所说，罗什出现的时代，是"像法"尚未结束之时，并非"像法"之后的"末法"时代。或可说，在罗什师徒那里，尚不存在"正像末三时"的观念。他们虽然偶尔提到"末法"，却肯定不是指"正像二时"之后的第三个阶段。

玄始十年（421），昙无谶开始译《大般涅槃经》，释道朗为其作《大涅槃经序》云：

> 佛涅槃后，初四十年，此经于阎浮提宣通流布，大明于世。四十年后，隐没于地。至正法欲灭，余八十年，乃得行世，雨大法雨。自是已后，寻复隐没。至于千载像教之末，虽有此经，人情薄淡，无心敬信，遂使群邪竞辩，旷塞玄路，当知遗法将灭之相[28]。

《涅槃经》当然要在佛涅槃后才会形成。佛涅槃后四十年，此经曾大行于世。但四十年过后，就隐没不显。"至于千载像教之末"，有两种不同的读法。第一种读法："千载像教"应是指佛法总共传千年。在"正法欲灭，余八十年"之际，《涅槃经》再度行世，后又归于隐没。这应是指昙无谶译经之前的一次《涅槃经》行世。如果佛法总计可传千年，又有"正法欲灭"（对于道朗来说，正法已灭），故可知所取乃"正法"应有五百年之说，只有"正像二时"各五百年，才会有"千载像教"[29]。换言之，在佛灭之后的四百二十年，《涅槃经》曾二度行世。昙无谶这次的翻译，应该是《涅槃经》的第三次行世。只不过此时已经到了"千载像教之末"。第二种读法，有可能是说"寻复隐没，至于千载"，即《涅槃经》在第二次问世后，隐没了千年之久。到现在"像教之末"时，第三度问世。如果这样理解，就应是"正法"五百年、"像法"一千年。但一则"像法千年"说不会早在北凉时就出现。二则如果按千五百年来计算，道朗所处的时代就不该是"像教之末"，"像法"阶段还要持续五百多年，才会到"像教之末"。所以，第二种读法是不可取的。

以上的分析说明，从鸠摩罗什到昙无谶，从僧叡、慧叡到道朗等这一批公元 5 世纪前期的僧人，他们关于佛灭之后佛教历史命运的认知是相同的："正像二时"各五百年，总计千年；可将这"正像二时"的千年统称为"末法"。此"末法"并非是接续"正像二时"的第三个时代。因此，在后秦和北凉时期，佛教并无"正像末三时"的意识。由此再看 434 年白双且发愿文中出现的"末法"一词，这应该也只是从佛灭之后开始算起的那个"末法"，而非从"像法"结束后开始算起的"末法万年"。

不过，还有一个情况必须说明。即 434 年这一年，恰好也是一个通过计算得出的"末法万年"开始的年份。有学者正因为此，认定北凉石塔的"末法"就是指"末法万年"的开始之年。原来，公元 558 年，慧思（515—577 年）作《立誓愿文》，讲到他出生于北魏的乙未年，即相当于公元 515 年。而这一年同时也是"末法八十二年"，意即"像法"结束后进入"末法"的第 82 年。如此，由 515 年上推 82 年，就应该在公元 434 年入"末法"。慧思计算得出"末法始年"，的确可与白双且石塔相符。然而，却不能依据慧思的推算来确定白双且发愿文所称的"末法"是"正像末三时"中的"末法"。

6 世纪中期的慧思，说自己生于"末法八十二年"的前提，是先确定佛灭之年相当于公元前 1076 年，且"正像二时"总计有 1500 年之久。而在 5 世纪初，中国佛教所认可的佛灭之年，还是东周匡王九年（前 609 年），且"正像二时"当时只有 1000 年。换言之，按照 5 世纪初的佛教认知，"正像二时"结束之年，绝不会是公元 433 年；且当时没有"像法"结束后接续一个"末法"阶段的意识。依慧思推算所得的"末法始年"公元 434 年，只是他在 558 年所做的"事后追认"，完全是他从纸面计算出来的结果。并不是从 434 年开始，中国的佛教中人就普遍认为从这一年开始进入"末法"。所以，白双且的立塔时间与《立誓愿文》推算出 434 年"入末法",两者的时间点相同,纯粹是一种偶然。

四、"末代""末劫"与"末运"

"末世"一词很可能汉末译经中就已出现。此前已有多位学者研讨过佛教的"末世"概念,认定其与《妙法莲华经》中"末法"有异曲同工之处,都是指从佛灭之年开始进入的佛法渐衰的世代。"末"字在此是"最后的"之义。"末法"即"最后的释迦佛法",强调的是释迦佛法逐渐衰微至消亡的整个过程。"末世"即"释迦佛法最后存续的世间",强调佛灭之后世间已进入"五浊恶世",人心不古,世道污浊。"末世"是"末法"产生和存在的环境。与"末世"相同或相近的还有"末代"一词,可理解为"释迦佛法最后存续的时代"。如:

西魏大统五年(539 年)令狐休宝写《大涅槃经义记》题记云:

> 《大涅槃经义记》卷第四 大统五年六月十三日写讫,流通末代也[30]。

西魏大统十一年(545 年)比丘惠袭写《法华经文外义》题记:

> 《法华经文外义》一卷 大统十一年岁次乙丑九月廿一日,比丘惠袭于法海寺写讫,流通末代不绝也[31]。

年代不明,推测为 6 世纪的《大般涅槃经》尼道明胜题记云:

> 是以尼道明胜,自惟往殒不纯,生遭末代,沈罗生死,难(染)道化,受秽女身,昏迷长祸,莫由能返[32]。

这几例写经题记中的"末代",按照前述"末世"意涵去理解,是没有问题的。

此外,还有"末劫"一词。北魏建明二年(531 年)东阳王元荣的《仁王般若经》题记云:

> 大代建明二年四月十五日,佛弟子元荣,既居末劫,生

死是累。离乡已久，归慕常心。是以身及妻子，奴婢、六畜悉用，为比（毗）沙门天王布施三宝，以银钱千文赎，钱一千文赎身及妻子，一千文赎奴婢，一千文赎六畜。入法之钱，即用造经。愿天生成佛，弟子家眷，奴婢六畜，滋益护命，乃至菩提，悉蒙还阙。所愿如是[33]。

出土于山西芮城的西魏大统四年（538年）"合邑四十人造像记"云：

> 大魏大统四年岁在戊午十二月丙戌朔辛亥日，佛弟子合邑卅人等，生阎浮，运遭末劫，自飞（非）高因妙业，无以同生彼岸。遂尔谪相率化，倾竭己资，仰为皇帝国主。建崇四面天宫石像一区。逮及师僧父母，七世所生，因缘眷属，香火邑义，生生世世，值闻佛法。弥勒现世，愿登先首。边地众生，普同正觉，咸登正果[34]。

"末劫"二字从字面意思讲，原本是"最后的劫期"，最应从宇宙论的角度去理解。前述真谛译《佛说立世阿毗昙论》中，以二十劫相当于"成住坏空"中的一"中劫"。认为现在处于"住劫"之中的"第九劫"，若从己卯年（559年）算起，此劫还有690年就结束。第九劫结束时，会发生"饥饿灾"，那时的世间遭大疾疫，不行正法，不能行善，不守戒律，导致天降大旱，粮食弥贵，人民饿死，是为"末劫众生，如是过失，自然而生"[35]。不过，由于《立世论》属于犊子部下分出的正量部论书，且其"劫期"结束的时间又比较迫近，所以似乎在中国并未产生广泛的影响。元荣写经题记和合邑四十人造像发愿文中的"末劫"，并未透露出劫期将终，天地沦坏，人民死亡的景象，甚至还想在将来的轮回中得遇弥勒。所以，不应从宇宙论层面去理解这里的"末劫"。

"末劫"一词在汉译佛经中，最早见于后秦弘始年间（399—415年）佛陀耶舍与竺佛念译出的《长阿含经》卷十四"本劫本见，末劫末见"之说。"本、末"相比较意义上的"末"，是"次要的""后生的"之义。隋净影寺慧远《大乘义章》卷六解释云：

言"本劫"者，过去时也。言"本见"者，于彼过去，起常见也。言"末劫"者，未来时也。言"末见"者，于未来世，起断见也[36]。

作为"未来时"的"末劫"，就是取"后来的"之义。昙无谶在420年左右译出的《悲华经》卷五《诸菩萨授记品》，有"我于末劫，成阿耨多罗三藐三菩提已，悉当教化，令住三乘"[37]。这里是未来世界中的离怖恼菩萨向佛誓愿自己未来成佛时所说的话，所以此"末劫"有未来时的意味，并非眼下的世界处于"末劫"。

北魏瞿昙般若流支于542—543年间译出《正法念处经》卷六十七云：

观末劫时，无十善时，一切人民，但自拥护，无福德时，云何寿命？寿几许命？彼以闻慧，或以天眼，见于恶劫无法之时：一切好味，皆悉磨灭……于恶世时，尽皆灭没。以灭没故，阎浮提人，皮肉脂骨，悉皆减少，一切身骨，矬陋短小，食味薄故，一切内外，互相因缘，皆悉耗减[38]。

这里的"末劫"就是一种"恶劫无法"的"恶世时"，其实就是"末世"。

玄奘《大唐西域记》中讲到：

菩提树垣正中，有金刚座。昔贤劫初成，与大地俱起，据三千大千世界之中，下极金轮，上侵地际。金刚所成，周百余步。贤劫千佛坐之而入金刚定，故曰金刚座焉。证圣道所，亦曰道场。大地震动，独无倾摇。是故如来将证正觉也，历此四隅，地皆倾动，后至此处，安静不倾。自入末劫，正法浸微，沙土弥覆，无复得见。佛涅槃后，诸国君王传闻佛说金刚座量，遂以两躯观自在菩萨像，南北标界，东面而坐。闻诸耆旧曰："此菩萨像身没不见，佛法当尽。"今南隅菩萨没过胸臆矣[39]。

关于"贤劫",570 年那连提黎耶舍在北齐译出《大悲经》卷三云:

> 何故名为贤劫?阿难!此三千大千世界,劫欲成时,尽
> 为一水。时净居天以天眼观见此世界,唯一大水,见有千枚
> 诸妙莲华——一一莲华,各有千叶,金色、金光大明普照,
> 香气芬熏,甚可爱乐——彼净居天,因见此已,心生欢喜,
> 踊跃无量,而赞叹言:"奇哉!奇哉!希有!希有!如此劫
> 中,当有千佛出兴于世。"以是因缘,遂名此劫号之为贤。阿
> 难!我灭度后,此贤劫中,当有九百九十六佛出兴于世——
> 拘留孙如来为首,我为第四,次后弥勒,当补我处,乃至最
> 后卢遮如来——如是次第汝应当知[40]。

按大乘佛教的观念,一"劫"大约是 1679.8 万年[41]。若贤劫中本该
有千佛出世,而释迦牟尼佛只是入贤劫以来第四位出世的佛陀,其后
还有弥勒等 996 佛依次出世。也就意味着释迦、弥勒都处在贤劫之
初,因而离贤劫结束的时间还很长。因此,玄奘所言"末劫",也不
应是指"成住坏空"之间的劫期轮替。特别是玄奘也说到"正法浸
微",则这里指的还是释迦佛法开始在世间消亡之意。因此,写经题
记和造像发愿文中出现的"末劫"一词,所表达的意思仍然应从前述
"末世"的角度去理解。《魏书·释老志》讲道教的"种民"观念时,
说"地上生民,末劫垂及"。南北朝后期流行的一批疑伪经,《大通方
广经》《普贤菩萨说此证明经》《救诸众生一切苦难经》《佛在金棺上
累嘱经》等,都出现"末劫"一词。这些"末劫"的用例需要在各自
不同的语境中去体会,不能一概而论。在此也不赘述了。

最后还有"末运"一词。"运"应是"命运"之义。北魏永熙二
年(533 年)比丘惠恺写《宝梁经》卷上题记:

> 是以丘比(比丘)惠恺,自惟福薄,生罗(罗)运末,
> 前不及释迦九会,后不经弥勒三唱。于中苦切,何时当住。
> 是已仰寻圣教,欲使将来,超出生死之海,莫若崇善。是
> 以即仰写《宝(梁)经》一部两卷而成。愿因此福,使恺七

世父（母）、师长父母、现在眷属，及以知识，一切含生有（识）之类，弃此微福，愿托生西方无量寿佛国，长求三趣，永与苦隔。并三界庆因，果成佛道。所愿如是，普同斯哲。永熙二年岁次壬子（癸丑）四月八日讫[42]。

西魏大统十七年（551年）祀马部司马丰祖写《十方佛名经》题记云：

是以白衣弟子祀马部司马丰祖，自惟宿疊弥深，生遭末运。若不归依三尊，凭援圣典，则长迷二谛，沉沦四流。故割减所资，敬写《十方佛名》一卷，愿现家安稳，居眷宁泰。百恶冰消，万善延集。及七生所生尊亲，游神净刹，面奉慈愿。朝食法味，夕证无生。普同一切含生，等均常乐[43]。

考虑到惠恺题记中多有错漏颠倒之处，则所谓的"运末"，很可能是"末运"的误写。"运末"的用例，在佛教文献中仅可见到十分稀少的用例，如《宋高僧传·释常遇传》中的"懿皇运末"[44]，即唐懿宗在位末期之意。相对而言，"末运"的说法较多。但"末运"并非一个汉译佛经中的词汇，多见于入唐以后佛教论疏作品。甚至不排除南北朝时先有民间流行的"末运"之说，然后才有唐代论疏家习以为常地援引入论。看来，"末运"应侧重于强调佛法的命运已进入逐渐衰微的境地。

五、结　语

以上所论关于"末法""末世""末代""末劫""末运"诸词的实例，从时间上看，连绵于5世纪初到6世纪中期；从地域上看，主要是吐鲁番、敦煌、酒泉、武威、关中和山西等地；从佛教观念的来源看，应主要来自罗什译经和昙无谶译经。虽然这些词各自侧重点不同，使用上很可能也有时代的先后之分，但共同所指都是佛陀灭度之后，佛法渐衰的时代或世间。

这个意义上的"末法""末世"，早在印度佛经中就已出现。罗什师徒虽然忠实翻译了这些佛经，但他们在关中时，仍然意气风发地怀有"末法中兴"之抱负。说明他们认为关于"佛灭"之后"法灭"的预言，并不是只能被动接受。因此在罗什师徒那里，似乎并不存在这种佛法将灭的危机感。经过昙无谶的译经，这种强烈的忧患意识，在北凉佛教才得到集中体现。这也是本文称之为北凉佛教"末世观"的原因之一。北凉佛教所言的"末法"，不能与"正像末三时说"中的"末法"混淆。对于北凉时期河西与高昌的普通信众而言，世道的混乱、佛法的艰辛，更容易引起他们的共鸣。基于他们眼见的现实，使他们相信世间的确已到了"末法""末世"的阶段。与罗什师徒不同的是，他们并不关心是否"末法中兴"，他们关心的只是个人在这样的"末世"中修行，功德还有无意义。所以对"末法""末世"的感慨，也渗透到石塔的营建当中。随着沮渠氏余部西迁高昌，这种"末世观"不仅被从河西带到吐鲁番，而且还在吐鲁番一直存留到至少 5世纪后期。

此后在敦煌与山西等地出现的"末代""末劫""末运"等，只是"末世观"新的表达方式而已。按照"末法"一词的印度佛经原义，来表达这样一个佛法渐衰直至消亡阶段，这样的用法只在北凉时期偶尔出现过。而以上诸例对于"末世观"的表述，也基本没有能够晚至 6 世纪中叶以后的[45]。自 558 年起，"正像末三时"的观念，一经提出就很快风靡。"末法"是接续"像法"之后的第三个阶段，南北朝末年已"入末法"。这在信奉"正像末三时说"的佛教信仰者那里已成为共识。

五六世纪的佛教信徒在使用"末世""末劫"这样的词汇时，是否想到天地毁灭、宇宙重生的大劫难？至少从以上诸例中看不出这样的关联。但佛教宇宙观与中国本土信仰结合，有可能对一些中国撰述的疑伪经产生影响。对此问题，将另撰文探讨。

注　释

[1]　如杜斗城《北凉佛教研究》，新文丰出版公司，1987 年。并参杜斗城《河

西佛教史》，中国社会科学出版社，2009 年，第 84～216 页。

［2］ 此据殷光明《北凉石塔研究》，觉风佛教艺术文化基金会，1999 年，第 31 页。

［3］ 殷光明《北凉石塔研究》，第 38 页。

［4］ 殷光明在 1990 年代末连续发表《北凉石塔述论》(《敦煌学辑刊》1998 年第 1 期)、《试论末法思想与北凉佛教及其影响》(《敦煌研究》1998 年第 2 期)，讨论北凉石塔所反映的"末法思想"问题，收入殷光明《北凉石塔研究》，第 135～151 页。并参张总《末法与佛历关系初探》，《法源》1999 年，第 131、132 页；张淼《疑伪经与中国佛教研究》，宗教文化出版社，2018 年，第 232、233 页。等等。

［5］ 阿部贤次认为北凉石塔出现的"末法""末世"两词，都不是"末法思想"中的"末法"之意。参见 Stanley K. Abe, *Ordinary Images*, Chicago and London: The University of Chicago Press, 2002, pp.158-160.

［6］ 此件被俄国探险队带走，目前收藏在俄罗斯科学院东方写本部，编号为 SI-3119/1+SI-3119/2。录文和时代判定，依据荣新江、史睿《吐鲁番出土文献散录》(上)，中华书局，2021 年，第 322～324 页。

［7］ 汤用彤《汉魏两晋南北朝佛教史》，中华书局，2016 年，第 429 页。

［8］ 松本文三郎《正像末三時の思想に就いて》，1919 年初刊，此据氏著《佛教史の研究》，京都：弘文堂书房，1926 年，第 56～78 页；矢吹庆辉《三阶教之研究》，东京：岩波书店，1927 年，第 199～227 页；塚本善隆《房山云居寺の石刻大藏経》，《東方學報》京都第五册副刊，1935 年初刊，后收入《塚本善隆著作集》第 5 卷《中国近世仏教史の諸問题》，东京：大东出版社，1975 年，第 343～359 页。

［9］ 寺崎修一《日本末法思想の史的考察》，《文化》1934 年第 1 卷第 4 號，第 49～76 页。

［10］ 公元 559 年真谛译出《立世阿毗昙论》，认为从此年开始，再过 690 年，就到劫末之时。此"劫末"指的是现在世界所处的成劫（总计二十小劫）中的第九劫即将结束，马上接续第十劫的转换时期。《立世论》也描述了劫末的情况，主要是疾疫、刀兵和饥馑三灾，导致"劫浊"生起。人类寿命短至十岁，因疾病而死亡，仅余万人可以生存到第十劫的初劫。但天地日月并未毁灭倾覆。《立世阿毗昙论》属于小乘的犊子部分出的正量部，并非大乘佛教所通行的说法。若依大乘佛教观念，每一小劫就 1679.8 万年。当人寿减至百岁时，释迦牟尼佛出世；每百年减十岁，当人寿十岁时，第九劫结束（900 年后），第十劫开始；人寿从十岁增至八万岁时，弥勒佛出世（79.99 万年后）。参见〔唐〕释道世撰，周叔迦、苏晋仁校注《法苑珠林校注》，中华书局，2003 年，第 1～12 页。

关于正量部的宇宙论和世界观，有冈野洁的系列研究，我将在《"末法"之后的世界：存续还是毁灭？》一文中专门讨论。兹不赘述。

［11］戶川靈俊《宗教批判としての末法思想―その序論的考察》，《宗教研究》第 79 號，《第 2 回日本宗教學大會紀要》，1933 年，第 182～187 頁。結城令聞《支那佛教に於ける末法思想の興起》，《東方學報》東京第六冊，1936 年初刊，第 205～215 頁；后收入《結城令聞著作選集》第二卷《華嚴思想》，東京：春秋社，1999 年，第 37～45 頁。

［12］汤用彤《汉魏两晋南北朝佛教史》，第 588 页。

［13］Jamie Hubbard, *Absolute Delusion, Perfect Buddhahood: The Rise and Fall of a Chinese Heresy*, Honolulu: University of Hawai'i Press, 2001, pp.76-94.

［14］刘屹《佛灭之后：中国佛教末法思想的兴起》，《唐研究》（第 23 卷），北京大学出版社，2017 年，第 506～508 页。

［15］汤用彤《汉魏两晋南北朝佛教史》，第 590 页。

［16］赤沼智善《五濁と法滅の思想に就て》，《佛教研究》1927 年第 8 卷第 1 號，第 1～24 頁；收入氏著《佛教教理之研究》，1939 年初版，京都：法藏館，1981 年，第 541～560 頁。

［17］（唐）释道宣撰，郭绍林点校《续高僧传》卷二十一《习禅篇论》，中华书局，2014 年，第 810 页。

［18］Jan Nattier, *Once Upon a Future Time: Studies in a Buddhist Prophecy of Decline,* Berkeley, California: Asian Humanities Press, 1991.

［19］森新之介《摂関院政期貴族社会における末代觀―災異思想や運命論との関連から―》，《日本思想史研究》第 40 號，2008 年，第 18～39 頁；森新之介《摂関院政期における歴史思想―末代觀と末法思想の比較を通して―》，《日本思想史研究》第 41 號，2009 年，第 159～181 頁。

［20］（后秦）鸠摩罗什译《妙法莲华经》卷五，《大正藏》第 262 号，第 9 册，第 37 页下栏。

［21］（西晋）竺法护译《正法华经》卷七《安行品》，《大正藏》第 263 号，第 9 册，第 108 页中栏。

［22］丸山孝雄《末法と後五百歲―中国法華經諸疏を中心として―》，《印度學佛教學研究》第 24 卷 1 號，1975 年，第 97～102 頁；丸山孝雄《吉蔵の三時說と後五百歲―法華経諸疏を中心として―》，《法華文化研究》創刊號，1975 年，第 69～82 頁；丸山孝雄《中国における末法思想―法華経「後五百歲」解釈の展開―》，《法華経信仰の諸形態》，京都：平樂寺書店，1976 年，第 377～425 頁。

［23］刘屹《何谓"末法"？》，《华林国际佛学学刊》2021 年 4 卷第 1 期，第 51～60 页。

［24］〔印〕龙树造，（后秦）鸠摩罗什译《大智度论》卷六十七，《大正藏》
第 1509 号，第 25 册，第 530 页中栏。

［25］（南朝梁）释僧祐撰，苏晋仁、萧鍊子点校《出三藏记集》卷八，中华
书局，1995 年，第 292 页。

［26］（南朝梁）释僧祐撰，苏晋仁、萧鍊子点校《出三藏记集》卷五，第
234、235 页。

［27］西晋竺法护译《贤劫经》卷七《千佛兴立品》，《大正藏》第 14 册，第
50 页。早期将释迦佛法分为"正法""像法"两阶段的佛经，基本都不
提还有"末法"阶段。

［28］（南朝梁）释僧祐撰，苏晋仁、萧鍊子点校《出三藏记集》卷八，第
315 页。

［29］尽管道朗没有在《大涅槃序》中提及"像法"，但昙无谶译《大般涅槃
经》中说到："正法灭后，于像法中"云云。见《大正藏》第 12 册，第
386 页。昙无谶译经中，基本上只有"正像二时"。还需注意的是，《悲
华经》卷八《诸菩萨本授记品》："正法住世满一千岁，正法灭已，像法
住世亦一千岁。"这是说"东方光明智炽世界"的"智华无垢坚菩提尊
王如来"，而非阎浮提世界释迦如来涅槃后的情况。《悲华经》卷七还说
到："般涅槃后，正法住世千岁，像法住世满五百岁。"这也不是指释迦
牟尼佛涅槃后的"正像二时"，而是指宝海梵志发愿成佛后的情形。

［30］新町三井家收藏敦煌写经，此据池田温《中國古代寫本識語集錄》，東
京大學東洋文化研究所，1990 年，第 121 页。

［31］上海博物馆藏敦煌写卷，此据《中國古代寫本識語集錄》，第 123 页。

［32］书道博物馆藏中村不折旧藏品，此据《中國古代寫本識語集錄》，第
160 页。

［33］敦煌写本 S.4528，此据《中國古代寫本識語集錄》，第 115 页。同页有
京都博物馆收藏的元荣 530 年写《仁王般若经》卷上题记，也说到"元
荣生在末劫，无常难保。"池田先生对此卷存疑。

［34］颜娟英《北朝佛教石刻拓片百品》，台北：史语所，2008 年，第 95、
96 页。

［35］（南朝陈）真谛译《佛说立世阿毗昙论》卷九，《大正藏》第 32 册，第
219 页上栏至 221 页上栏。

［36］（隋）慧远著《大乘义章》卷六《六十二见义》，《大正藏》第 44 册，第
596 页上栏。

［37］（北凉）昙无谶译《悲华经》卷五，《大正藏》第 3 册，第 198 页上栏。

［38］（北魏）瞿昙般若流支译《正法念处经》卷六十七，《大正藏》第 17 册，
第 399 页下栏。

［39］（唐）玄奘、辩机原著，季羡林等校注《大唐西域记校注》，中华书局，1985 年，第 668、669 页。

［40］（北齐）那连提黎耶舍译《大悲经》卷三《礼拜品》，《大正藏》第 12 册，第 958 页上栏。

［41］一劫的时长计算，由人寿 84000 岁，每百年减 1 岁，减至人寿 10 岁，再开始 10 岁复增至 84000 岁，这是 1679.8 万年。

［42］大谷大学图书馆藏敦煌写经，此据《中國古代寫本識語集錄》，第 118 页。

［43］上海博物馆藏敦煌写经，此据《中國古代寫本識語集錄》，第 125 页。

［44］（北宋）赞宁撰，范祥雍点校《宋高僧传》卷二十一《释常遇传》，中华书局，1987 年，第 543 页。

［45］目前所见有一例大约公元 10 世纪的敦煌写经题记，还有"遗法比丘光范，幸于末代，获偶（遇）真诠"云云。见《中國古代寫本識語集錄》，第 514 页。

The Buddhist Concept of "Declining of the World" in Northern Liang Period

Liu Yi

(School of History of Capital Normal University)

Abstract: More than 10 Buddhist stone pagodas built in Northern Liang period were found and preserved by now. There were some inscriptions on these pagodas which expressed the donors of the pagodas had felt deep misfortune for being born in such a declining world. They mentioned two Chinese words: "Mofa 末法 " and "Moshi 末世 ". Some scholars believed that these words showed the obvious Buddhist systematic concepts of "Mofa" in Northern Liang period. By tracing the studying history on Buddhist concept "Mofa", and the exact meanings of the words "Mofa" and "Moshi", I want to emphasize that the Chinese word "Mofa" was not simply instead by the word "Moshi", or "Moyun 末运 " "Modai 末代 " "Mojie 末劫 ". The concept of Buddhist "Moshi" in Northern Liang had not been suitable for the concept of "Mofa" which was sprung up in the middle of 6th century. The former one which meant "Declining of the world" was followed the old traditions of Indian Buddhism, while the latter one meant "the Last phase of Dharma" was created by the Chinese Buddhism not earlier than the middle of 6th century.

Keywords: North Liang, Stone Pagodas, "Mofa 末法"

古突厥语独角兽考[*]

白玉冬

（兰州大学敦煌学研究所）

摘要：古突厥语中的麒麟/独角兽一词，最早出现于唐代的漠北地利山鲁尼文题记中，写作 qï at，直译是"气马"之义。随着年代的下降，该词语音有所变化。在高昌回鹘—畏兀尔—维吾尔时期写作 ki at/qat/kat/qï at。ki at/qat/kat/qï at 并非汉语语境下的麒麟之义，而是萨满教信仰文化中的神圣马匹"气马"，与蒙古语 hei mori（气马）最初的寓意相同。

关键词：独角兽，麒麟，鲁尼文刻写，回鹘文

丝绸之路沿线诸民族之间的文化交流与相互影响，始终是丝路研究的关注点之一。以华夏为核心的各民族之间的交流交往，构成了中国历史的主干线。同时，华夏周边诸族群之间的交流，虽然属于历史学边缘地带，但亦不可忽视。

维吾尔族散文体英雄史诗回鹘文《乌古斯可汗传说》，现藏法国巴黎国家图书馆，15 世纪左右抄成于中亚七河地区[1]。该写本用草书体回鹘文写成，首尾部分残缺，大小为 19 厘米 × 13 厘米，共二十一页，四十二面，每面九行，现存 376 行[2]。沙俄学者拉德洛夫（W. Radlov）在 1890 年刊出了前 8 面的影印本[3]，功不可没。本稿的创作，即基于拉德洛夫提供的图版。

---

[*] 本文系国家社科基金重大项目"北朝至隋唐民族碑志整理与研究"（编号：18ZDA177），中央高校基本科研业务费专项资助项目"隋唐至北宋古突厥语族群与华夏中央王朝之间的交流交往交融史研究"（编号：2023jbkyzx001）阶段性成果。

《乌古斯可汗传说》重点讲述英雄乌古斯自小超凡脱俗，成人后为民除害，成家立业，率领部众征讨四方创建国家的历程。据前人研究，乌古斯所除掉的吞噬人类的凶恶野兽，在文中共出现 9 次（详见后文）。关于该 9 处恶兽之名，最早解读《乌古斯可汗传说》的拉德洛夫将该词均摹写作 qï at，译作 Einhorn（独角兽），但未给出注释说明[4]。之后，土耳其学者 Rıza Nur 在《乌古斯可汗传说》的法文译注中，提出拉德洛夫的解读仍然有许多工作要做，但从拉德洛夫意见读作 qï at，译为 bête fauve（野兽），并认为它是"一种动物或一个部落的名称，其成员拥有美丽的眼睛"[5]。法国学者伯希和（P. Pelliot）在关于回鹘文乌古斯汗传说的长篇注释文中，将第 3 面第 4 行（总第 22 行）首次出现的该词读作 qa'at，指出 Rıza Nur 由于没有注意到拉德洛夫《突厥语方言词典》kaτ 条[6]，故误认为该词与部落名称有关，主张该词不是 qïat，而是 qaγat，qaγat 代表的是 qa'at，即 qaat，是指独角兽或麒麟，并表示 qat 或 qāt 的由来不明[7]。德国的邦格（W. Bang）和热合买提（G. R. Rachmati）则把这 9 处恶兽之名转写作 qïyand，并在括号内补加 qat，以示二者相同，译作独角兽[8]。苏联学者谢尔巴克（A. M. Shqerbak）也转写作 qïat，但加问号以示存疑，译作独角兽[9]。国内耿世民先生前后二次的转写均与谢尔巴克相同，早期译作独角兽，后期推定是麒麟，但加问号存疑[10]。

按《乌古斯可汗传说》在描述完乌古斯杀掉恶兽后，在第 6 面第 3—4 行（总第 48—49 行）后画有一独角兽（图一）[11]，并言这就是恶兽的样子。拉德洛夫以来的学者多把该恶兽译作独角兽或麒麟，自然基于抄本中画出的上述独角兽形象，这自无问题。不过，笔者近来审读《乌古斯可汗传说》和蒙古国新发现的地利山鲁尼文题记，发现前人多读做 qïat 的恶兽之名有必要予以更

图一

正，且该恶兽之名所蕴含的历史学和文化人类学方面的含义，有待加深讨论。故撰此稿，以求教于方家。

一、《乌古斯可汗传说》的独角兽

自拉德洛夫解读以来，学术界公认在《乌古斯可汗传说》中，残害人类的恶兽名共出现 9 次。相关内容讲述的是青年乌古斯在森林中先后用鹿和熊做诱饵，猎杀凶恶的食人野兽，并射杀吃掉食人野兽内脏的兀鹰之过程。以下先列出 9 处文字的图片及其所在信息。图片取自拉德洛夫刊出的图版。

序号	1	2	3	4	5	6	7	8	9
图片									
面数	3	3	4	4	5	5	5	6	6
行数	4	8	5	9	1	3	5	1	3
总行	22	26	32	36	37	39	41	46	48
字序	6	5	5	4	6	3	6	4	3

下面在前人研究基础上，按前述 1—9 的顺序，列举出关键部分的译文，再做讨论。为行文方便起见，食人野兽之名暂不给出译文，按最接近图片的换写和转写录文。

1. 就在这片森林里，有一头大 ẍ"t>qat
2. 乌古斯可汗是个无畏的英雄，他想猎获这只 ẍy't>qïat
3. kyt>ki at 把鹿拖走了。
4. k/y/v/ "t>kat 把熊拖走了。
5. d/p/k 'ẍ>taq（？）来用头猛抵他的盾。
6. 乌古斯用矛击刺 d/p/k yṅt>ki at 的头。

7. 有只兀鹰在吃 ẍdyňk>q(a)tïnïng（ẍd>qat 的）内脏。

8. 即使是铁，兀鹰也把那个 kdḱytk>k(a)tki(ä)tig（kat 的肉）吃掉了。

9. 这就是 kyẍt>kiq(a)t 的样子。

在以上给出的例子中，食人野兽的写法不尽一致。而且，自拉德洛夫首次解读以来，学者们的释读亦不一致。依笔者读法，第 1、7 处确切可以读作 qat，均在 x 左侧加有二点。在明初火源洁编《华夷译语》之《高昌馆译书》和《高昌馆杂字》的《鸟兽门》中，回鹘文 qat 汉译作麒麟，注音"哈"，写作 ẍ'd[12]。此处第 1 处和第 7 处的写法正与此相同。第 3、4、6、8、9 的首字母，参考同面第 1 行（总第 28行）的 qïlïč（刀）和 qalqan（盾）的词头 q 的写法而言，不应是前人多复原的后舌音的 q，而是写成了前舌音的 k。第 2 处的 qïat 写得清晰可见。第 5 处的 d/p/k 'ẍ>taq（？）存在多种可能。不过，不论读作哪一种，均与文义不合。按文义，此第 5 处复原作 qat 或 kiat 较为贴合。需要说明的是，关于第 4 处，前人释读的 kim 与其写法不合，兹不取。ki at 连读起来的话，第二个元音 -i- 会被紧随其后的 -a- 覆盖掉。即，qat/kiat 虽然同时存在于同一时期，但 kiat 的语音恐怕更古老一些。

从以上分析不难看出，《乌古斯可汗传说》的抄写者倾向于把食人野兽独角兽认定为 ki at（3 次），qat（2 次），kat（2 次），qï at（1次）。此外，文字不明一处（第 5 处）。依据《高昌馆译书》和《高昌馆杂字》的 qat 条，该食人兽似乎是麒麟。不过，中原文化中的麒麟虽然带有独角，但头部形状是鹿头，与《乌古斯可汗传说》的独角兽画像不合。而且，麒麟是传说中的神兽瑞兽，代表集道德美和形象美之大成，蕴含着自强不息、吉祥和谐的内涵，因而能够超凡入圣，演变为上至君主、下至平民的精神寄托。这也与《乌古斯可汗传说》所描述的凶猛残暴的食人兽形象大相径庭。《华夷译语》作者把 qat 理解成麒麟，恐怕是明初人根据自身文化习惯做出的恰当的解释。尤其是，回鹘文文献中以 kelän 拼写汉语借入词"麒麟"[13]。如德国第二次吐鲁番探险队获自雅儿湖的 T II Y 36 回鹘文占卜文书以半楷书体—半草书体回鹘文写成，译自汉文，年代约 10—14 世纪。在其第 13 号文书（第 52 卦）中出现 kälän käyik müyüzi täg atïng küüng kötlürgäi（你的名字和荣耀将像麒麟的角一样被高举）[14]。可见，在以吐鲁番盆地为核心的高昌回鹘（畏兀尔、维吾尔）地区，汉语语境下的 kälän（麒麟）与回鹘—维吾尔语境下的 qat 寓意不同，回鹘人心目中的 qat 之含义恐怕有别于汉文化中的麒麟。

反言之，ki at 的写法出现 3 次，这表明该抄写者认知中的独角兽 ki at 与 qat 属于同一物体。我们知道，古汉语词"气"在被借入回鹘语中后音写作 ki。依此而言，此处词义不明的独角兽之名 ki at 有可能是汉语借入词 ki（气）与回鹘—维吾尔语 at（马）的组合，即"气马"。《乌古斯可汗传说》中画出的独角兽形象，虽然有些近似牛身，但与马之间亦存在相似之处。

值得一提的是，在《乌古斯可汗传说》中出现不少蒙古语借词[15]。如伏尔加河的河并非古突厥语 ögüz，而是蒙古语 mürän，大臣并非古突厥语词，而是蒙古语 tüšimäl，时间不是古突厥语 öd，而是蒙古语 čaq，甚至出现蒙古语词 nükär（伙伴、伴当）。考虑到此种文化背景，上面介绍的 ki at 也存在是蒙古语 hei mori（气马，实际上是幸运之马、运气之马）的仿造词的可能。

二、漠北地利山鲁尼文题记之 qï at

2023 年 7 月 28 日—8 月 6 日，兰州大学敦煌学研究所组织"胡汉语碑刻考察团"前往蒙古国境内考察。在蒙古科学院原历史所所长敖其尔（A. Ochir）教授大力帮助下，历尽艰辛，有幸于 8 月 3 日 15:00—20:00、8 月 4 日 8:30—15:30 对漠北地利山题记进行了实地考察和现场识读。

地利山东西横亘于戈壁北缘，东西约 40 千米，南北约 10 千米，海拔 1200—1300 米，山丘高出地表约 50—100 米，北距乌兰巴托直线距离约 380 千米。地利山山表是黑褐色页岩，多呈片状，远看宛如马鬃之状，故被称为地利（dil，蒙古语鬃毛、马鬃之义）山。地利山石刻题记，文字涵盖鲁尼文、汉文、蒙古文、藏文，语言涉及古突厥语、汉语、蒙古语、藏语。笔者对地利山多文种题记进行释读[16]，发现其中一条鲁尼文题记有助于加深对前面介绍的《乌古斯可汗传说》记录的独角兽之名 ki at/qat/kat/qï at 的理解。

地利山题记中，题记 E 以鲁尼文镌刻，共 5 行（图二）。鉴于文字乱码问题，笔者不给出鲁尼文录文，换写（transliteration）按中文习惯自左向右行文（鲁尼文通常自右向左行文）。以下本文引用的鲁尼文史料中，（ ）内为根据残余笔画的推定复原字母，/// 表示无法识别的字母，换写的大写字母表示后元音字母，小写字母表示前元音字母或前后舌双舌音字母。

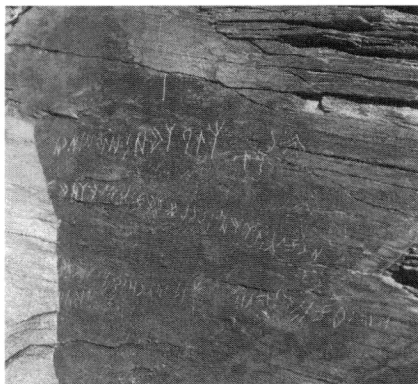

图二　地利山鲁尼文题记 E

换写：1. TNT(R?)

　　　2. TNši ši ylDQ: QiTQ: QWQ

　　　3. QWzič: irkn: BWLmDm z: BQakltmz

　　　4. RT: szGT: TiG uQ š RGčR: b n: RWR(Tm)

　　　5. QWQRmssdŋ

转写：1. tïn ///

　　　2. tïn aši aši yäl adaq: qï atqa: qoq

　　　3. quzïčï: irkin: bolmadïmïz: abqa kältimiz

　　　4. ar at: sizig at atïγ quš arïγ čor: bän arur(tum)

　　　5. qoqurmïš äšiding

对译：1. 呼吸……

　　　2. 呼吸食物_第三人称词缀、食物_第三人称词缀，风腿气马_名词与格词缀 散发气味_第二人称命令形裸格

3. 牧羊人（？）俟斤 成为_{否定过去＋第一人称复数词缀}狩猎名词_{与格词缀}
来_{动词过去式＋第一人称复数词缀}

4. 棕红色马 疑问名称 马_{名词宾格词缀}Quš Arïγ 啜_{人名} 我欺骗_{使役}
动词过去式＋第一人称词缀

5. 散发香气_{形动词表示完了}，你要听到！

　　译文：1. 活生生……

　　　　2. 活生生的食物、食物，你要对风腿气马散发气味！

　　　　3. 我们没有成为牧羊人（？）俟斤，我们来狩猎了。

　　　　4. 来狩猎棕红色的马，可疑名称的马。我 Quš Arïγ 啜令
　　　　　人诱骗了（它）。

　　　　5. 散发气味的（活生生的食物），你们要听到！

　　关于上述题记，蒙古国立大学巴图图鲁嘎（Ts. Battulga）教授
进行了释读[17]。笔者解读意见与其差异较大，兹不赘述，详见拙文
《漠北地利山多语种石刻题记释读》。以下仅就重点词汇稍作解释，以
为佐证。

　　2 行 TNši>tïn ašï（活生生的食物）：巴图图鲁嘎视作独立的一
行，读作 T(W?)(l?)di>to äldi(ildi)，译作"起灰尘了"。

　　2 行 DQ>adaq（腿脚）：其中的第一字 D 写作》，不见于突厥与
回鹘的碑文和叶尼塞碑铭中。不过，叶尼塞碑铭中存在与此接近的
D，写作&。巴图图鲁嘎读作 T。

　　2 行 QiTQ>qï atqa（对气马）：在回鹘语写本文献中，汉字"气"
的回鹘语音译是 ki。古突厥语音 i 与 ï 的区别在于前鄂音与后鄂音之
分。从古突厥语的千有 bing 和 bïng 二种语音可以看出，i 与 ï 并非
总是严格区分。如此，qï at（气马）和紧前面的 ylDQ>yäl adaq（风
腿）正相贴合，合起来是"带有风腿的气马"之义。此 qï at（气马）
与蒙古语直译是气马之义的 hei mori（多译作风马，又有运气之义）
异曲同工。笔者以为，与叶尼塞碑铭中的 säkiz adaqlïγ barïm（八条
腿的财产）寓意一种带有魔力、灵性的特殊的家畜，尤其是马匹相
同[18]，此处带有修饰词 yäl adaq（风腿）的 qï at（气马）是指萨满教

信仰中的神圣的马匹。值得一提的是，此处名词与格词缀 qa/kä 的末尾字母 a 被省略了。此种省略词末元音的现象，虽然在突厥和回鹘的碑文中不常见，但存在于叶尼塞碑铭中。顺告知，巴图图鲁嘎换写与笔者相同，转写作 aqï atqa，译作"对走马"。

4 行 szG>sizig（疑问、异议、好奇）：巴图图鲁嘎换写作 bzG，转写作 bazïγ。不过，第一字并非 b，而是见于叶尼塞碑铭的 ◊，读 ŋ 或 s。

4 行：uQ š>quš（鸟，此处为人名要素）：第一字 ⼁，巴图图鲁嘎未释读。该字不见于突厥和回鹘的碑文与叶尼塞碑铭中。不过，和田出土鲁尼文木牍文书中出现 ⼁字。笔者根据前后文义，此前提议该字应读作 uq[19]。此处 ⼁写法与 ⼁相近，若读作 uq/qu，与之后的 š 构成 quš（鸟），正相吻合。

据鲁尼文在蒙古高原的行用时代而言，包括上面介绍的题记 E 在内，地利山鲁尼文题记的年代当属于后突厥汗国与回鹘汗国时期。不过，地利山的鲁尼文题记中出现一些不见于突厥和回鹘碑文的文字，如◊、》、⼁、⼁、⼁，且名词词缀的元音存在省略现象。这些现象多见于叶尼塞碑铭中。若考虑到地利山位于连接漠南漠北的交通线上的位置，不排除这些题记是由习惯使用叶尼塞碑铭字体的人群所遗留的可能。

综上，地利山题记 E 中的 yäl 基本词义是风，另有恶魔的吼叫、灵魂等扩张词义[20]。就之后的 qï at（气马）而言，此处 yäl 取其基本词义"风"较为稳妥。受资料所限，笔者尚未找到其他 yäl adaq（风腿）与 qï at（气马）并列的表达方式。不过，如前文介绍，回鹘文《乌古斯可汗传说》的抄本中存在 ki at/qat/kat/qï at 一词，该词代表的是某种凶恶的食人兽独角兽。古突厥语 ï 是后舌音元音，当 qï 与之后的 at 连读时，前者 ï 被后者 a 抵消掉，故早期的 qï at 在后期变成了 qat。此种看法虽然于理可通，但并不能完美解释为什么会出现其他独角兽的写法 ki at/kat。或许，在抄写《乌古斯可汗传说》的 15 世纪左右，抄本作者已经不知道自古以来的 qï at 之词义，故而以相同含义的蒙古语 hei mori 的仿造词重新进行了建构。

三、古突厥语 qï at（气马）的本义

qï at 一词，尚未在古突厥鲁尼文碑文中获得发现。依据鲁尼文的使用年代和操古突厥语族群的宗教信仰的历史而言，上引地利山题记中的 qï at（气马）恐怕与萨满教信仰中的马匹有关。

无独有偶，蒙古语"气马"（hei mori），是指蒙古族民间盛兴的立杆飞扬或张贴室内，拓印在白布和纸上的骏马图。蒙古语中，hei 即气体，mori 即马。hei mori 的真正含义却比其表面图案深远，是人们对人生命运吉祥开泰的寄托，也就是"运气"或"命运"的象征物，真正寓意是"幸运之马"或"命运之马"。不过，据呼伦贝尔学院乌日图教授赐教，蒙古萨满教习俗中的 hei mori/hei at（气马）却是一种掠杀生灵的邪恶之马的形象。如是，hei mori（气马）的此第二种形象正与笔者推定的古突厥语 ki at/qat/kat/qï at>（气马）遥相呼应。前面介绍的漠北地利山鲁尼文题记 E 中出现的狩猎对象 qï at（气马）大概率属于此类"气马"。

蒙古先民曾长期与操用古突厥语的部落集团相互依存于蒙古高原及其周边地区，二者之间在语言文化上多有交流。突厥回鹘汗国时期，蒙古的先民室韦部落集团主要居住在蒙古高原东部额尔古纳河—大兴安岭一带，曾长期委身于突厥回鹘。相比室韦部落的居地，突厥回鹘所占据的蒙古高原的开阔地带，自古以来就是北方游牧国家的政治核心地区与草原丝绸之路的重要通道，更容易接触外部世界。这些地理上的优势，促使隋唐时期突厥回鹘的文明程度超过其东方近邻。吾辈故知，在突厥之前，蒙古系的柔然汗国创建了以可汗为首的游牧政权职官体系，开创了中国北方民族文字文化之先例[21]，对突厥铁勒集团社会的发展有重大影响。不过，仅就隋唐时期而言，突厥回鹘对蒙古系部落的文化影响要大于蒙古系部落对他们的影响。

众所周知，佛教在东突厥汗国时期曾短暂获得信仰[22]。拜火教，亦在突厥国内获得某种程度的信仰[23]。不过，包括汉籍与后

突厥汗国碑文在内的文献史料反映，突厥人更是崇尚以泛灵论为根基的萨满教[24]，突厥皇族阿史那氏的族长首先是萨满兼冶炼师[25]。广受突厥语民族崇拜的圣地于都斤（ötükän），与蒙古的萨满教地神（女神）ätügän、itügän、etügän、ötügen 密切相关[26]。如在海西西（W. Heissig）整理的传世蒙古萨满教颂歌中频繁出现 etügen eke（大地母亲）[27]。在仁钦（B. Rinčen）整理的蒙古萨满教神歌所收托特文祭祀大地神歌中，出现 el ätügen 与 el ätügen eke（el ätügen 母亲）[28]。其中，el ätügen 显然借自古突厥语 il / el ötükän（于都斤国）[29]。在同书收集的库苏古尔省的萨满教颂词 Xan Tömörlengín dudalɣa（Tömörleng 汗的召唤词）中，出现 ɣuyɣur、bár、jakši、jók 等古突厥语词汇[30]。ɣuyɣur 即 uyɣur（回鹘），bár 即 bar-（有、在），jakši 即 yaxș̌（好），jók 即 yoq（没有）。匈牙利学者 T. 法谢曾以上述《Tömörleng 汗的召唤词》为例，对蒙古萨满教诗歌与南西伯利亚突厥语之间的联系进行过介绍[31]。总之，蒙古萨满文化与突厥语系部落的萨满文化之间存在交集。

以往，学者们多把蒙古语词汇 hei mori 译作汉语的"风马"。然蒙古语 hei 即汉语"气"之借用词，蒙古语"风"另有专用词 salhi[32]。译作"风马"的学者，恐怕是因为表示气马图案的蒙古语词"隆当"来自藏语名称"龙达"（ཀླུང་རྟ，rlung rta，风马之义）使然。不过，既然现在已经了解到，在突厥回鹘汗国时期北方草原民族就曾存在"气马"崇拜，且蒙古的萨满文化与突厥语族部落的萨满文化之间存在交集，那我们再无必要把蒙古语的 hei mori 译作"风马"。至于在蒙古族民间盛行的"气马"图案及其画面上的藏文，显然是在藏传佛教传入蒙古地区之后，对蒙古萨满教故俗"气马"进行改良后的结果。

综上，鉴于蒙古语 hei mori（气马、幸运之马）源自古老的萨满教信仰，笔者以为《乌古斯可汗传说》中的独角兽之名 ki at/qat/kat/qï at 和地利山题记中的古突厥语 qï at（气马），同样是萨满教信仰的神物之一。

四、余　论

关于古突厥语独角兽的语音语义，笔者得出的结论如下。在突厥汗国和回鹘汗国时期写作 qï at（气马），在高昌回鹘—畏兀尔—维吾尔时期写作 ki at/qat/kat/qï at。即，随着年代的下降，该词语音有所变化。ki at/qat/kat/qï at 并非汉语语境下的麒麟之义，而是萨满教信仰文化中的神圣马匹"气马"，与蒙古语 hei mori（气马）最初的寓意相同。

顺提一下，多种文献史料介绍，元太祖成吉思汗于公元 1219 年开始御驾西征，在将进征印度之时遇一神兽角端或独角兽，故而退兵[33]。笔者以为，该角端或独角兽，恐怕就是《乌古斯可汗传说》中描述的食人的独角兽 ki at/qat/kat/qï at。关于 ki at/qat/kat/qï at（气马）与中国本土的麒麟和蒙古高原的独角兽 / 麒麟之间的关系，以及与欧亚大陆中西部的独角兽之间的关系，笔者拟另文撰稿，兹不赘述。

注　释

［1］ 相关介绍，参见 Pelliot, P., Sur la légende d'UΓuz-khan en écriture ouigoure, *T'oung Pao*, Vol. 27, No. 4/5, 1930, pp. 357-358；耿世民《乌古斯可汗的传说》，新疆人民出版社，1980 年，第 3、12 页。

［2］ 相关介绍参见 Pelliot, P., Sur la légende d'UΓuz-khan en écriture ouigoure, p. 247；耿世民《乌古斯可汗的传说》，第 3 页。

［3］ Radlov, W., *Kudatku Bilik, Facsimile der uigur. Handschrifl der K. k. Iofbibliothek in Vien*, SPétersbourg, 1890, pp. 191-192.

［4］ Radlov, W., *Das Kudatku bilik des Jusuf Chass-IIadschib aus Balasagun*, part 1, St. Petersburg, 1891, pp. x, 232-233.

［5］ 转引自 Pelliot, P., Sur la légende d'UΓuz-khan en écriture ouigoure, pp. 248, 265-266.

［6］ 拉德洛夫认为 qiat 显然与《华夷译语》之《高昌译语》中的回鹘语 qat 相同，是麒麟的回鹘语名称，即独角兽。参见 Radloff, W., *Versuch eines Wörterbuches der Türk-Dialecte*, St. Petersburg, 1893-1911, band. 2, pp. 273-274 кат.

［7］ Pelliot, P., Sur la légende d'Uɣuz-khan en écriture ouigoure, pp. 248, 266-267.

［8］ Bang. W., Rachmati, G. R., Die Legende von Oghuz Qaghan, *SPAW*, vol. 25, Berlin, 1932, pp. 696-688.

［9］ Шкербак, А. М., *Огуз-наме*, Москва, 1959, pp. 24-27.

［10］ 耿世民《乌古斯可汗的传说》，第 15～17、30～31 页；耿世民《古代维吾尔文献教程》，民族出版社，2006 年，第 57～58、71 页 qïat。

［11］ Radlov, W., *Kudatku Bilik, Facsimile der uigur. Handschrifl der K. k. Iofbibliothek in Vien*, p. 192；耿世民《古代维吾尔文献教程》，第 54 页。

［12］ 北京图书馆古籍出版编辑组《华夷译语》，书目文献出版社，1990 年，第 379、429 页。《国学大师》网刊出的《高昌馆译书》与《高昌馆杂字》同。另见柏林国立图书馆藏《高昌馆译书》，第 30 页。

［13］ Wilkens, J., *Handwörterbuch des Altuigurischen, Altuigurisch-Deutsch-Türkish*, Akademie der Wissenschaften zu Göttingen (Hrsg.), 2021, pp. 362-363.

［14］ 主要参见 Bang, W., Gabain, A. V., Turkische Turfan-Texte, I, *SPAW*, 15, 1929, p. 8; Rahmeti Arat, R., *Eski Türk Şiiri*, Ankara, 1991, p. 286.

［15］ 主要参见耿世民《乌古斯可汗的传说》，第 11 页。

［16］ 白玉冬《漠北地利山多语种石刻题记释读》，待刊稿。

［17］ Battulga, Ts., *Mongolin runi bichgin dursgalin shine sudalgaa III*, Ulaanbaatar, 2022, pp. 77-79.

［18］ 相关讨论，主要参见〔日〕护雅夫《イェニセイ銘文に見える "säkiz adaqlïɣ barïm" について》，《日本大学人文科学研究所研究纪要》第 32 期，1986 年，收入氏著《古代トルコ民族史》第 2 卷，山川出版社，1992 年，第 458～465 页。

［19］ 白玉冬、杨富学《新疆和田出土突厥卢尼文木牍初探：突厥语部族联手于阗对抗喀剌汗朝的新证据》，《西域研究》2016 年第 4 期，第 41 页。

［20］ Clauson, G., *An Etymological Dictionary of Pre-Thirteenth-Century Turkish*, Oxford: The Clarendon Press, 1972, p. 916.

［21］ 关于柔然人是否使用过文字的问题，蒙古境内发现的东突厥汗国时期的婆罗米文慧斯陶鲁盖碑文有助于问题的解决。相关介绍和研究，主要参见 Maue, D., Signs and Sounds, *Journal Asiatique*, vol. 306, no. 2, 2018, pp. 291-301; Vovin, A., An Interpretation of the Khüis Tolgoi Inscription, *Journal Asiatique*, vol. 306, no. 2, 2018, pp. 303-331；白玉冬《东突厥汗国的拓拔鲜卑语佛教集团——婆罗米文慧苏图鲁盖碑文研究》，黄维忠主编《西域历史语言研究集刊》（第 16 辑），中国藏学出版社，2021 年，第 31～49 页。

［22］参见杨富学、高人雄《突厥佛教盛衰考》,《南都学坛（人文社会科学学报）》2003 年 23 卷第 2 期, 第 17～22 页。

［23］参见蔡鸿生《唐代九姓胡与突厥文化》, 中华书局, 1998 年, 第 131～136 页; 王小甫《拜火教与突厥兴衰——以古代突厥斗战神研究为中心》,《历史研究》2007 年第 1 期, 第 24～40 页。

［24］参见〔日〕护雅夫《古代游牧帝国》, 东京：中央公论社, 1976 年, 第 224 页;〔日〕护雅夫《突厥の信仰—シャマニズムについて—》,《古代トルコ民族史研究》第 2 卷, 东京：山川出版社, 1992 年, 第 233～255 页。

［25］参见〔日〕护雅夫《遊牧国家における「王権神授」という考え—突厥の場合—》,《古代トルコ民族史研究》第 2 卷, 第 259～263 页。

［26］相关讨论, 主要参见〔法〕伯希和（P. Pelliot）著, 冯承钧译《古突厥之"于都斤"山》,《西域南海史地考证译丛》五编, 商务印书馆, 1995 年, 第 120～126 页（原载 *T'oung Pao*（《通报》）, vol. 26, 1929）;〔苏〕符拉基米尔佐夫（Б. Я. Владимирцов）《关于古突厥于都斤山》,《苏联科学院报告集》乙编, 1929 年第 7 期, 第 135 页。此处转引自〔苏〕波塔波夫（Л. П. Потапов）著, 蔡鸿生译《古突厥于都斤山新证》,《唐代九姓胡与突厥文化》, 第 235～236 页（原载 *Советское востоковедение*（《苏联东方学》）1957 年第 1 期）; 白寿彝《中国通史》第 8 卷（电子图书）, 上海人民出版社, 1999 年, 第 413 页; 白玉冬《突厥"于都斤"崇拜渊源蠡测》,《清华元史》（第 6 辑）, 商务印书馆, 2020 年, 第 3～18 页。

［27］Heissig, W., *Mongolische volksreligiöse und folkloristische Texte: Aus europäischen Bibliotheken mit einer Einleitung und Glossar*, Wiesbaden: Steiner, 1966 所收第 6 曲祭火歌第 74～76 页第 5、13、57 行, 第 8 曲祭天歌第 82 页第 11 行, 第 16 曲祭火歌第 109、110、112 页第 12、44、89 行。另, 第 107～108 页有 ätügen delekei ece（自于都斤世界）, 第 109 页有 boro ätügen eke（灰色的大地母亲）。

［28］Rintchen, B., *Textes Chamanistes Mongols (Asiatische Forschungen: Monographienreihe zur Geschichte, Kultur und Sprache der Völker Ost-und Zentralasiens Bd. 40)*, Wiesbaden: O. Harrassowitz, 1975, pp. 24, 32.

［29］相关文献介绍, 主要参见〔日〕森安孝夫《ウイグルから見た安史の乱》, 原载《内陸アジア言語の研究》（第 17 辑）, 2002 年, 收入氏著《東西ウイグルと中央ユーラシア》, 名古屋大学出版会, 2015 年, 第 23 页; 白玉冬《回鹘语文献中的 Il Ötükän Qutï》, 荣新江主编《唐研究》第 22 卷, 2016 年, 第 444、445 页。

［30］ Rintchen, B., *Textes Chamanistes Mongols*, pp. 82-83.

［31］〔匈〕T. 法谢著，张梦玲译《论蒙古萨满诗与南西伯利亚突厥语的联系》，《蒙古学资料与情报》1989 年第 2 期，第 37～39 页。

［32］ 内蒙古大学蒙古学研究院蒙古语文研究所《蒙汉词典（增订本）》，内蒙古大学出版社，1999 年，第 597、871 页。

［33］ 相关归纳介绍，参见王平《对"角端"与成吉思汗西征退兵的探讨》，《黑龙江史志》2015 年第 5 期，第 39、40 页。

On the Unicorn in Ancient Turkic

Bai Yudong

(Institute of Dunhuang Studies of Lanzhou University)

Abstract: The term Qilin 麒麟 "unicorn" in old Turkic first appeared in the Runic inscription on Dil 地利 Mount of Mobei 漠北 in the Tang Dynasty. In its written form, it was recorded as qï at, which literally means "sacred horse". Over time, the pronunciation of this term evolved. During the Qocho-Uighur period, it was written as ki at/qat/kat/qï at. However, it is important to note that the meaning of "ki at/qat/kat/qï at" differs from the Chinese concept of Qilin "unicorn". Instead, it refers to the sacred horse in shamanistic culture known as the Qi ma 气马, which shares similarities with the original meaning of the Mongolian term hei mori "holy horse".

Keywords: Qilin 麒麟 , Runic Inscription, Old Uigur Script

金元《文姬归汉图》中的服饰与年代问题

赵　丰

（浙江大学艺术与考古学院）

摘要： 东汉末年蔡文姬归汉故事是中国绘画史上较为重要的母题，目前有多幅《文姬归汉图》传世，但其中一部分创作时代仍然存疑。文章通过分析画作中服饰的时代特征等，试图确定传为宋金元时期的几幅作品的创作时代，认为吉林省博物院藏（传）张瑀《文姬归汉图》与张瑀所属金代吻合。日本大阪市立美术馆藏（传）宫素然《明妃出塞图》年代应不早于蒙元。台北故宫博物院藏传宋陈居中《文姬归汉图》年代也不应早于蒙元。

关键词： 文姬归汉图，创作时代，张瑀，宫素然，陈居中

　　《文姬归汉图》是以东汉末年蔡文姬归汉故事为主题创作的绘画作品，历史上有不少同类题材的相关作品传世。特别重要的有几件传为宋金时期的作品，在中国历史上影响特别大，对于中国服饰史研究的重要性也特别大。2020 年 6 月，中国丝绸博物馆在举办"众望同归：丝绸之路的前世今生"时展出了吉林省博物院的传为金人张瑀的《文姬归汉图》，同时举办了一个名为"出塞归汉"的文献展。本文特从服饰的角度对三件年代属于金元时期的《文姬归汉图》（或《明妃出塞图》）的部分服饰及年代问题作一探讨。这样的视角其实沈从文在《谈谈"文姬归汉图"》[1]、余辉在《金代人马画考略及其它：民族学、民俗学和类型学在古画鉴定中的作用》[2]、李国锦在《辽宋金元时期文姬归汉主题绘画服饰研究》[3] 等文中均有所体现。但本人觉得仍有必要进行更为细致的讨论，特成此文。

一、张瑀《文姬归汉图》

此画 29.0 厘米×130.2 厘米，绢本设色，吉林省博物院藏。

此画尾上角有题"祗应司张瑀画"，一般都认为张瑀是金代画家，可能是汉人，或是祖上为金人掳去的汉族画家[4]。

画中描绘了文姬归汉途中的一个片断。图中绘一队人马迎风前行的情景，男女共十二人，马近十匹，分四组，疏密错落，互相呼应。画面虽未加配景，但从人物的服饰和神情，可以看出他们长途跋涉后的疲惫及塞外朔风凛冽的环境。全图笔墨简练，设色浅淡，造型准确，技法娴熟，具有强烈的艺术感染力，是一幅在绘画史上具有重要地位的优秀作品[5]（图一）。画最右边的一骑肩扛三角旗，边上跟着一匹小马驹。第二骑在马上的就是蔡文姬，马头左右有两名胡兵夹马行走。然后是一大群人驱马跟随文姬之后，靠前的一骑头戴帻巾、手持团扇的汉人应该是曹操派来接文姬的使者，而其他四人都藏头缩身，正在躲避扑面寒风。画面最后一骑胡人右手持鹰，似正在追赶队伍。

图一　张瑀《文姬归汉图》

此图的服饰总体来看属于金元之际。我最早看到文姬这一形象是在著名服饰史家周锡保《中国古代服饰史》中（图二），书中已用此图作为金代女性服饰的代表，图中首戴貂帽，耳两旁似各垂一长辫。上身着半袖，内着直领长袖上衣，腰束带。从颜色上分别，下身与上衣之色不同，但又不似裙子。足着长靿尖头靴，颈项间围有云肩。这种貂帽和长辫、云肩、长靿靴都是金人服饰的特点[6]。在本文中，我们就来谈谈文姬所穿的两件服饰。

1. 云肩

云肩在中国什么时候出现？这不只是中国服饰史上的问题，对这件《文姬归汉图》来说也十分重要。从实物看，云肩单独出现的时间很晚，大约要在明清之际。但云肩作为一个装饰区域出现在衣服上，却在元代已十分流行。我们可以举出很多装饰区域为云肩的例子：如收藏在美国大都会艺术博物馆和克利夫兰艺术博物馆里

图二　周锡保《中国古代服饰史》中的文姬形象

的缂丝龙凤云肩[7]，还有一件美国私人收藏的大袖袍，面料上也有着明显的云肩设计[8]。类似的图案在瓷器上也有大量的应用。

然而，在图像和史料上，独立的云肩出现的时间很早。《大金集礼·舆服下》载："又禁私家用纯黄帐幕陈设，若曾经宣赐鸾舆服御，日月云肩、龙文黄服、五个鞘眼之鞍皆须更改。"这里就提到了云肩，而且很可能就是真正的云肩。

传为宋代的《送子天王图》（日本大阪市立美术馆藏）画的都是神和鬼的形象，但其中也有两例云肩，下身配的是南北朝时有三角尾的裙摆，颇有想象的感觉（图三）。另一个案例是美国大都会艺术博物馆藏的一件泥塑（图四），原物来自伊朗塞尔柱（Seljuq）时期（1040～1196 年）的宫殿，类似的形像在阿富汗 Lashkari Bazar 和土库曼斯坦的木鹿也有发现。这件泥塑上有着明显的云肩，而且是穿在上衣外的云肩。

更早的云肩可能是敦煌 159 窟东壁南侧维摩诘经变下方的吐蕃人像。此人背向，头上盘红色缠布，身穿灰色长袖长袍，腰系蹀躞带，腰插两刀，肩部就戴了一浅灰色的柿蒂窠形的云肩。应该是非常明确无误的云肩（图五）。

图三 日本大阪市立美术馆藏《送子天王图》

图四 美国大都会博物馆藏泥塑

图五 敦煌 159 窟吐蕃人像

2. 裹肚

透过文姬所穿的上衣，著名服饰史家周锡保称为半袖，也有人称为旋袄或貉袖，类似的形象在河南焦作西冯封村出土的吹笛、舞蹈俑中可以看到（图六），这应该是金元时期流行的裹肚。《元典章·工部三·役使》："祗候不系只孙裹肚。"《通制条格》也有类似的记载："若有穿系裹肚束带，各处官司尽数拘收。"金元好问《续夷坚志·延寿丹》："捣为泥丸作弹子大，黄丹为衣，纸带子盛此药一丸，缝合著脐中，上用裹肚系定。"可以看到，这里的裹肚都需要系一下，其实就是在腹部系一护腹，以保护腹部。这类裹肚在宋金文献中也可以称为"三襜"[9]，出土实物中最早可以看到的是内蒙古豪欠营辽墓出土女尸身上穿着的棕色丝绵背心，当年的线描图上有两根带子系着。另外黑龙江阿城金墓也出土了好几件类似的裹肚，如褐地朵梅鸾纹金锦裹肚和泥金云龙纹褐罗裹肚（图七）[10]，内蒙古

图六 河南焦作西冯封村出土舞蹈俑

达茂旗明水墓则出土了黄地方搭花鸟妆花罗裹肚[11]。每件裹肚其实都有三片织物，有时两长一短，有时三片均长，中间一片在前，其余两片绕到背后，几根带子再穿绕到前面打结系牢，正好与文姬胸前的打结一致。三片织物一直可以盖到膝部，织物下方有时也会再有带子，应该是吊系靴套所用（图八）。

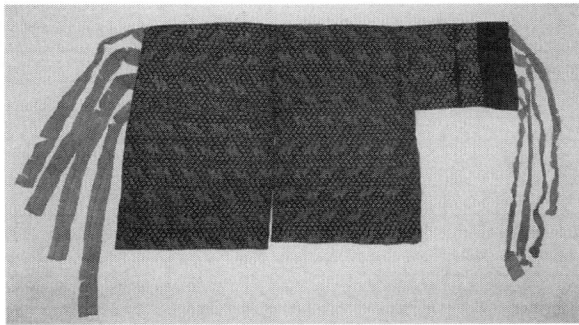

图七 黑龙江阿城金墓出土裹肚

图八 裹肚系法

二、（传）宫素然《明妃出塞图》

此画 30.0 厘米×179.2 厘米，纸本水墨，日本大阪市立美术馆藏。

此画与张瑀《文姬归汉图》总体布局和风格极为相似，但被称为《明妃出塞图》。仔细比较下来，可以发现还是有不少差别。总的构图

还是基本相似，画中人物比张瑀的要多两位。女主角在这里是昭君，她的位置没有变，头戴貂冠、身着服装的风格也没有大变，但她的身后多了一位抱着琵琶的女子，可能正是为了说明昭君的身份，因为传说中的昭君善弹琵琶（图九）。昭君身后的一群人总体也和张瑀画中相似，有一位汉使以及五位胡人。昭君前面一人肩上斜扛着旗帜，但边上还多了一人。队后还是有一人骑马追赶，右手持鹰，并有猎狗同行。此画传为宫素然所绘，而宫素然为镇阳人（今河北正定）。宫素然生平无传，但一般将他定为宋人或金人。

图九　（传）宫素然《明妃出塞图》

其实，关于此画的争议颇大，余辉已从民族学的角度出发将中间一群人定为婆焦式的蒙古发型，"如中国小儿留三搭头在囟门者"[12]，但总体还是把年代定在金元交替之际。本文在这里再举出两个服饰和马饰方面的例子进行说明。

1. 辫线袍

辫线袍也称辫线袄。在队前扛旗之人，骑在马上，身上穿的显然是一件辫线袍（图一〇）。辫线袍是蒙古人最为经典的外衣，其制作方式通常为上下两截，上截紧身，中间有辫线，用绢或线制成，形成收腰的效果。下截为裙摆，腰部密密打折，这与画中的服装十分吻合。中国丝绸博物馆在 2005 年举办的"黄金丝绸青花瓷"展览中展出了一件龟背地滴珠窠奔鹿纳石失织金锦辫线袍就是一个极好例子[13]（图一一）。这类服装在赵珙《蒙鞑备录》中已有提及："腰间密密打作细折，不计其数，若深衣止十二副，鞑人折多尔。"赵珙在宋宁宗嘉定十四年（1221 年）往河北蒙古军前议事，回来后将自己出使期间的见闻著录成书。此后，彭大雅和徐霆两人分别在 1232 年和

图一〇 《明妃出塞图》中穿辫线袍人物及细部

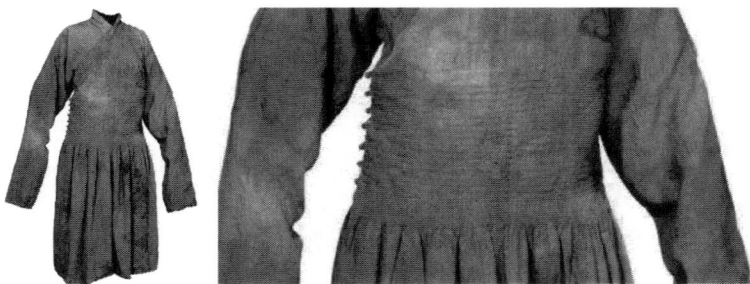

图一一 "黄金丝绸青花瓷"展览中展出的辫线袍

1235—1236 年随奉使到蒙古，回来后也将两人的见闻记录合成《黑鞑事略》，其中也提到了"用红紫帛捻成线，横在腰，谓之腰线"。

2. 马鞯

宫素然画中的马鞯都很漂亮，中心和外沿都有非常漂亮的纹样装饰。最前面的扛旗者的马鞯中间为芦雁纹，边沿为缠枝莲叶纹。明妃所用马鞯中间是穿花凤，周边为深地的缠枝牡丹纹。中间一队人马中最靠边上的马鞯的中心是凤凰纹，周边为浅色地的牡丹纹，而队伍最后一位的马鞯中心是海东青纹，周边则为灵芝云草，即用草蔓串起来的灵芝云（图一二）。所有这些装饰元素都是典型的元代风格，其中又以灵芝云最为明确。我们有许多可以比对的案例，最为明确的是中国丝绸博物馆收藏的蓝地鹰逐奔兔纹织金胸背，上面就有海冬青的形象，以及大量灵芝云纹的装饰（图一三）。

图一二　《明妃出塞图》最后一人的马鞍细部

图一三　中国丝绸博物馆藏
金胸背上的海冬青形象

　　由此来看，传为宫素然《明妃出塞图》中的扛旗引路者身着辫线袍是典型的蒙元服饰，而后跟者的马鞯上有灵芝云装饰，也是明显的蒙元风格。虽然金元之间有着近三十年的重叠，但此画的年代不应该早于蒙元时期，即 13 世纪初期。由于画中的发式、服式以及图案等都与典型的蒙元风格十分吻合，所以，此图（或其母本）迟于元代的可能性也不大。但如将此画与张瑀的《文姬归汉图》相比较，此图肯定会迟于张瑀的《文姬归汉图》。

三、（传）陈居中《文姬归汉图》

　　此画 147.4 厘米×107.7 厘米，绢本设色，台北故宫博物院藏。

　　陈居中是南宋宁宗嘉泰年间（1201—1204 年）的画院待诏，工画人物，亦擅番族人马。此图系描绘汉末女诗人蔡文姬在兵乱中流落匈奴，后为曹操赎回的故事。图中土冈沙丘，疏枝衰草，汉使列队迎候，左贤王即席饯别，二子牵衣不舍，文姬亦依依不舍。画中人物神情细致生动，仪态肃穆庄严。衣纹用铁线描，严谨精工，风格古朴。此图原为清宫旧藏，但无作者款印，据《石渠宝笈续篇》定作者为陈居中。

　　由于没有高精的图像，我无法对其中的服饰做详细而准确的研究。但是，仔细观察位于中心的一组人物，地毯左侧的女性应该蔡文姬，边上是她的两个孩子，右侧坐的是左贤王，边上有一侍者斟酒（图一四）。

图一四　（传）陈居中《文姬归汉图》

1. 清地妆金搭子

金搭子常见于元人文献，指的是用金装饰在织物上的散点纹样，装饰方法包括织、印、绣等不同工艺。从画中能看清的部分来说，所有胡人袍服都是左衽的圆领袍，侍者和两个孩子是，左贤王也是，估计文姬也应该是。画中服装面料可以分为妆金织物和纳石失织金锦两个大类，最常见的是两个孩子、一个侍者，以及文姬穿在里面的袍子，用的明显就是金代最为流行的紫地加金织物，通常是织金绢或是织金绫，其实上面的金线多以妆花形式织入。类似的织物在黑龙江阿城金墓（1162年）中出土最多[14]（图一五）。此外，在文姬穿在外面的白袍上也可以看到金色的搭子纹样，但纹样题材则无法看清。元代实物中也有白地织金搭子凤凰和鹰的图案，多出自西藏地区。

图一五　紫地织金襕袖袍（左）和紫地云鹤织金袍（右）

2. 滴珠窠纳石失

另一种是左贤王穿的袍子，虽然画的图案不够清楚，但已足够让我们看清这种面料应该是密地滴珠窠的开光图案。密地开光的图案描绘的无疑就是纳石失织金锦，而这种滴珠窠纹样在蒙元时期十分流行，但也只出现在元代。在永乐宫壁画上曾出现过滴珠纹的兔纹，在敦煌莫高窟北区洞窟里也曾出土过一件菱地滴珠花卉纹织金锦（B163∶66）[15]，前面的龟背地滴珠窠奔鹿纳石失织金锦辫线袍，就与画中锦袍非常相似。中国丝绸博物馆也收藏了一件与此相同图案结构的纳石失织金锦袍（图一六），用的正是龟背地上的滴珠窠动物纹样。由此来看，传为陈居中的《文姬归汉图》中所绘人马大部分都着

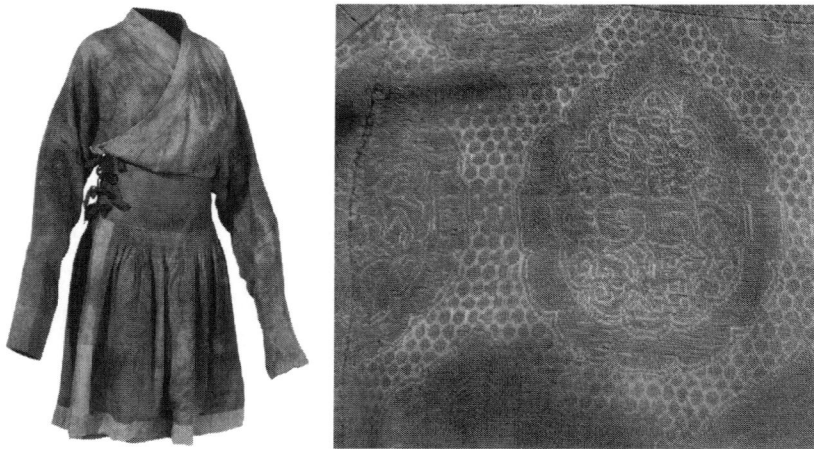

图一六　中国丝绸博物馆收藏的纳石失织金锦袍

宋金服饰，其中左贤王穿的是典型的元代面料，而且这类面料很可能就是由来自西域回回的织工织成的。

四、结　论

吉林省博物院藏张瑀《文姬归汉图》中文姬所服裹肚与辽至元时裹肚相合，特别是与黑龙江阿城金墓所出裹肚相合，其云肩见于宋画，也见于中亚 10—11 世纪服饰，裹肚与云肩一直流行到蒙元时期，与张瑀所属金代相吻合。

日本大阪市立美术馆藏传金宫素然《明妃出塞图》与张瑀《文姬归汉图》构图极为相似，但其服饰和装饰图案有明显区别。特别是引路者身着辫线袍是典型的蒙元服饰，后跟者马鞯上的灵芝云装饰，也是明显的蒙元风格，加上中间人物的蒙古婆焦发式，所以此件《明妃出塞图》的年代应该不早于蒙元时期。

台北故宫博物院藏传宋陈居中《文姬归汉图》画中男主角所服袍的款式虽仿辽代左衽盘领盘，流行于辽金时期，但其所画面料为典型元代滴珠窠纳石失锦，所以此画年代也不应早于蒙元时期。

注　释

[1] 沈从文《谈谈"文姬归汉图"》，《文物》1959 年第 6 期，第 32～35 页。
[2] 余辉《金代人马画考略及其它：民族学、民俗学和类型学在古画鉴定中的作用》，《美术研究》1990 年第 4 期，第 37～41 页。
[3] 李国锦《辽宋金元时期文姬归汉主题绘画服饰研究》，北京服装学院硕士学位论文，2018 年。
[4] 张瑀之"瑀"为郭沫若所定，见郭沫若《谈金人张瑀的文姬归汉图》，《文物》1964 年第 7 期。后来仍有学者存疑。本人在展览期间细辨了墨迹，认为采用"瑀"说合理。
[5] 宋画全集编委会《宋画全集》第五卷《中国其他文化机构藏》第一册，浙江大学出版社，2015 年，第 156 页，图 28。
[6] 周锡保《中国古代服饰史》，中国戏剧出版社，1984 年。
[7] Watt, J., Wardwell, A., *When Silk Was Gold: Central Asian and Chinese Textiles, the Metropolitan Museum of Art*, New York: The Metropolitan

Museum of Art, 1997, p. 80

［8］赵丰、金琳《黄金丝绸青花瓷：马可波罗时代的时尚艺术》，艺纱堂 / 服饰出版，香港，2005 年，第 60、61 页。

［9］撷芳主人《宋元男装中的"三襜"》，https://weibo.com/ttarticle/p/show?id=2309404301233564335574。

［10］赵评春、迟本毅《金代服饰——金齐国王墓出土服饰研究》，文物出版社，1999 年。

［11］赵丰《织绣珍品》，艺纱堂，香港，1999 年。

［12］余辉《金代人马画考略及其它：民族学、民俗学和类型学在古画鉴定中的作用》，《美术研究》1990 年第 4 期，第 37～41 页。

［13］赵丰、金琳《黄金丝绸青花瓷：马可波罗时代的时尚艺术》，艺纱堂 / 服饰出版香港，2005 年，第 54、55 页。

［14］赵评春、迟本毅《金代服饰——金齐国王墓出土服饰研究》，文物出版社，1999 年。

［15］赵丰、罗华庆《千缕百衲：敦煌莫高窟出土纺织品的保护与研究》，中国丝绸博物馆，2012 年。

A Study on the Costume and Dating of the Paintings Titled as Wenji Returning to Han Court Attributed to Jin and Yuan Dynasties(the 12-13th Centuries)

Zhao Feng

(School of Art and Archaeology, Zhejiang University)

Abstract: The story of Wenji Returning to Han Court in the end of the Eastern Han Dynasty (1st-2nd centuries) is an important motif in the history of Chinese painting. But some of the those so-called Jin or Yuan paintings remain unclear with the dating. Based on examination of costume details on those paintings, we could have some conclusions about their dating. The first one, attributed to Zhang Yu(张瑀) and collected at Jilin Provincial Museum, is consistent with Zhang Yu's living period, Jin dynasty. Neither the second one Zhaojun Leaving Out the Frontier, collected at the Osaka Museum of Art and attributed to Gong Su-ran(宫素然), nor the the 3rd one, Wenji Returning to Han Court, collected at the Palace Museum, Taipei, attributed to Chen Juzhong(陈居中), can be dated earlier than the Mongolian Yuan Dynasty (the 13th century).

Keywords: Painting of Wenji Returning to Han Court, The time of the creation, Zhang Yu, Gong Su-ran, Chen Juzhong

数字人文时代丝绸之路文献谱系建设

——来自"丝绸之路"概念溯源的启示

万　翔

（西北大学丝绸之路考古合作研究中心）

摘要：比利时学者默滕斯利用谷歌 Ngram 搜索引擎提供的算法工具，揭示了"丝绸之路"概念创造者并非李希霍芬，而是另有其人的事实，引出了数字人文时代传统文献学方法之外论证传统研究概念历史的可能性。本文从语言人类学角度出发，对默滕斯的研究方法进行剖析，指出应从其检索到的德国地理学家卡尔·李特尔所著《地学通论》出发，从李特尔的论点、论据、论证三方面着手，论证"丝绸之路"概念溯源的可行性，并以此为契机，提出在数字人文时代建设丝绸之路文献研究的新路径：建设研究性谱系，并与文献学术界已有的传说性谱系进行比较。在当下世界各国数字化文献网络数据库及其检索普遍应用的时代，对相关多语种文献背后的专家学者及其主要问题进行谱系性总结，将为丝绸之路文献研究的话语体系提供重要参考。

关键词：丝绸之路，文献研究体系，默滕斯，李特尔，李希霍芬

一、李希霍芬前的"丝绸之路"：
默滕斯"机缘凑巧"的发现

国内外学术界曾长期认定，"丝绸之路"概念为德国地理学家斐迪南·冯·李希霍芬（Ferdinand von Richthofen，1833—1905 年）在

其 1877 年出版著作《中国》(*China*)第一卷第十章中首次提出。德国文献学家阿尔伯特·赫尔曼(Albert Herrmann，1886—1945 年，又译黑尔曼)1910 年学位论文《中国与叙利亚之间的古代丝绸之路》是文献学领域中将"丝绸之路"命名贡献追溯到李希霍芬作品中影响较大者。赫尔曼在论文《引言》中如此评价李希霍芬：

> 他的一大功绩是第一次尝试将对地名的确定建立在传世文献中距离数据的基础上，并由此构建了最重要的塔里木盆地古代路线；也正是他将贴切的"丝绸之路"一名引入了文献中[1]。

无独有偶，李希霍芬的学生，瑞典探险家斯文·赫定(Sven Anders Hedin，1865—1952 年)在其考察行记《丝绸之路》中提及：

> "丝绸之路"之名并非汉语，也从来没有在中国用过。男爵李希霍芬教授也许是这一描述性名称的发明人。在有关中国的名著中，他提到了"丝绸之路"，其中一幅地图上标出"马里诺斯的丝绸之路"。1910 年，阿尔伯特·赫尔曼教授出版了一部极具价值的著作《中国与叙利亚之间的古代丝绸之路》[2]。

这两部 20 世纪上半叶出版物内的段落，几乎奠定了李希霍芬在"丝绸之路"概念起源中的特殊地位。而查考这两段提及李希霍芬段落的关系甚为耐人寻味——斯文·赫定显然读过赫尔曼的作品，事实上在畅销书《丝绸之路》中斯文·赫定将丝绸之路东西端点定为西安和黎巴嫩的推罗(Tyre)，便是复述赫尔曼《中国与叙利亚之间的古代丝绸之路》所考证内容。

李希霍芬—赫尔曼—斯文·赫定的单线式叙事，成为 20 世纪下半叶以来学者"重新发现"丝绸之路概念的重要凭据。学界已长期接受将"丝绸之路"概念传播早期历史等同于李希霍芬—赫尔曼—斯文·赫定的单线式叙事谱系的结论而未加批判[3]。

2020 年 3 月，美国华盛顿大学出版的《丝绸之路》(*The Silk*

Road）期刊网站中可检索到其 2019 年纸质刊物所登载的比利时学者马蒂亚斯·默滕斯（Mattias Mertens）的一篇文章《李希霍芬真的发明了"丝绸之路"吗》（"Did Richthofen really coin 'the Silk Road'?"）[4]。作者以看似有悖传统文献研究方法的数据收集手段，通过谷歌（Google）网站所提供 Ngram 语料库及其算法，查找德语出版物中"丝绸之路"这一复合词四个变体形式（单数：Seidenstraße, Seidenstrasse；复数：Seidenstraßen, Seidenstrassen）出现的词频。默滕斯指出，在剔除了以"丝绸"（Seiden）命名城市道路的情况外，1877 年之前，德语出版物中存在对"丝绸之路"一词与李希霍芬提法吻合的指称性使用（denotational use），足证李希霍芬并非这一概念最早提出者。

　　默滕斯利用数字化文献定位方法，以回溯式口吻逐步展现了"丝绸之路"一词的不同正字法形式，分别在中学教师罗伯特·马克（Robert Mack）1874 年发表的博士论文《黑海在世界贸易中的重要性》（*Die Beteutung des Schwarzen Meeres für den Welthandel*）、大学教师赫尔曼·古特（Hermann Guthe）1868 年出版教科书《高等教育机构中高年级地理学教材》（*Lehrbuch der Geographie für die mittleren und oberen Classen höherer Bildungs-Anstalten*）以及神学家约翰·凯弗（Johann Kaeuffer）1858 年出版的三卷本《东亚史》（*Geschichte von Ost-Asien*）中出现的情况。其中在凯弗《东亚史》第二卷中分别在五个独立的场合出现。以上例证均完全通过关键词搜索获得。

　　关键词搜索之后，默滕斯进行了扼要而粗略的文献梳理，将上述作品中"丝绸之路"词汇定位于具体内容中，并探讨其叙事主题。经过这一简略的文献学工作，默滕斯发现，有关"丝绸之路"的叙事并未以某条单一贸易路线的再现而展开，而是分别涉及黑海（马克）、宗教传播（古特）和西亚幼发拉底河流域与中国的贸易（凯弗）等不同主题。最后，由于凯弗在书中提及的线索，默滕斯将丝绸之路概念起源追溯到德国近代地理学奠基者之一，卡尔·李特尔（Carl Ritter）[5]。

默滕斯引述了李特尔在其巨著《地学通论》(*Die Erdkunde im Verhaltniss zur Natur und zur Geschichte des Menschen*)第一版第二部（1818 年出版）和第二版第二部（1832 年出版）的内容，指出其中反复提及的"赛里斯之路"(Straße der Seren)、"通往赛里斯的大商路"(große Handelsstraße zu den Seren)、"赛里斯的古代道路"(die alte Straße der Seren)，便是最终成文的"丝绸之路"(die Seidenstraße)概念的前身。而这一概念的最终定型，则要到第二版第八部（1838年出版）中。在该部第 692 页倒数第六行，着重标出了"丝绸之路北方陆上路线"(der nördliche continentale Weg der Seidenstraße)[6]。在对该页上下文参照阅读并提取信息之后，作者指出："提及丝绸之路后，李特尔总结了中国和西方之间存在陆路通道的证据。他首先转向古人：普林尼(Pliny)、托勒密(Ptolemy)、航行者狄奥尼修斯(Dionysius Periegetus)、阿加泰梅罗斯(Agathemerus)、阿米安·马塞利努斯(Ammian Marcellinus，原文误为 Marcellus)等人。在李特尔看来，以上记载为存在一条从费尔干纳到撒马尔罕和布哈拉的古代路线提供了充分证据。有趣的是，李特尔称其为赛里斯之路(Serenstraße)。"默滕斯综合了李特尔在第 692—693 页的观点，认为李特尔提出"丝绸之路"的基本观念是："赛里斯之路(Straße der Seren)指的是从中国延伸到中亚的路线。然而，这些路线仅仅是更为宏大的丝绸之路(much greater Seidenstraße)的片段，它覆盖了从中国到西方——直到里海的遥远距离。"

默滕斯对"丝绸之路"的概念史考察，毫无疑问是具有学术史价值的。粗看来至少有两个方面：

其一，此前一直从李希霍芬开始的丝绸之路概念史，自此揭开了前篇。应当注意，曾有许多学者指出李希霍芬论述与丝绸之路概念发展之间的偶然性关系[7]，真相是这一概念在李希霍芬之前早已流行了几十年。

其二，默滕斯文章的可贵之处在于其深知史学考证方法文献回溯的局限。他特别指出，李特尔也只是"丝绸之路"这一概念的使用者，并没有给出明确定义。而据默滕斯查考，以复合词形式出现的"赛里斯之路"（Serenstraße），则最早出现在同时的另一位德国学者缪勒（Ferdinand Heinrich Müller，1805—1886 年）1837 年出版的《乌戈尔人部族》（*Der Ugrische Volksstamm*）中。缪勒指出了"赛里斯大路"（die große Serenstraße）的定义即"一条从中国延伸到欧洲的路线"[8]。因此，默滕斯推断，"丝绸之路"概念的提出者完全可能另有其人：

> 煌煌巨著《地学通论》见证了一个抽象历史概念逐渐物化（reification）为一个具体历史术语，即从用于"赛里斯之路"（Straße der Seren）、"大通道"（a great passage）和"费尔干纳大路"（great road of Ferghana）等模糊概念到最后的"丝绸之路"（Seidenstraße）。然而，重要的是，研究者不要变成某种个体化动因（individualizing drive）的牺牲品——该动因曾将李希霍芬加冕为丝绸之路概念的肇创者。李特尔对"丝绸之路"的定义仍然是有限的，并与"赛里斯之路"一词关系不明[9]。

默滕斯列举了李特尔常引学者如雷慕沙（Abel Rémusat，1788—1832 年）、克拉普罗特（Julius Klaproth，1783—1835 年）和唐维尔（Jean Baptiste Bourguignon d'Anville，1697—1782 年），认为他们可能是"丝绸之路"概念创始人的候选者，都应在未来的研究中加以注意；他甚至从秦大伦（Tamara Chin）的作品中引出康德（Immanuel Kant，1724—1804 年）《论永恒和平》（*Zum ewigen Frieden*，1795）中对中国及其通往欧洲之路的叙述，作为"丝绸之路"概念的原型[10]——这些从已知文献出发的推测都为更加全面的文献学研究提供了蛛丝马迹。

　　谦卑的默滕斯并未将自己所获取的些许文献片段，作为字面意义上确认"丝绸之路"概念提出者的"证据"，而是一定程度上再现了自身学术研究的过程，从而为分析并重构其研究方法提供可能。与传统文献学者不同，默滕斯的方法从一开始就借助了大数据算法。但其本质与利用文献数据库的关键词搜索并无不同。谷歌提供的 Ngram 算法用历时词频统计的方式，利用数字化技术快速定位，揭露了李希霍芬之前业已存在的"丝绸之路"一词，从而为默滕斯的考察提供了最关键的线索。数字人文技术的发展，得以发现历代学者从后世文献回述方式无从得知的新材料，但同时又为文献研究者提出了有关"丝绸之路"不可回避的第一个问题：是否能够从现有文献材料找到"丝绸之路"这一概念的缘起？

二、数字人文环境下的文献学方法：
寻找"丝绸之路"概念原型的可行性

据默滕斯所说，使用谷歌 Ngram 算法来查找"丝绸之路"一词的缘由，是想查考李希霍芬作为"丝绸之路"概念重要传播者的作用。在软件所生成趋势图上，以 1877 年为界，其后的曲线也展示了这一概念持续传播的进程。但细看图上 1877 年之前的词频，则除了在 1860 年前后出现了一个小高峰之外，并没有其他内容显示，而这个小高峰所对应的著作，便包括默滕斯所列举的罗伯特·马克博士论文（1874 年）、赫尔曼·古特的教科书（1868 年），以及约翰·凯弗的三卷本《东亚史》（1858 年），及其所剔除的德国城市道路名称的内容。换句话说，经过 Ngrams 算法和默滕斯先后筛选（sieve）的文献文本（texts），所能呈现的"丝绸之路"概念传播是零星、单线式的，决不能与 1877 年之后这一概念传播的规模相提并论。而默滕斯最终找到李特尔论述中只出现一次的"丝绸之路"一词，并非根据 Ngram 算法所提供的直接线索（其图表中 1850 年以前的词频始终为 0），而是完全由于《东亚史》作者提及李特尔而来。

为充分理解数字化信息检索条件下对文献材料中文本及其论证线索的处理，本文应用了源自美国学者希拉里·普特南（Hilary Putnam）的语言学理论[11]，以美国学者阿西夫·阿伽（Asif Agha）和保罗·柯克尔曼（Paul Kockelman）等为代表的语言人类学方法。

从语言人类学角度看，数字人文时代的文献检索过程，本质上是一个递归闭环（recursive closure）[12]。在利用算法支撑的搜索引擎进行文献检索的过程中，搜索引擎（search engine）充当递归函数，而用户（user）实施文本检索的过程为递归的前行阶段，用户最终了解文本含义（meaning）的过程为递归的退回阶段。检索过程中筛选出的文献文本，对所搜索的关键词具备文本级别线索性（text-level indexicality）[13]，而这一线索性与传统文献阅读方法所筛选的文本线索性之间具备可通约性（commensurability）。针对本案例的"丝绸之路"一词（默滕斯原文中即德语 Seidenstraße 一词因正字法和单复数变化而导致的四个变体）来说，搜索引擎算法所筛选出"丝绸之路"词频及其对应文本，必须经过用户（即默滕斯）自身经验进一步筛选，才能作为文献研究的有用材料。以上情况用语言人类学术语来表达，算法筛选的文本线索性和用户自身阅读筛选的文本线索性之间，虽然可以相互参照，却并不存在同一文本空间中的共同指向，特征为分层递归（hierarchical recursive）；用户必须参照算法筛选文本的符号环境（semiotic environment）识别有关信息并利用线索作进一步筛选[14]。转换为传统文献学的话语，即索引（index）为研究者呈现的文献信息，必须进一步基于研究者（即用户）自身经验，结合上下文，做出有学术价值的推断。《东亚史》作者凯弗提及李特尔的这一关键线索，只可能通过默滕斯自己发现，而了解 19 世纪德国学术史，是识别这一信息的必要环境。

令读者不无意外的是，谷歌 Ngram 算法程序并没有搜索到李特尔的《地学通论》，而必须通过算法和用户分层递归的方式，或者说必须通过研究者驱动搜索引擎的方式，发现"丝绸之路"这个词 1838 年幽灵般的闪现。该情况毫不意外：这是由谷歌公司数字化文本的属性决定的。

谷歌电子书是母公司为 Alphabet 的谷歌公司商业模式的产物，其背景是 20 世纪 90 年代末开始的"电子书革命"。数字化文本的快速商业化，以亚马逊公司于 1997 年 5 月 15 日在纽交所上市为标志。

以亚马逊为龙头的在线电子阅读市场，在21世纪的第一个十年，彻底改变了人类阅读书籍和文章的习惯。而作为互联网搜索引擎巨头的谷歌，直到2010年12月8日，才正式上线了其"谷歌电子书店"（Google eBookStore，后改名为Google Books），打造自称"开放生态系统"的商业模式，以支持各种设备、多元化渠道和盈利模式为特征。

谷歌所掌握的数字化文本的一个重要特性，便是在"开放生态系统"之内，与自身强大的搜索引擎技术相结合，作为电子书商业模式背后的数据支撑。早在2010年6月22日，谷歌便在线开放了其光学字符识别（OCR）功能，支持用户上传文件全文的光学识别和转换为基于各类编码的文本格式。经过OCR识别，谷歌建成了世界最大的电子书数据库，并以此作为其后半年内上线的谷歌电子书店的数据基础。书店上线后不久，谷歌便开放了其Ngram算法查看器，支持用户在线检索谷歌电子书店中扫描并数字化部分图书中的关键词词频及其历时变化。据2012年一篇谷歌团队发表文章详细介绍了该算法——其语料库由从万亿级别的原始数据中识别出的单个词语和短语所组成，当时包括了1500—2008年间问世的超过八百万册出版物，占人类历史上所有出版书目的6%[15]。现在，谷歌Ngram搜索引擎能够支持三个版本的语料库，分别于2009、2012和2019年推出。

由于默滕斯并未公布自己使用谷歌Ngram搜索引擎的时间和所使用的语料库版本（严格来说，其做法并不符合学术规范），现在无从得知其所查阅的书籍占实际出版物书目的百分比。但若按2012年数据，Ngram算法筛选出"丝绸之路"一词相关文本中，有学术价值的至少有三篇，则实际未被算法提供给用户的材料中，有可能存在更多有学术价值的"丝绸之路"词汇。从这个意义上说，算法筛选为用户筛选提供了准备。默滕斯带着学术思考进入用户情境，有意运用了远较一般文献索引更为强大的工具，从而出人意料地得出了丝绸之路概念史上划时代的结论。在这里，用户默滕斯的施事性（agency）显然起了主导作用，不能简单视为"机缘凑巧"（serendipity）[16]，其学术思想中包含了对语言人类学所倡导筛选机制的积极利用。

　　然而，从有经验的文献学者角度看，默滕斯的文献检索方式未免太过草率。整篇文章并未体现文献考证功夫，而完全是围绕着关键词搜索结果，从关键词所在的文献片段出发，仓促得出结论。默滕斯论述过程的第一个步骤，是倚重三篇具备共同关键词（"丝绸之路"），但缺乏（虽然隐含）社会历史关联的文本，由此建构一个 19 世纪 50—70 年代"前李希霍芬"的文本共现环境。但仅仅通过搜索引擎所提供关键词而建构的共现环境——几部不同体裁的 19 世纪下半叶德国历史—地理学著作及其作者，甚至无法提供一个叙事的参照系（frame of relevance），也就无法提供针对问题的解析尺度（scale of resolution）[17]，递归算法所处理的定量数据在此无法发挥作用。最终用户只能回到传统文献阅读，依靠其中唯一一篇文献中提供的文本线索，上溯到活跃于 19 世纪上半叶的李特尔，展开其论述的第二个步骤，即对李特尔巨著《地学通论》中相关线索的分析。

　　默滕斯通过文献查找发现了"丝绸之路"概念的一个对应概念，"赛里斯之路"。这一概念在德语文献中以两种义位变体存在：其一是 Serenstraße，其二则是 die Straße der Seren。而这两个词汇构成了默滕斯进一步查找的关键词。他所援引的李特尔与缪勒的文献片段，除了仅有的一处出现"丝绸之路"一词外，其余都是围绕"赛里斯之路"展开。仅仅依赖文献片段便将二者作仓促的比附，而罔顾整部《地学通论》全貌，算不上真正的史学研究，仅仅是为史学研究者提供文本线索而已。援引史学家弗兰克·安克斯密特（Frank Ankersmit）的话来说，"一个历史叙事仅在就整体而论的历史叙事的（隐喻性）意义超出了其个别陈述的总和的（字面）意义，才成其为历史叙事"[18]。如果要把李特尔作为"丝绸之路"概念来源的候选，必须进入到《地学通论》的整体叙事环境中——在这里，"丝绸之路"及"赛里斯之路"所在个别陈述（文献片段）的共现环境是《地学通论》整部著作，而不是零散的个别作者及其作品之间的杂语环境。

　　反思默滕斯学术方法所存在的问题之后，相关讨论最终还是要回到李特尔的作品本身，并把李特尔有关"丝绸之路"叙事的意义框架建立在整部著作的主旨之上。从历史叙事角度看，无法回避的事实是，在地理学思想史上具备划时代意义的《地学通论》，其中每个占据一定篇幅的论述主题，都必然既符合全书作者在地理学理论中提出的一般意义的普遍规律，又体现其在全书写作过程中的动机和意图。一部伟大著作的写作过程是一个内在关联的意义框架——无论建立在覆盖律还是逻辑关联的基础上，其中前者是特定近代科学门类（地理学）内在规律的反映，而后者则是近代地理学奠基者李特尔写作过程中主观意志的体现。相比之下，李希霍芬《中国》第十章中关于"丝绸之路"的讨论[19]，并不能支撑起一个融贯全书、"有意为之"的论述主题，从而间接表明，李希霍芬写作《中国》第一卷的动机和意图当中，并没有专门阐述"丝绸之路"概念的位置，而是为了阐发其他主题[20]。

李特尔则不然。虽然李特尔书中"丝绸之路"也是一处孤语（hapax legomenon），却浑然内嵌于《地学通论》全书结构之中。直到《地学通论》第二版第八部，这一名词才显现出庐山真面目，其所指涉对象在全书中的地位和意义，则可谓是撑起了一部完整著作的脊梁。然而，如果据此就盖棺论定这一概念首先为李特尔所创，就是对默滕斯所提供的线索视而不见——显然，从现有的李特尔著作中，通过理清"赛里斯之路"与"丝绸之路"关系的线索，最终求得其概念形成和发展的根源——无论在李特尔的著作总集中还是之外，才是可行的研究路径。因此，留给研究者需要检索的绝不仅仅是几个关键词，而是对李特尔巨著的全部内容进行细致、全面的把握。在此时，还是要回到文献学一般方法，即：

首先，细致阅读并理解《地学通论》全书，定位及摘录其中有关"丝绸之路"论述篇幅，思考李特尔对"丝绸之路"概念的整体看法，并阅读《地学通论》其余部分，整理李特尔有关这一概念的叙述，得出有关李特尔书中论点、论据和论证的脉络。

其次，分别查考《地学通论》总论和索引部分。查考前者的目的，是看李特尔在全书谋篇布局过程中，是否预先为准备论述"丝绸之路"概念做了框架性、理论性准备；查考后者的目的，则是看为李特尔编订索引的学者是否在阅读并征询李特尔意见之后，将"丝绸之路"有关关键词纳入索引之中，且在其中是否存在引用前人思想的线索——还需关注《地学通论》正文注释部分中的引用。同时考察李特尔其他作品中与"丝绸之路"相关论述内容。

最后，综合以上材料，形成对李特尔"丝绸之路"有关论述的解释结论。

以上系列方法框架下的实际工作，笔者将另文专述。

三、丝绸之路文献研究性谱系与传说性谱系之间的对接

从数字人文技术发展角度看，由默滕斯文章引出的"丝绸之路"概念重新溯源，只是传统文献谱系在数字化过程中不断修正自身的一个环节。从此，李希霍芬以前，以及李特尔以前的丝绸之路概念形成过程，不再是一个经过后代学者口耳相传、相互确证的传说性谱系，而成为必须从解构概念本身出发，整理和构建基于语境化文本的研究性谱系。李特尔作为现有数字化文献中已知最早提出"丝绸之路"概念的学者，是否能够确定为"丝绸之路"概念的真正提出者，则有赖重建有关丝绸之路文献的研究性谱系来辨析和确认。

默滕斯的文章包含着对传统文献研究局限性的揭示，从而得以使中国研究者思索新的研究路径：依靠数字人文技术建设新的丝绸之路文献谱系，同时重新考察西方和中国前辈学者反复确认的传说性谱系并加以批判。本文所做的工作，只是将有关"丝绸之路"概念的传说性谱系和"后默滕斯"时代的研究性谱系对接起来而已。二者对接只是对"丝绸之路"概念生成过程进行系统性研究的第一步。未来有关研究性谱系的核心问题，是"丝绸之路"叙事的形成过程。在这一过程中，是谁从诸多经典文献——西方古典中世纪文献、阿拉伯波斯突厥文献、中国文献、近代以来的西方人行记……之中，发掘出了"丝绸之路"概念的经典原型（canonical prototype），并加以系统总结，又是谁以在学术界当中的声誉，完成了这一概念的权威定

型（authoritative stereotype），最终使"丝绸之路"这一名词不胫而走，都可以用本文中所采取的语言人类学方法追溯而确定。根据这一方法代表人物阿西夫·阿伽的看法，解释行为对自然分类表述的各种陈规定型对语用者来说并非具有相同的权威性（authority），只有专家（expert）才能将特定表述的权威定型固定下来。正是该专家按示范性参照物制定标准，并为表述确定参照物的规范原型，而其中起作用的便是一套专业机制（mechanism of expertise）[21]。前述建立研究性谱系的过程，便是追溯"丝绸之路"概念背后专业机制形成的过程。目前看来，这套专业机制并非单一学科体系，而是至少涉及了地理学和东方学两个主要领域。因此，建立研究性谱系的最终目的，是将有关"丝绸之路"概念历史的研究放到更为广阔的相关学科专家学者传记的基础上，最终目的是以"群体传记学"（prosopography）方法[22]，研究历史上一系列专家学者及其所讨论问题的内部相关性，揭示这一概念发展过程当中的学科规律。只有如此才能从一个概念出发，建立一个立体化的研究体系，也只有如此才能回应默滕斯的忠告：研究者不会因此而陷入对"个体化动因"的盲目追逐之中。

对相关多语种文献背后的专家学者及其主要问题进行谱系性总结，将是当下全球性数字化文献网络检索普遍应用时代丝绸之路文献研究的必由之路。随着数字人文技术的发展，中世纪以来西方图书馆、档案馆中文献材料获取方式以数字化文献为主的趋势已不可逆转。重要的文献索引库，如奥地利维也纳大学图书馆的"汉学文库2.0"（*Bibilotheca Sinica* 2.0）、日本国立情报学研究所的"东洋文库"（*Tōyō Bunko*）等，都附带了大量开放式链接的索引条目。前者以作者姓氏首字母排序建立索引，所收录文献链接到谷歌图书、互联网档案计划（Internet Archive）、德国巴伐利亚国立图书馆（Bayerische Staatsbibliothek）等馆藏书目的数字化全文[23]；后者则以类型和国别排序，全文收藏了有关"丝绸之路"的近现代文献史料，以"数字化丝绸之路项目"（Digital Silk Road Project）中的"东洋文库所藏贵重书数字化档案"（Digital Archive of Toyo Bunko Rare Books）之名提供全文检索和高清图片下载[24]。以此两个网站为代表，可深入挖掘的西方文献还为数众多，尚待中国学者通过梳理研究者的关系谱系来进一步研究，从而对过去西方的研究体系进行深入收集，为构建我国丝绸之路文献研究的话语体系提供重要参考。

注　释

［1］ Albert Herrmann, *Die alten Seidenstrassen zwischen China und Syrien: beiträge zur alten geographie Asiens*, Berlin: Weidmannsche Buchhandlung, 1910, S. 7.

［2］ Sven Anders Hedin, *The Silk Road: Ten Thousand Miles through Central Asia*, London: E. P. Dutton, Incorporated, 1938, p. 226.

［3］ 另请参见近年来国内的有关整理和论述：刘进宝《"丝绸之路"概念的形成及其在中国的传播》，《中国社会科学》2018 年第 11 期，第 181～202 页；王健《从"丝绸之路"概念演变到"近代丝绸之路"研究》，《云南师范大学学报（哲学社会科学版）》2017 年第 6 期，第 10～21 页；邬国义《"丝绸之路"名称概念传播的历史考察》，《学术月刊》2019 年第 5 期，第 145～167 页；袁剑《丝绸之路、地方知识与区域秩序——"丝绸之路"的概念、话语及其超越》，《陕西师范大学学报（哲学社会科学版）》2017 年第 4 期，第 73～78 页。上述期刊文章均默认李希霍芬创造此概念，经赫尔曼和斯文·赫定传播的观点。

［4］ Matthias Mertens, Did Richthofen really coin "the Silk Road"? *The Silk Road*, vol. 17, 2019, pp. 1-9.

［5］ Johann Ernst Rudolph Käuffer, *Geschichte von Ost-Asien*, Band II, Leipzig: Brockhaus, 1859, S. 411.

［6］ 在该段落之首，李特尔还谈及了"南方海上路线"（südliche maritime Weg），因此其所描述的丝绸贸易路线从一开始就有海上和陆上路线的区别。

［7］ 典型者如丹尼尔·沃和秦大伦的文章，参见：Daniel Waugh, Richthofen's "Silk Roads": Toward the Archaeology of a Concept, *The Silk Road*, vol. 5, 2007, pp. 1-10; Tamara Chin, The Invention of the Silk Road, 1877, *Critical Inquiry*, vol. 40, 2013, pp. 194-219.

［8］ 事实上，缪勒是李特尔的学生。在其《乌戈尔人部族》前言中，缪勒特别提出对其导师李特尔的感谢之词；复合词"赛里斯之路"（Serenstraße）早在李特尔于 1835 年出版的《地学通论》第二版第五部中便已使用，默

滕斯并未发现。上述考证将另文专述，可分别参见 Ferdinand Heinrich Müller, *Der Ugrische Volksstamm*, 1er Theil, Berlin: Duncker und Humblot, 1837, S. VIII-IX; Carl Ritter, *Die Erdkunde im Verhältniß zur Natur und zur Geschichte des Menschen, Zweite stark vermehrte und verbesserte Ausgabe*, 5er Theil, 2es Buch, *Asien*, Band IV, Erste Abtheilung, Berlin: G. Reimer, 1835, S. 443.

［9］ Matthias Mertens, Did Richthofen really coin "the Silk Road"? p. 5.

［10］ Tamara Chin, The Invention of the Silk Road, 1877, p. 196.

［11］ 普特南有关此问题的代表性论文收入 Hilary Putnam, *Mind, Language and Reality: Philosophical Papers*, vol. 2, Cambridge: Cambridge University Press, 1975.

［12］ 有关人机环境的递归闭环及其意义，参见 Paul Kockelman, *The Art of Interpretation in the Age of Computation*, Oxford: Oxford University Press, 2017, Ch. 1 & 6.

［13］ 有关文本级别线索性的概念，参见 Asif Agha, *Language and Social Relations*, Cambridge: Cambridge University Press, 2006, p. 24.

［14］ 有关符号环境的概念，参见 Asif Agha, *Language and Social Relations*, pp. 230-231.

［15］ Yuri Lin, et al., Syntactic Annotations for the Google Books Ngram Corpus, *Proceedings of the 50th Annual Meeting of the Association for Computational Linguistics*, Jeju: Republic of Korea, 2012, pp. 169-174.

［16］ 关于筛选过程中"机缘凑巧"或偶然性的分析，参见 Paul Kockelman, *Agent, Person, Subject, Self: A Theory of Ontology, Interaction and Infrastructure*, Oxford: Oxford University Press, 2013, pp. 27-30.

［17］ 有关参照系和解析尺度的定义，参见 Paul Kockelman, *The Art of Interpretation in the Age of Computation*, Ch. 2.

［18］ 转引自彭刚：《叙事的转向：当代西方史学理论的考察》（第二版），北京大学出版社，2017，第 56 页。

［19］ Ferdinand von Richthofen, *China: Ergebnisse eigner Reisen und darauf gegründeter Studien*, Band I, Berlin: Dietrich Reimer, 1877, S. 495-501.

［20］ 参见〔德〕斐迪南·冯·李希霍芬著，万翔译《中央亚洲》，《欧亚译丛》（第七辑）商务印书馆，2023，第 1～63 页。

［21］ Asif Agha, *Language and Social Relations*, pp. 126-129; Hilary Putnam, The Meaning of "Meaning", *Mind, Language and Reality: Philosophical Papers*, Volume 2, Cambridge: Cambridge University Press, 1975, pp. 215-271.

［22］ 所谓"群体传记学"指"通过对历史上一群行动者生平的集体研究来考

察其共同背景特征"（"Prosopography" is the investigation of the common background characteristics of a group of actors in history by means of a collective study of their lives）。该定义参见 Lawrence Stone, Prosopography, *Daedalus* 100:1, 1971, pp. 46-71.

［23］ 网址为：https://www.univie.ac.at/Geschichte/China-Bibliographie/blog/.

［24］ 网址为：http://dsr.nii.ac.jp/toyobunko/.

Archaeology of Knowledge in the Era of Digital Humanities: A Preliminary Survey of the Genealogy of the Silk Road Concept

Wan Xiang

(Collaborative Research Centre for Archaeology of the Silk Roads, Northwest University)

Abstract: The fact that the Belgian scholar Matthias Mertens used the Google Books Ngram Viewer to reveal that the inventor of the Silk Road concept was not Ferdinand von Richthofen but someone else raises the possibility of demonstrating the history of traditional research concepts beyond conventional philological methods in the era of digital humanities. This paper provides analysis of the research method of "archaeology of knowledge" of Mertens, and points out that it is necessary to conduct a survey based on the proposition, argument and reasoning of the Erdkunde by the German geographer Carl Ritter is necessary for tracing the origin of the Silk Road concept. Taking this as an opportunity, a preliminary path for the study of historical documents on the Silk Road in the era of digital humanities is also proposed: establishing a research-oriented genealogy and compare it with conventional legendary genealogy in the intellectual community.

Keywords: Silk Road, Philology, Carl Ritter, Ferdinand von Richthofen, Archaeology of Knowledge

丝绸之路东部的货币

——从绢、西方银钱、官布到银锭[*]

〔日〕森安孝夫[1] 著　白玉冬[2]　李若晨[3] 译

李圣杰[2]　白玉冬[2] 校

（1. 日本大阪大学　2. 中国兰州大学敦煌学研究所

3. 日本东北大学）

摘要： 本文所讨论的是丝绸之路东部的 6、7 世纪至 14 世纪的货币历史之一端。除了最开始的 6、7 世纪外，这段历史基本上都是和古代回鹘的活跃时期相重叠。本文依据统计并掌握西州回鹘时代和蒙元时代的回鹘人在吐鲁番盆地留下来的回鹘文世俗文书，以期阐明 10—14 世纪在丝绸之路东部中心位置的西州回鹘王国—畏兀儿地区货币所发生的剧烈变化，同时对围绕欧亚银动向的经济史研究做一个抛砖引玉的工作。

在西州回鹘王国至蒙元时代，新疆地区的通货在 10—11 世纪以棉布为主，偶尔称为"官布"，13—14 世纪主要以银为主，交钞并用，前代棉布也在继续使用。根据字体和格式的组合判断出来的回鹘文书的年代，进一步佐证此点。蒙元时代（或者说从之前的西辽时代开始），新疆地区加入到了欧亚全体银动向的一环中。银作为拥有地区间兑换性的国际通货、

---

* 本论文系国家社科基金重大项目"海外藏回鹘文献整理与研究"（批准号：20&ZD211），中央高校基本科研业务费专项资助项目"隋唐至北宋古突厥语族群与华夏中央王朝之间的交流交往交融史研究"（编号：2023jbkyzx011）的阶段性成果。本文原文为森安孝夫《シルクロード東部における通貨——絹・西方銀銭・官布から銀錠へ——》，载森安孝夫编《中央アジア出土文物論叢》，京都：朋友书店，2004 年，第 1～40 页，修订版收入氏著《東西ウイグルと中央ユーラシア》，名古屋大学出版社，2015 年，第 436～489 页。本文译自修订版。

地区间结算通货以及大通货的代表，开始慢慢入侵进一直以来官布所担任本地通货的领域，起到了地区的价值尺度职能。

以上有关回鹘的银动向的事实，表明覆盖欧亚全体的银经济，并不是由西欧列强从新大陆带来银才形成的，而是在蒙元时代就已经有了雏形。

关键词： 回鹘文书，绢马贸易，回鹘钱，官布，银

序言

序　言

本文题目所说的丝绸之路东部，是指在前近代世界史上扮演重要角色的中央欧亚的东部地区，即中国的新疆、西藏、内蒙古、甘肃、陕西、山西、河北，以及西北印度和蒙古国这一片广袤区域，在加入时间性概念后的概括性说法[1]。本文所讨论的是丝绸之路东部的 6、7 世纪至 14 世纪的货币历史之一端。这个时代，除了最开始的 6、7 世纪外，基本上都是和古代回鹘活跃时期相重叠。回鹘因为唐代的绢马贸易和回鹘钱而被广泛所知，更因为在 10—14 世纪宋元时期的经

济文书中频繁出现有"官布（Uig. quanpu，qanpu，qunpu）"和银锭的记载，其存在于丝绸之路研究史上是非常显眼的。回鹘之名在历史上明确出现是从 7 世纪开始的，而回鹘的活跃是从 8 世纪中叶开始的。本文按照古代回鹘历史，将回鹘的称呼方法分成了三种，按照时代顺序就是"漠北回鹘"—"西州回鹘"—"蒙元时代的回鹘"。西州回鹘时代前半期同时还存在甘州回鹘，本文中仅作为补充说明出现。

　　所谓漠北回鹘，是指 744—840 年以蒙古高原为基地，780 年开始将自己的影响力发展到东部天山地区的漠北回鹘汗国（草原游牧帝国）。与之相对的西州回鹘，则是指由于天灾和国内权力斗争，再加上宿敌黠戛斯的攻击，在 840 年漠北回鹘汗国崩溃后，西迁的回鹘在包含绿洲地区的东部天山地区所建立的西州回鹘王国（农牧国家）。西州回鹘一直到 13 世纪初举国臣服于成吉思汗为止，经历了长达350 年的繁荣，在中央欧亚历史上扮演了重要的角色。而且，西州回鹘的王族、贵族、军人、僧侣、大商人、书记们，依靠花费长久时间所构建的丝绸之路情报网，对蒙古的兴起做出了迅速的反应，主动加入臣服于蒙古的统治之下。正因如此，他们受到了准蒙古人的待遇，不仅其根据地作为畏兀儿之地获得了承认，而且作为第一等的"色目人"，在 13—14 世纪极大地活跃于蒙元帝国广阔地域内[2]。

　　本文最大的目的，是依据统计并掌握西州回鹘时代和蒙元时代的回鹘人在吐鲁番盆地留下来的回鹘文世俗文书，以期阐明 10—14 世纪在丝绸之路东部中心位置的畏兀儿之地货币所发生的剧烈变化，同时对围绕欧亚银动向的经济史研究做一个抛砖引玉的工作。

第 1 节　西域的银钱

　　7 世纪初唐朝兴起，在其统治波及西域之前的丝绸之路东部之时，绢织物和金银是主要的国际货币（地区间兑付货币）。据《大慈恩寺三藏法师传》卷一，为了去印度求佛法而踏上旅途的玄奘，在到达河西第一都市凉州（武威）后，在那里向包含西域商人在内的听众们说法时，收到的布施是金钱和银钱[3]。而且当高昌国王麴文泰在东部天山环绕的吐鲁番盆地迎接穿越戈壁沙漠偷渡出国的玄奘时，给玄奘用于穿越中亚往来于印度的旅行费用是"黄金一百两，银钱三万，绫及绢等五百疋"[4]。进言之，在《大唐西域记》卷一中[5]，玄奘记录阿耆尼（焉耆）国、屈支（龟兹）国、迦毕试国使用的货币是金钱、银钱、小铜钱，覩货逻国也使用金钱和银钱[6]。这些记载，说明了当时中亚的国际货币是金银钱和绢织物。但是另一方面，在《大慈恩寺三藏法师传》卷二中，对高昌国和阿耆尼国中间的银山记录道："山甚高广，皆是银矿，西国银钱所从出也"[7]，如果将这个记载结合现在新疆维吾尔自治区至中国北部的金银铜钱出土状况[8]进行思考的话，可以推测不论是当时的中亚国际货币，或是当地货币，银钱是最获重视的。众所周知，根据吐鲁番出土的汉文契约文书，在 7 世纪的吐鲁番，使用银钱作为高额货币流通，这已经是个确定的事实。因此对这个推测早已没有怀疑的余地。和银钱一道从西方被带入中国的还有大量的豪华金银器。金银器也被用作高额货币的替代品。

以上见解当然不是笔者的独创，仅仅只是笔者对夏鼐、冈崎敬、池田温、姜伯勤、桑山正进等先学的论证，依据本文立论所需进行了重新汇总而已[9]。不过从我的角度，想附带一提的是，通过和吉田丰共同对写于 639 年的粟特文女奴买卖契约文书实例的研究，我对这个问题做出了贡献[10]。这类研究，已经阐明从中亚到河西（甘肃）的银钱进行大规模流通的时间并不仅仅是在 7 世纪末之前，在 6 世纪后半期也是确实存在的。而且，根据敦煌地区出土的粟特语古代书简来看，其上限有可能追溯到 4 世纪[11]。

第 2 节　唐朝统治下的西域和绢织物

但是在唐朝征服后，从河西到帕米尔的中亚东部就被囊括进了中国经济圈内，这就势必导致绢织物（帛练缯綵绫罗锦，等等）和麻织物（布）代替银钱成为高额货币的代表。这是上文所提及的先行研究就已论证的事情。尤其是到了 8 世纪，银钱已经完全被唐朝的铜钱所取代了[12]。单个铜钱的价值很低，但还是取代了面值很高，不过由于品质多种多样、难以有统一计数职能的绢织物，成为价值的计算单位。同时，被中国本土用来向统治下的西域支付军事费用的布帛，其数量也在 8 世纪出现了飞跃性的增长，随之而来的是以粟特商人为首的商业活动也出现了比之前更为活跃的情况[13]。

在这个时代，西方的金银器依旧是通过粟特人之手运输至东方，这一点通过考古学的资料便完全可以推测出来，不过，事到如今，看来似乎没有存在过在帕米尔以东将银钱和银块作为主要交易手段这一现象。不仅 7 世纪末银钱使用已经从吐鲁番文书消失不见[14]，而且根据汉文文书，明确得知早在 670 年前后，活动于天山地区的粟特商人就不使用银了，而是将绢当作高额货币[15]。在记述了 8 世纪前 25 年情况的慧超《往五天竺国传》中，提及兴都库什山脉以南的西天竺国（西印度）使用银钱的情况以及建驮罗国（犍陀罗）和谢颭国（扎布尔斯坦）的金银布施的情况[16]，同时在帕米尔山中的胡蜜国（瓦罕）和识匿国（舒格南）条中，作出如下记述："此胡蜜王兵马少弱，不能自护，见属大寔所管，每年输税绢三千疋"；"彼（识匿）王常遣二三百人于大播蜜川，劫彼兴胡[17]，及于使命，纵劫得绢，积在库中，听从坏烂，亦不解作衣著也。"[18]同样在《慧超传》中，记述了粟特商人从中国来到西北印度犍陀罗附近的事情[19]，这个时期的丝绸之路东部，可以广泛地看到比起金银钱，更多使用绢这种实物货币的粟特商人的身影。

在纪元一千纪的中国本土，金银并未过多流通，作为货币而使用的主要以西汉五铢钱为代表的铜钱，以及布帛、谷物等实物货币。虽然说在公权力的保证、计数功能上，铜钱一方占据优势，但上述二者是被平行使用的。一直到隋代都在使用的传统五铢钱，在唐初随着开元通宝的发行而被取代，此后从唐一直到五代都在持续发行着开元通宝。但是，租庸调制下依旧使用谷物、布帛等实物进行纳税。到了 780 年，租庸调制被两税法所取代，纳税原则上是要使用铜钱，铜钱经济也渗透进了地方[20]。但是，铜钱很重也很廉价，正好是金银、绢这种又轻又贵的货币的对立面，并不适合作为远距离运输的国际通用货币。不仅如此，就连在国内，在远距离间统一运送税金和军事费用等时，也不使用铜钱，而是使用被称作轻货的高级绢织物和金银[21]。但是金子的绝对数量很少，银子只是在以分布有银矿的岭南和部分江南地区，以及以集中积蓄着大量银子的长安、洛阳、扬州等大都市为中心的地区流通，无论在全国何地，通常用绢织物（尤其是绫、罗）充当远距离输送用的高附加值物。唐代还未有以银表示物价的例子，到了宋代才首次出现[22]。由于即使到了唐代才最终在中国本土流通起来的银也不是具备价值尺度的完美货币，比银还稀少的金，更是被当作财宝来对待而不是货币[23]。有关唐宋时期的金银，对其进行网罗性研究的已经有加藤繁的讲义，此讲义指出"唐代的货币有钱帛银三种，其中，钱是最被广泛使用的，其次是帛，再次是银"[24]。应该认为帛即绢织物和银之间存在过非常大的差距[25]。因此，从汉代开始历经千年的朝代更迭，作为各种各样的进口货物的支付货币，或者中国为了政治、军事稳定而向外国支付的国际通货的大宗物品，就只可能是这个中国的特产，即轻便高价的绢织物。

松田寿男在关于中国与北方和西北方游牧民之间的绢马交易的研究中[26]，已经对这种情况进行了详细说明。根据其研究，尤其是对于突厥、漠北回鹘来说，绢是非常重要的[27]。这一点与汉朝曾经给匈奴的岁币中除了绢以外还有谷物，宋给辽、金、西夏的岁币中有绢和银，形成了非常好的对照，这些货物含有不输于绢的重要作用[28]。

第 3 节　绢马贸易和回鹘钱

和中国进行绢马贸易的，最有名的要数漠北回鹘[29]。广为人知的是，安史之乱下摇摇欲坠的唐帝国，在漠北回鹘的军事援助下好不容易才得以存活。作为回报，此后唐朝定期或不定期地将大量绢织物送到漠北回鹘的根据地蒙古高原。其中一部分是作为岁币而定期运送，大部分则是不定期地用来购买回鹘送来的马匹。后者便是所谓的绢马贸易，这种贸易一直持续到漠北回鹘汗国末期。绢马贸易在过去的研究中，被认为是让唐朝强制买入并不需要的马匹，但是最近斋藤胜提出了新的看法，即这实际上是非常重要的交易，因为唐朝从中可以获得必要的军马[30]。总之，作为马之代价，每年积攒在蒙古高原的大量的绢织物，一定是经过陆地丝绸之路商人，即有名的粟特商人之手，作为轻便贵重的商品，甚至是货币而被运送到了中亚、西亚、拜占庭等地。可以想象得到，回鹘相对地得到了金银器[31]、玉、琥珀、珍珠、珊瑚、象牙、毛皮、铁制铠、各种香料药品，还有粟特、印度、波斯、西亚等地所产的毛毯、挂毯、花毯、棉布等织物类的奢侈品。

也就是说，漠北回鹘的国际通货是绢织物，而非银，更不会是数量稀少、作为传统游牧骑马民族地位象征或者财宝而受到欢迎的金制品原料的黄金。对此，白桂思（Ch. I. Beckwith）主张即便是在8 世纪中叶的安史之乱以后，"自西方向中国的传统性的银的流入应该在延续"，认为回鹘人和粟特人（毋宁应该说是回鹘系粟特人）和曾经的突厥系粟特人同样将绢卖给阿拉伯，从而获得银[32]。这么看来，冈崎敬所说的从东向西的这条"绢之路"，反过来看就是从西向东的"银之路"，这绝不是错误的[33]，但也不能夸大其词。通览以往被介绍的挖掘出的资料，我们应该认识到这里所说的"银之路"，并不是因为作为货币的银钱和银块的大量流入，而是将重点置于加工好的银器（包含镀金的银器）之上的命名。从这个意义上来说，冈崎所断言的"银的流入对之后的中国经济给予了很大影响，到了唐代开始制作银锭"，这不是基于论证因果关系得出的结论[34]。不惜将比银币和银块贵重很多的银器重铸成银锭，除了某些特殊情况[35]，通常是很难想象的。8 世纪中叶以降唐朝银锭的普及并不是因为来自中国境外的银，反倒是和唐朝本土银产量大增密切相关，这一点通过出土的银饼、银锭上的铭文就可以很容易地推测出来[36]。总之，笔者认为，8—9 世纪的唐（中国本土及西域）和漠北回鹘汗国（蒙古高原）与7 世纪之前的西域同样加入到了从帕米尔以西和西亚相连的银经济圈内，此种看法过于夸张。

唐代的外国金融资本"回鹘钱"，并非如同字面含义是回鹘的钱，

它实际上是受到回鹘全面庇护的粟特商人的资本，也就是粟特钱。有
关这一点，拙稿[37]已经进行了详细论证，故不再赘述。在此仅作一
补充。魏义天（É. De la Vaissière）不仅正确理解了粟特商人在回鹘中
的位置[38]，还将回鹘钱视为粟特钱[39]，但是忽略了笔者更为详细的
先行研究[40]。反之，笔者忽略掉的则是佐藤圭四郎的探讨[41]，以及
白桂思在 "The Impact of the Horse and Silk Trade on the Economies of
T'ang China and the Uighur Empire: On the Importance of International
Commerce in the Early Middle Ages"[42] 中所说的 "Uighur-Sogdian
moneylenders" 一句。因佐藤圭四郎在 1978 年尚把 "回鹘钱" 的回
鹘视作回鹘人[43]，这成了拙稿的批判对象。不过，他在次年改正看
法，视作回鹘人和粟特人双方。其背景中存在佐藤圭四郎的一流视
点，他从唐代首次出现的复利计算的高利贷中发现了金融发达地区西
亚的影响。另一方面，白桂思的说法既可以理解为在回鹘人庇护下的
粟特人，又可以理解为回鹘人和粟特人双方。如果是前者，那么就是
在我之前他就看穿了这一点。不过，无论怎样，他们二位都并不像拙
稿中所展开的那样，立足于具体的论证。

　　虽然存在这样的例外，但相信唐代的回鹘人自己从事商业，并把
"回鹘钱" 误认为 "回鹘人的钱" 的看法，即便是在欧美的研究者之
间也得以承袭[44]。日野开三郎发现回鹘钱的存在，其功绩[45]是非
常大的，因此 C. Mackerras 将这一点介绍到了海外。不过遗憾的是，
按字面意思，被视作回鹘商人所操纵的资本这一错误也被承袭了。即
使是最近，C. Mackerras 仍然认为回鹘人自身也经营金融业，看起来
正如唐代的回鹘钱一直使用到宋代那样[46]。另外，F. Thierry 在 "Les
monnaies de Boquq qaghan des Ouïgours（795-808）"[47] 中，对用回鹘
文字所写的具有 Boquɣ/Buɣuɣ[48] 可汗铭文的铜钱进行了论述。他根
据安部健夫将 Boquɣ 推定为怀信可汗而非牟羽可汗这一论点（哈密顿
和笔者也对此表示赞同），将这个回鹘钱认定为怀信时代的东西[49]。
其背景是 C. Mackerras 的推测，即在建立有富贵城和 Ordu-Baliq 的漠
北回鹘汗国境内城市化获得进展，唐朝的铜钱经济早已渗透其中[50]。

如 F. Thierry 所说，回鹘商人既不会从漠北回鹘时代开始便取代了粟特商人，又如高登（P. B. Golden）所言[51]，西州回鹘时期也没有那样。重述笔者在《丝绸之路上的回鹘商人——粟特商人与斡脱商人之间》[52]一文的结论，即并不是自古以来以游牧为生的回鹘人取代了作为商业民族而有着悠久传统的粟特人，而只是被纳入回鹘统治下的粟特商人被第三者称作了回鹘商人。

至此，我们对回鹘兴起以前的隋唐，以及和漠北回鹘时代重合的唐代中后期的丝绸之路东部的通货情况做了一个概况梳理。接下来将进入本文主题的西州回鹘时代—蒙元时代的分析，作为前提，必须要对回鹘文书的年代进行一个判定。

第 4 节　回鹘文书的时代划分

吐鲁番和敦煌出土的古回鹘文献中，"文书（civil documents）"[53]几乎全都属于西州回鹘时代和蒙元时代，将其视作 10—14 世纪的东西比较合适。但是笔者自 1985 年开始，就提倡将宗教文献和世俗文献等所有回鹘文字回鹘语文献（典籍、文书、碑铭；理论上上限是 8 世纪，下限是 17 世纪）的字体分为楷书体、半楷书体、半草书体、草书体这四种[54]。典籍和碑铭中所使用的楷书体可以是任何一个时代的，不过在与行政、军事有关的公文书和寺院经济文书中，以及在包括契约和书信等在内的文书类中，尚无使用楷书体的例子。

正如笔者在至今发表的几篇论文中逐步论证的那样[55]，古回鹘文献，除了可以出现在任何时代的楷书体以外，根据字体可以划分为两大类。即半楷书体的为较早一类（10—11 世纪），草书体的为较晚一类（13—14 世纪，即蒙元时代）。换言之，从年代推定上来看，半楷书体属于西州回鹘时代，草书体属于蒙元时代。当然，仅从字体上判断出的回鹘文字文献时代并非绝对。较新的草书体这一类虽然不能追溯到更早的时代，不过反之半楷书体以及与之相似字体的抄本是有可能下推到蒙元时代的。也就是说，半楷书体是作为"较早"的必要条件，并不是充分条件[56]。

　　但幸运的是，我们已经知道仅限于在较早的这一类回鹘文献中频繁出现的特征。因此我确信如果把一些指标特征进行组合，我们就可以以相当高的准确度对某一抄本究竟是属于较早一类或是较晚一类做出判断。笔者对摘取出的"较早"特征进行了一些添加整理，得到如下结果：（No.1）半楷书体；（No.2）出现了古突厥语的 n- 语言（曾经被称作 n- 方言）中代表性的单词和句尾[57]；（No.3）摩尼教文献[58]；（No.4）根据句末的长短而有 -q/-γ 的区别[59]；（No.5）S 和 Š 的区别[60]；（No.6）句中 -Y- 和 -L- 的分写，或存在多余的 Aleph "小牙"[61]；（No.7）无 γ̇ 和 ṅ，ṣ̌ 等加点的文字[62]；（No.8）无蒙元时期频繁出现的 T/D 和 S/Z 混用现象[63]；（No.9）官布（Uig. quanpu，qanpu，qunpu）[64]；（No.10）作为人名要素的 sangun[65]；（No.11）称号 il ögäsi（颉于伽斯）。只不过希望注意的是，这些特征，除 No.1 的半楷书体以外，均出现在楷书体和半楷书体这两种字体的文献中。

　　仅限半楷书体的文书，若就契约文书来说，则"较早"的特征就会更多。（No.12）tamγa（印记，印章）格式[66]；（No.13）不用 kärgäk bolup（成为需要），而用 kärgäk boltï（成为了需要）[67]；（No.14）bu savda tanuq（此事件的立会人）[68]；（No.15）违反契约的情况下，赔偿不是两倍，而是一倍[69]；（No.16）在说"如我要逃跑"的时候，不说 bar yoq（或 yoq bar）bolsar-män，而是说 örü qodï bolsar-män[70]；（No.17）不说 čam čarïm qïl-（引起争议，提出异议），而说 ayït- istä-（扬言追究）。

　　壁画和幡之类的装饰品上所写的铭文，也有美术史的特征，但是不论如何，半楷书体这个最重要的"较早"的特征是没有变的。

　　另一方面，作为"较晚"的特征，可以举出（No.i）以"草书体"为首；（No.ii）西藏佛教的影响[71]；（No.iii）蒙元时代才开始出现的税制、法律、社会组织等相关术语的借用；（No.iv）蒙古语的人名、称号；（No.v）元代来自汉语的特殊借用语。这当中 Nos.iii-v 已经被 L. V. Clark 当作蒙元时代的特征而列举出来了[72]，笔者也赞同此观点。本文将这些叫作"蒙古特征（Mongol markers）"，不过这里还要增加未被 L. V. Clark 承认的 2 项：（No.vi）画押（nišan）字体，画押（nišan）新字体[73]；（No.vii）违约罚纳官文言[74]。Nos.iii-vii 这些特征都有非常紧密的联系，同时还有山田信夫、L. V. Clark、梅村坦、小田寿典等所归纳的（No.viii）Qayïmtu 文书群[75]，（No.ix）Pintung 文书群[76]，（No.x）Ïnančï & Ozmïš Toγrïl 文书群[77]，（No.xi）Turï 文书群[78]，以及因最近松井太关于蒙古统治下回鹘税制的综合研究而逐渐明了的（No.xii）蒙元时代缴纳命令文书群[79]，理所当然这些均作为蒙古特征是很充分的。

第 5 节　回鹘文书中所见的货币单位

正如上一节所叙述的那样，在对回鹘文书的"较早"和"较晚"的特征进行不断考察后，最近笔者终于注意到了极为重要的事实。那便是只有在草书体（半草书体）的文书中，才会出现并非一般银，而是与作为货币的银有关的几个术语，而这些术语在半楷书体中是绝对不会出现的。即 kümüš（作为秤量货币的银），yastuq（约 2 千克重的银锭、银铤。yastuq 本来是指"枕头"，这里由于银块的形状像枕头所以引申出这个意思），baqïr（钱＝sïtïr 的十分之一重量的银，约 4 克，重量单位）[80]。这里重新对回鹘文书中作为货币（交换手段、支付手段、计算手段）而使用的术语进行尽可能的网罗收集、分类，得到如下表。

回鹘文书中所见的货币单位一览表[81]：

凡例

○收藏机构的分类记号：

U & Ch/U＝Berlin-Brandenburgische Akademie der Wissenschaften，柏林（网址：http://www.bbaw.de/forschung/turfanforschung/dta/index.html）

MIK＝印度艺术博物馆[82]，柏林

Or.＝大英图书馆，伦敦

Ot.Ry＝龙谷大学大宫图书馆，京都

K＝中国历史博物馆，北京

SI＝俄罗斯科学院东方文献研究所，圣彼得堡

○编纂物的分类记号：

USp＝Radloff, W., *Uigurische Sprachdenkmäler*, Materialien nach dem Tode des Verfassers mit Ergänzungen von S. Malov herausgegeben, Leningrad, 1928. (Repr.: Osnabrück: Biblio Verlag, 1972.)

拥有 Sa，Lo，RH，Ad，Em，Pl，WP，Mi 分类编号的，全部以带有插图的形式收录于山田信夫著，小田寿典、P. Zieme、梅村坦、森安孝夫合编《回鹘文契约文书集成》全三卷，吹田：大阪大学出版会，1993 年。

○ **bold=semi-square**半楷书体；*italic=semi-cursive*半草书体；normal roman=cursive 草书体

○ Mon.＝带有蒙古特征，#＝无蒙古特征。但是本一览表的蒙古特征中并不包含草书体，此点敬请注意。

○ T=Tamγa 印章，N=Nišan 花押，?＝不明，/＝均无

○本列表将原来的换写 XW'NPW/X'NPW/XWNPW 全部写为 quanpu，STYR/SYTYR/S'TYR 全部写为 sïtïr。这里并不需要进行区别，且因为在同一个文书中有时混用不同字样。

○需要补充的是，文书不完整的，或从文书性质上不适合这样判断的情况下，选择留白。

文书编号	字体种类	蒙古指标	T/N	关键词	附带数量的实例或内容
1a: Yunglaqlïq[83] **quanpu "通货用官布"**					
Or. 8212-131[84]	semi-square	#	T	yunglaqlïq quanpu	contract; 50 quanpu
Sa01	semi-square	#	T	yunglaqlïq [quanpu ?]	100 quanpu
Ot. Ry. 1792	semi-square	#	T	yunglaq-lïq qu[anpu]	contract

续表

文书编号	字体种类	蒙古指标	T/N	关键词	附带数量的实例或内容
Sa03	*semi-square*	#	T	yunglaqlïq quanpu	3250 quanpu
Sa04	*semi-square*	#	T	yunglaqlïq quanpu	3500 quanpu

1b: Quanpu "官布"

文书编号	字体种类	蒙古指标	T/N	关键词	附带数量的实例或内容
K7709	semi-square	#	T	quanpu	4125 quanpu

摩尼教寺院经营令规文书，10 世纪，参见森安孝夫《ウイグル＝マ史の研究》，第 38—46、121—128、141、142、158、159 页。

文书编号	字体种类	蒙古指标	T/N	关键词	附带数量的实例或内容
Sa19	**semi-square**	#	?	quanpu	100 quanpu
Sa20	**semi-square**	#	?	quanpu	
RH01	**semi-square**	#	?	quanpu	50 quanpu
RH02	**semi-square**	#	?	[quanpu ?]	40 ? [quanpu]
Lo01	**semi-square**	#	?	quanpu	100 quanpu
Lo02	**semi-square**	#	T	quanpu	1000 quanpu
Lo03	**semi-square**	#	T	quanpu	63 quanpu
U5286	**semi-square**	#	T	quanpu	60 quanpu
U5282	**semi-square**	#	T	quanpu	ledger of quanpu
U5284	**semi-square**	#	T	quanpu	ledger of quanpu
U5926	**semi-square**	#	?	[quan]pu	contract
U6058	**semi-square**	#	?	quanpu	200 quanpu
U6061[85]	**semi-square**	#	T	quanpu	contract; 100 quanpu
Ot. Ry. 1415[86]	**semi-square**	#		quanpu	register; 10000 quanpu
Ot. Ry. 2150	**semi-square**	#	T	quanpu	contract
Ot. Ry. 2718	**semi-square**	#	?	quanpu	letter; 5 quanpu
Ot. Ry. 2782	**semi-square**	#	?	quanpu	400 quanpu
Ot. Ry. 5334	**semi-square**	#	?	quanpu	yitmišär quanpu
Ot. Ry. 5335	**semi-square**	#	T	quanpu	contract ? : 750 quanpu
Ot. Ry. 6342	**semi-square**	#	?	quanpu	200 ? Quanpu
Usp 35	**semi-square**	#	T	quanpu	82 quanpu; 666 q.; 390 q.

续表

文书编号	字体种类	蒙古指标	T/N	关键词	附带数量的实例或内容
Usp 36[87]	**semi-square**	#	T	quanpu	10 quanpu
SI 2 Kr 17	**semi-square**	#	/	quanpu	400 quanpu
SI D 15	**semi-square**	#	/	quanpu	
Or. 8212-115	**semi-square**	#		quanpu	letter; 100 quanpu
Or. 8212-132	**semi-square**	#	T	quanpu	contract
Or. 8212-151r	**semi-square**	#	T	quanpu	contract; 50 quanpu
Or. 12207A-1r	**semi-square**	#	T	quanpu	400 quanpu
Lo04	*semi-cursive*	#	?	quanpu	100 quanpu
WP05	*semi-cursive*	#	?	altun, quanpu	altun, 4000 quanpu
U5317[88]	*semi-cursive*	#		quanpu	
U5321[89]	*semi-cursive*[90]	#		quanpu	ledger of quanpu
U5759	*semi-cursive*	#	?	quanpu	letter; 5 quanpu
U5826	*semi-cursive*	#	T	quanpu	contract
U5832b	*semi-cursive*	#	?	quanpu	ledger of quanpu
U5849	*semi-cursive*	#	?	quanpu	
Ch/U7214	*semi-cursive*[91]	#	?	quanpu	contract
Ot. Ry. 1991	*semi-cursive*	#	?	quanpu	
Or. 8212-129r	*semi-cursive*	#		quanpu	letter; 100 quanpu
Or. 8212-136	*semi-cursive*	#		quanpu	letter
SI 4b Kr 232	*semi-cursive*	#		quanpu	10 quanpu
SI Kr IV 329	*semi-cursive*	#		quanpu	contract; 100 quanpu
SI Kr I 420[92]	cursive	#		quanpu	register; 19820 quanpu

2: Quan baqïr "贯文"

U5368r[93]	**semi-square**	#	T	quan baqïr	contract; 35 quan baqïr
Urumqi[94]	**semi-square**	#	T	quan baqïr	200 quan baqïr

3: Yunglaqlïq tavar "通货用财物"

续表

文书编号	字体种类	蒙古指标	T/N	关键词	附带数量的实例或内容
Sa02	**semi-square**	#	T	yunglaqlïq tavar	325 quanpu
Mi29	**semi-square**	#	?	yunglaqlïq tavar	
MOTH 28	**semi-square**	#		yunglaqlïq tavar[95]	
Ad01	cursive	Mon.	T	yunglaqlïq tavar	0.5 quanpu
Pl01v	cursive	Mon.	T	yunglaqlïq tavar	

4a: Yunglaqlïq böz "通货用棉布"

文书编号	字体种类	蒙古指标	T/N	关键词	附带数量的实例或内容
Sa06	*semi-cursive*	Mon.	T	yunglaqlïq böz	23 ikilik böz
Sa07	*semi-cursive*	Mon.	T	yunglaqlïq böz	170 ikilikböz
Sa23	cursive	Mon.	T	yunglaqlïq böz	80 böz
Sa10	cursive	Mon.	N	yunglaqlïq böz	100 iki baγ böz
Sa14	cursive	Mon.	?	yunglaqlïq böz	5 böz
Sa16	cursive	Mon.	N	yunglaqlïq böz	100 [böz]
Sa27	cursive	Mon.	N	yunglaqlïq böz	50 tas böz
Sa29	cursive	Mon.	N	yunglaqlïq böz	50 iki ba böz
Mi20	cursive	Mon.	N	yunglaqlïq böz	100 iki yarïm baγlïq böz

4b: Böz "棉布"[96]

续表

文书编号	字体种类	蒙古指标	T/N	关键词	附带数量的实例或内容
Lo06	*semi-cursive*	#	T	böz	6 böz
SI 4b Kr 9a [97]	*semi-cursive*	#	?	böz	100 böz
Lo11	cursive	#	T	böz	100 böz
Sa09	cursive	Mon.	N	böz	30 tas böz
Sa25	cursive	#	N	böz	100 böz
Sa28	cursive	Mon.	N	qarčlïq	150 qalïn böz
Lo12	cursive	#	N	böz	6 böz
Lo13	cursive	Mon.	N	böz	3.5 tas böz
Lo14	cursive	Mon.	N	böz	1.5 böz
Lo15	cursive	#	N	böz	2 böz
Lo16	cursive	#	N	böz	50 tas böz
Mi23	cursive	#	N	böz	37 iki baγlïq böz
U5663 [98]	cursive	#	/	böz	satïγï 2 böz
U6005 [99]	cursive	#	/	böz	at satïγïnga 20 böz
U6160 [100]	cursive	Mon.	?	böz	bor satïγïnqa birgü böz
Ch/U6107 [101]	cursive	#	/	böz	1 böz; etc.
MIK III 6238 [102]	cursive	Mon.	?	böz	–gü satïγï böz
P 193 + 194 [103]	cursive	Mon.	?	böz	6 tas böz; etc.

参考：以下是和葡萄酒、小麦粉、肉等实物作为税收一起出现的实例。

文书编号	字体种类	蒙古指标	T/N	关键词	附带数量的实例或内容
Ch/U6986v [104]	cursive	Mon.	?	böz	1 böz
Ch/U7370v [105]	cursive	Mon.	T	böz	4 yätiz böz
Ch/U7460v [106]	cursive	Mon.	?	böz	66 böz; etc.
U4845v [107]	cursive	Mon.	?	böz	1 böz; etc.
U5324 [108]	cursive	Mon.	T	böz	1 yoγluq böz
U5623 [109]	cursive	Mon.	?	böz	1 böz; etc.
U5665v [110]	cursive	Mon.	?	böz	böz
MIK III 6972b + c [111]	cursive	Mon.	?	böz	7 qalïn böz

5a: Yunglaqlïq kümüš "通货用银"

续表

文书编号	字体种类	蒙古指标	T/N	关键词	附带数量的实例或内容
SI 4b Kr71(1) [112]	semi-cursive			yunglaqlïq kümüš	1 yastuq 5 sïtïr kümüš
Sa05	cursive	Mon.	T	yunglaqlïq kümüš	1 yastuq 5 sïtïr kümüš
Sa08	cursive	#	T	yunglaqlïq kümüš	9 sïtïr kümüš
Sa21	cursive	#	T	yunglaqlïq kümüš	47 sïtïr yarmaq kümüš
Sa22	cursive	Mon.	T	[yunglaqlïq] kümüš	50 sïtïr yarmaq kümüš
Sa26	unknow	Mon.	?	yunglaqlïq yarmaq kümüš	60 altun
Pl01	cursive	Mon.	T	yunglaqlïq kümüš	10 sïtïr kümüš

5b: Kümüš "银"

文书编号	字体种类	蒙古指标	T/N	关键词	附带数量的实例或内容
Pl02	*semi-cursive*		T	kümüš	1 yastuq kümüš, 25 sïtïr yarmaq kümüš
SI Kr IV 606	*semi-cursive*			kümüš	2 sïtïr 4 baqïr kümüš, etc.
SI 4b Kr71(2) [113]	*semi-cursive*			kümüš	23 sïtïr kümüš
Lo07	cursive	#	T	kümüš	6 sïtïr kümüš, 1.5 baqïr kümüš
Lo08	cursive	#	T	kümüš	3 sïtïr kümüš, 1 baqïr kümüš
Lo09	cursive	#	T	kümüš	4 sïtïr kümüš, 1 baqïr kümüš
Lo10	cursive	Mon.	T	kümüš	10 sïtïr kümüš
Ad02	cursive	Mon.	T	kümüš	20 sïtïr kümüš
Em01	cursive	Mon.	T	kümüš	birär kümüš yastuq
WP01	cursive	Mon.	T	kümüš	birär kümüš yastuq

续表

文书编号	字体种类	蒙古指标	T/N	关键词	附带数量的实例或内容
WP06	cursive	#	T	kümüš	10 tamγa bütün kümüš yastuq
Mi01	cursive	Mon.	T	kümüš	2 yastuq 20 sïtïr kümüš, 1 kümüš yastuq
Mi03	cursive	Mon.	T	kümüš	0.5 yastuq kümüš
Mi06	cursive	#	T	kümüš	5 sïtïr kümüš
Mi07	cursive	#	T	kümüš	8 sïtïr kümüš
Mi13	cursive	#	T	kümüš	6 sïtïr 6 baqïr kümüš
Mi14	cursive	#	T	kümüš	3 sïtïr 6 baqïr kümüš
U5665r [114]	cursive	Mon.	T	aq yastuq (= kümüš)	
T III D 279 (186/37) [115]	cursive	#	T	kümüš	5 sïtïr yarmaq kümüš
Usp 64 [116]	cursive	#	T	kümüš	3 sïtïr, tamγa kümüš
SI Kr IV 638 [117]	cursive	Mon.	T [118]	kümüš	14 yastuq 42 sïtïr kümüš, etc.
Sa11	cursive	Mon.	N	kümüš	1 kümüš yastuq
SI 4b Kr 236 [119]	cursive	Mon.	N	kümüš	10 sïtïr kümüš
Mi33	cursive	#	N	kümüš	
Usp 39 [120]	cursive	#	/	kümüš	qupčïr kümüš
Usp 49	cursive	#	/	kümüš	1 yarïm sïtïr kümüš
Usp 53 [121]	cursive	Mon.		kümüš	3 baqïr kümüš qupčïr
SI O 39 [122]	cursive	Mon.		kümüš	5 sïtïr 3 baqïr
SI Kr I 347 + 349	cursive	#	/	kümüš	6 sïtïr, sïtïr kümüš altïm
SI 3 Kr 3-15	cursive	#	/	kümüš	sïtïr kümüš altïm
6a: Yunglaqlïq čao "通货用钞"					
Sa11	cursive	Mon.	N	yunglaqlïq čao yastuq	100 yastuq čao
Sa12	cursive	Mon.	N	yunglaqlïq čao yastuq	80 yastuq čungdung čao

续表

文书编号	字体种类	蒙古指标	T/N	关键词	附带数量的实例或内容
Mi28	cursive	Mon.	N	yunglaqlïq čao yastuq	20 yastuq čungdung čao
Sa24	cursive	Mon.	T	yunglaqlïq čao	9 yastuq čao
RH03	cursive	Mon.	T	yunglaqlïq čao	12 sïtïr čao

6b: čao "钞"

文书编号	字体种类	蒙古指标	T/N	关键词	附带数量的实例或内容
Em01	cursive	Mon.	T	čao	9 yastuq čao
WP04	cursive	Mon.	T	čao	3 yastuq čao
Mi10	cursive	Mon.	T	čao	9 yastuq čao
Sa17	cursive	Mon.	N	čao	7 yastuq čao
Mi17	cursive	Mon.	N	čao	600 yastuq čao
T III M. Kloster 2 Nr. 134 (128/044)[123]	cursive	Mon.	/	čao	3 sïtïr 4 baqïr čao, 1 sïtïr 3 baqïr 3 vun čao, 2 sïtïr 3 baqïr 7 vun čao, 5.5 sïtïr čao 1 baqïr yarmaq, etc.
T III M. Kloster 2 Nr. 134 (103/018) 310[124]	cursive	Mon.	/	čao	7 baqïr čao, 1 baqïr yarmaq, 6 sïtïr čao, 1 sïtïr 8 baqïr čao, etc.

第 6 节　从西州回鹘时代的官布到蒙元时代的银

　　上一节的表格中值得注意的一点是蒙古特征只有在草书体文书中才会出现。仅有两个例外，均属于半草书体的文书。半楷书体的文书并无一个出现蒙古特征的例子。这个表格将草书体从蒙古特征中移除了，一直以来笔者都坚持将字体作为时代判定的基准，此观点在这里也得到了印证。

　　但是，从第 5 节的表格中得出的最值得注意的结论，就是和作为秤量货币的银有关的术语，即表示银重量的单位 yastuq，sïtïr，baqïr（锭、两、钱），以及和 1 yastuq=50 sïtïr=500 baqïr（一锭 = 五十两 = 五百钱）体系共同出现的 kümüš（银），它们只在草书体（半草书体）文书中出现，在半楷书体文书中并没有出现。与之相对的，在半楷书体文书中的货币单位，除去稍微特殊的 quan baqïr（贯文，贯钱）[125] 两个例子，quanpu（官布）一词的使用是非常多的。粗略来说，较早时代的"官布"和较晚时代的"银"，是可以看作互补分布的。

回鹘语的 quanpu (>qanpu, qunpu) 是汉语"官布"*kuân-puo (GSR 157a＋102j) 的借用语，这一点已经由哈密顿所指出[126] 并成为了定说。而出现汉语"官布"的，则有敦煌出土的 P. 2040v，P. 2704 c，P. 2992v Ⅲ，P. 3214v，P. 3234v，P. 3236，P. 3257，P. 3324v，P. 3579，S. 4504v，S. 4920 等 10 世纪前后的文书，不过这或许是偶然，在吐鲁番文书中则从未出现过"官布"一词[127]。这些敦煌文书中的官布，是和绢织物、棉织物（缚 / 綀、细缚、立机）、毛织物（褐）并列出现的，因此肯定是麻布。恐怕是继承了租庸调制时代所规定的麻布的规格，行使作为标准货币的职能。但笔者认为这并不能说明出现在吐鲁番回鹘文书中的 quanpu 是麻布。吐鲁番盆地自古以来都凭借棉花栽培而出名，回鹘时代并没有唐朝运来的麻布、绢布等大量物资，起到标准货币职能的官布应该是棉布。古回鹘语中直接表示棉布的单词是 böz[128]，其中作为通货且具有一定规格的 böz 被特别地称作 quanpu。虽说是实物货币（商品货币），但是在半楷书体文书中作为货币的 böz 则一次也没有出现过[129]，这是因为西州回鹘时代，由国家承认的 quanpu 要比 böz 更为正式。但是到了蒙元时代 böz 则完全超过了 quanpu。西州回鹘王国时代被频繁使用的词语 quanpu，到了蒙古统治时期便开始衰退，这是由于西州回鹘在丧失国家主权的同时，从蒙古导入了新的货币体系和税收体系，quanpu 便逐渐失去其作用。蒙古帝国以及元朝有意向将银作为基本的货币体系，让数量庞大的银锭开始流通，并且同时发行被叫作"交钞"的纸币，有关于此已有大量的研究成果，自不必赘言。蒙古统治下的畏兀儿之地将银作为国际通货和本地通货使用，棉布则只剩下本地通货这一种职能了。

之前粗略地阐述了较早时代的"官布"和较晚时代的"银"是互补分布的，如果更详细地说，"较早"时代的官布在"较晚"时代中也出现了，但是"较晚"时代的银是绝不能追溯到"较早"时代的。也就是说，银作为货币，在西州回鹘时代，或者至少在其全盛的 10—11 世纪是并没有流通的。因此先验地或者笼统地就说西州回鹘时代也有银在流通，不过是一厢情愿罢了[130]。根据回鹘西边的喀喇汗朝出身的大学者喀什噶里所编纂的《突厥语大辞典》（实际上更是百科事典）以及东方的汉文史料，可知西州回鹘的主要通货是棉布[131]。到目前为止，笔者一直犹豫，是否据此就可以说西州回鹘境内没有流通银钱和银锭。但是，现在重新站在西州回鹘是否流通着银钱和银锭这个视角下对西州回鹘相关史料进行再次探讨，笔者注意到 10 世纪的《摩尼教寺院经营令规文书》（第 99—100 行）中所规定的罚金不是银，而是高级绢织物 žünkim[132]。而且，根据迦尔迪齐的记载，通奸罪的罚金，是雌马 1 头和 50 satīr（约 2 千克）重的银杯，或者是一顶新的帐篷[133]。根据 980 年对西州回鹘王国进行官方访问的宋使王延德所述，在西州回鹘"善治金银铜铁为器及攻玉。善马直绢一匹，其弩马充食，才直一丈"，还有用银和真输制作水枪用来避暑和嬉水[134]，因此可以确定那时候是有银制的器具的。但是另一方面用绢来表示马的价格（绢 1 丈是 1 匹的四分之一），也可以看出来当时是没有作为货币的银，即银钱和银锭的。

再者，正如一直以来说的那样[135]，9 世纪后半叶至 10 世纪末的汉文敦煌文书中，不仅没有铜钱出现，也没有作为通货的银出现。这个情况和敦煌出土的 10 世纪前后的回鹘文书一样。在那里作为通货使用的主要是绢织物和毛织物。鉴于当时敦煌与西州回鹘之间的密切关系[136]，这也可以旁证在西州回鹘银并没有作为货币而流通。总之，10 世纪银虽然成为国际通货，但是在国际交易中并不是结算的常用通货。

进言之，关于 11 世纪的情况，西邻喀剌汗朝的信息可以成为参考。此时，在包含于传统上以银为主流货币的伊斯兰世界的喀喇汗朝境内，银当然作为货币而流通。但是，根据喀什噶里所编纂的《突厥语大辞典》，yastuq 也仅仅被赋予"枕头"的含义，并没有"银锭"的意思。不仅如此，也没有收录相当于 stïr / sïtïr 的单词。而且，指代一枚银币的单词，是下一节将要叙述的 yartmaq/yaratmaq/yarmaq 或者 kümüš，绝不是 baqïr。

第 7 节　yarmaq 问题

在刚才的一览表中，笔者有意识的排除在外，而实际上作为货币，且与银密切相关的还另有一个单词，那就是 yartmaq / yaratmaq / yarmaq。本文统称为 yarmaq。根据喀什噶里的《突厥语大辞典》，这是喀喇汗朝对伊斯兰世界的迪拉姆（dirham）银币的叫法，不是指称量货币，而是指拥有计数作用的货币[137]。但是西州回鹘时代的公私俗文书中并没有出现使用这个词的例子，所以不能将它看作是表示货币个数的单位。当然，10 世纪后半—11 世纪前半从汉语翻译过来的回鹘语版《慈恩传》，与表示枚数的数词同时出现的有 altun yartmaq 和 kümüš yartmaq[138]。但是这不过是为了翻译原文中的"金钱（gold coin）""银钱（silver coin）"，邻国喀喇汗朝流通着被称作 yartmaq 的银钱，其一部分作为贸易结算货币而流入到了西州回鹘，换言之，只是被作为知识而使用，未必就能反映西州回鹘社会的全体情况。另一方面，同样在 10 世纪后半—11 世纪前半被从吐火罗 A 语翻译为回鹘语的《弥勒会见记》中，与表示枚数的数词同时出现的有 altun yartmaq，yaratmaq 和单独的 yartmaq/yaratmaq[139]，其吐火罗语原文是 tinār[140]，毫无疑问是指伊斯兰、印度世界的第纳尔（dīnār）金币。也就是说这里的 yartmaq，yaratmaq 是 dīnār 金币的翻译，并不是说回鹘社会流通着拥有计数职能的金银币[141]。

对于此，在蒙元时代的畏兀儿之地，从上表 5a：Yunglaqlïq kümüš 项所列举的"47 sïtïr yarmaq kümüš"（Sa21，第 4—5 行）；"50 sïtïr yarmaq kümüš"（Sa22，第 3、16 行）；"yunglaqlïq yarmaq kümüš"（Sa26，第 3—4 行），以及 5b：Kümüš 项所列举的 "25 sïtïr yarmaq kümüš"（Pl02，第 4—5 行），"5 sïtïr yarmaq kümüš"（T Ⅲ D 279（186/37），第 3—4 行）可知，都被称作 yarmaq kümüš，而不是《慈恩传》《弥勒会见记》等佛教典籍中出现的 kümüš yartmaq。先将后者搁置一边，这里将前者 yarmaq kümüš 的 yarmaq 当作可以用个计数的硬币是不合适的。因此笔者将其看作是动词 yar- "to split，cut" 的衍生词，即金银的 "一封银子，银锭"[142]。这样的话，yarmaq 就是 "money，cash" 等，而非有计数职能的 "coin" 了，意为 "块状的现金、现银（实际上是金块和银块）"。T Ⅲ M. Kloster 2 Nr. 134（128/044），第 31—33 行中有 5.5 sïtïr čao 1 baqïr yarmaq 这样连续的表达方式，T Ⅲ M. Kloster 2 Nr. 134（103/018），第 5—7 行中有 7 baqïr čao 和 1 baqïr yarmaq 并列使用的记载[143]，毫无疑问这真实反映了 "钞" 和 "现银" 的区别[144]。

一般来说蒙元时代的中国—中亚—西亚，银毫无疑问是一种秤量货币，回鹘文书 SI Kr Ⅳ 638 "婚礼·葬礼费用记录" 中有三次出现 tartma kümüš[145]。

第 141 行：bir sïtïr tarḍma kümüš üz　梅村译 "1 sïtïr 铸造（？）银"

第 191—192 行：yarïm yastuq tarḍma kümüš　梅村译 "0.5 yastuq 铸造（？）银"

第 196—197 行：bir yastuq tarḍma kümüš　梅村译 "1 yastuq 铸造（？）银"

毫无疑问 tartma 是动词 tart- "to pull；to weigh" 的衍生词，tartma kümüš 是 "计算＋银"，也就是 "作为称量货币的银" 的意思。克劳森将 tartma 解释为 "weighed（or minted？）"，梅村坦接受了这个解释，但笔者对此并不赞同。实际上在喀什噶里的辞典中，yarmaq 不是指个数，而是重量。例证如下：

　　　yap yarmāq yōq "I do not have any round dirhams" -- i.e.,

sound ones.[146]

　　ol yarmāq tartti "He weighed the dirham."[147]

　　yarmāq tartildi "The dirham was weighed."[148]

　　ol yarmāq ūčin čärtti "He broke off the edge of the dirham."[149]

　　总之，克劳森认为 yartmaq 的第一个意思是"硬币"的观点[150]是需要大幅修正的。yartmaq 原来的意思是"切分；切分之物"，然后衍生为"一封银子；现银"的意思，然后继续衍生出"硬币"的意思，即，yartmaq 包含两个阶段不同的意思，而且笔者推定，这两个阶段，在西方的喀喇汗朝和东方的回鹘之间存在相当大的年代早晚区别。

第 8 节　baqïr 问题和回鹘的铜钱（1）

　　笔者此前曾论述[151]有别于古突厥语共通祖语的① baqïr "铜"，古回鹘语的 baqïr 是如何衍生出②"铜钱"、③"重量单位 baqïr（约 4 克）"，还有④"货币单位 baqïr（银的重量 1baqïr 约等于 4 克，即蒙元时代相当于 100 枚中国铜钱）"。但是，本文得出的"10—11 世纪的西州回鹘，银没有被作为货币而使用"这一结论，促使笔者对其中的一部分进行修正。

　　具体来说，《回鹘文契约文书补考》的第 5 节"新疆维吾尔自治区博物馆（乌鲁木齐）所藏文书 baqïr 考"中，将 baqïr 文书中的 baqïr，给予"单一的铜钱"和"相当于 100 枚铜钱的银的称重单位钱"的二种意思，但是由于那个文书是西州回鹘时代前期的东西，所以这个解释并不通。本文书的 baqïr 应该全都被看作"铜钱"，这里把第 6 行 bu baqïr toquz on toquz-ar ol 的旧译"这个（称为）baqïr（的货币单位）是各 99 个"，修订为"这个铜钱（的实际收取部分）是各 99 贯文（不是上文的 100 贯文）"。总之，依旧沿用原来伊斯拉菲尔的解释[152]，这里由于笔者将其当作了中国一直以来的短陌习惯而造成了误解，笔者深刻反省后撤回原来的说法[153]。但是，对以往以来的从 baqïr 的原意①"铜"直接衍生出②"铜钱"这种单纯的看法，现在仍然无法顺从。

本文第 5 节的列表 2 中：Quan baqïr 所指出的半楷书体的两个文书，即乌鲁木齐收藏的 baqïr 文书和柏林收藏的回鹘语汉文土地买卖契约文书 U5368 (T I 576) 正面中，使用的所有表达都是 quan baqïr，而非单独的 baqïr。而且这里的 quan baqïr 正确的汉语意思是"贯文"，这是毫无问题的[154]。1 贯文是 1 缗钱，即将 1000 枚铜钱从孔中间用绳子和细棍穿过而组成的一个单位。quan baqïr 的 quan 是汉字"贯"（中古音 *kuân[155]）的音译。另一方面，蒙元时代的回鹘佛教档案中出现过使用 bun baqïr 比喻没有价值的事物的形式[156]。笔者认为，这个 bun baqïr 是日语的"鐚一文"（币面磨光了的一文劣质钱币之义），bun 是汉字"文"（中古音 *vun[157]）的音译。即"文 baqïr"是表示"贯 baqïr"的千分之一，也就是铜钱 1 枚。不用说，这里"文"表示铜钱 1 枚的情况和"钱"是相同意思。由以上结论，笔者推测，回鹘为了翻译汉语的 1 组通货单位"贯"和"文"，借用了汉语的语音，和原意为"铜"的 baqïr 进行了组合，创造出了"贯 baqïr"和"文 baqïr"的表达方式。笔者一直主张回鹘语汉文土地买卖契约文书，是从西州回鹘时代到蒙元时代的回鹘土地买卖契约文书的雏形，这可以追溯到 10 世纪[158]，在其基本线没有改变的情况下（不管怎么将时代往后推，都不会超过 11 世纪），"文 baqïr"的说法是可以追溯到西州回鹘时代的。当然笔者也希望能有在西州回鹘中有铜钱流通的不可动摇的证据，至少也要有当时具体情况的证明。但是，这样就出现了一些问题。

根据以池田温为首的诸研究，敦煌在吐蕃期以后货币经济开始衰退，变得仰赖布帛和谷类等实物经济[159]。10 世纪前后，天山地区的西州回鹘王国和敦煌沙州归义军政权发生了紧密的交涉关系，这一点已经由笔者和荣新江进行了论证[160]。这样的情况下，有可能一方（敦煌）仅使用布帛和谷类等实物作为流通的媒介，而另一方（吐鲁番）除了布帛也在使用大量的铜钱吗?

　　唐朝的铜钱经济渗透进西域已成定说，这一点已经在第 2 节开头部分和前注 12 中有所提及。而且安西都护府自己也有铸造发行"大历元宝""建中通宝"，这是另一个证据[161]。8 世纪末的北庭争夺战[162]以后，西域—河西几乎完全脱离了唐朝的统治，不过铜钱的使用并没有完全消失。至少从敦煌出土的藏语契约文书中，尚有很多使用铜钱的例子[163]。而且在吐鲁番地区，唐代以前就有很多汉人在这里居住，即使进入回鹘的统治下，汉人也是住民的主力，因此完全有理由认为贯文单位的铜钱在民间也是在勉强流通着。

　　或者说，接下来的状况才是更应该值得重视的。虽说中国使用铜钱的起源可以追溯到公元前，但正如本文第 2 节所述，唐代在租庸调制下，即使是纳税，也在使用谷物、布帛等实物，780 年施行两税法以来，铜钱经济也渗透到了地方。铜钱的铸造和流通出现了爆发性的增长，众所周知的是从宋代开始的情况。这个时代大量的宋钱也流向了周边诸国。通过海路流向了南海地区和日本[164]，通过陆路流向了中国北方的辽和西夏[165]，一直到甘州回鹘和喀喇汗朝时期都有宋朝下赐铜钱的记录。和甘州回鹘有关的只有零散细小的记录[166]，不过有关喀喇汗朝的情况，魏良弢已经列举了很多重要的记载[167]。但是，这里所能见到的铜钱数额是非常巨大的（四万一千余贯、百有二十万、百万、三十万），虽说是下赐，但实际上是朝贡品的买入价，而且是否全都被运到了西部天山地区也是个很大的疑问。喀喇汗朝来的使者很有可能在宋都就消费了很大一部分。不过，值得注意的是1980 年在南疆的阿图什出土了喀喇汗朝时期的铜钱 17000 余枚（总重量 138 千克），里面混杂了 5 个种类的北宋钱[168]。另，吐蕃和宋的边境"古渭砦"（渭水的上流，稍微东下就是秦州），有藏族（青唐）的富豪居住，拥有二、三十万贯缗钱的人不在少数[169]，由此可知宋钱确实在中亚地区也有流通。

第 9 节　baqïr 问题和回鹘的铜钱（2）

　　接下来笔者想论述的，是有关回鹘自己铸造的铜钱。回鹘发行的

铜钱至少存在 2 个种类，这一点很早便为人所知，但至今为止仅有极
少量被发现，因此现阶段尚不知晓此种铜钱有无实际使用，或者说是
某种纪念品。有关时期问题也有漠北回鹘和西州回鹘两种说法。将这
两个种类的硬币以拓片形式首次公布的是日本的奥平昌洪《东亚钱
志》（上）卷 9，那个时候仅有羽田亨对其进行了解读。羽田的解释
如下：

（正）kül bilgä, buγuγ uiγur, t(ä)ngri, xaγan
　　　　有名望的贤明（名？）回鹘　天　可汗
（反）il tutmïš, y(a)rl(ï)γ-ingä
　　　　能够保持国家的　　于敕命

对此，羽田自己的更为详细的解读发表在他几年后的《回鹘文字
考》[170]，此文中没有将硬币上的固有名词 buγuγ 轻易说成牟羽（漠
北回鹘第 3 代可汗；759—779 年在位），而且增添了古钱币学者奥平
从形状和品质判断其产于宋元时期的看法，将其看作了西州回鹘时代
的东西。另外，关于阅读铭文的方法，比如是按照上下右左顺序读
为"开元通宝"，还是说按照回转式读为"开通元宝"，羽田采取了十
分谨慎的态度，表示有必要再次讨论。但是接受了羽田解读结果的奥
平似乎并不了解回鹘文字的阅读顺序。他在《东亚钱志》（原稿阶段）
中将此词随意排列，而且将其推断为牟羽可汗的钱币。然后在其之后
发表的很短的介绍论文[171]中，将这个硬币的读法变成了如下所示的
逆时针[172]，但依旧将其视为产于牟羽可汗时代。

（正）kül bilgä, t (ä)ngri, buγuγ uiγur, xaγan

两种回鹘铜钱近年来都得到了学界的再次关注。契机就是 1980
年在南疆阿图什发现了喀喇汗朝时代的铜钱中混入了一枚回鹘铜钱，
然后 1982 年在西州回鹘的夏之都北庭别失八里的故地北疆吉木萨尔
（Jimsar），发现了 Boquγ / Buγuγ 可汗的 1 枚硬币[173]。现在这两种硬
币在上海博物馆中都藏有数枚[174]。

卜古可汗铜钱发行的年代，奥平认为是漠北回鹘的牟羽时代，羽田则表示反对，认为是西州回鹘时代，这之后，杨富学[175]认为其时代是 10 世纪的西州回鹘时代，因此之后中国出版的各种事典、目录类的书籍也沿用了这种说法[176]。但是杨富学的论文，是在曲解了我关于所谓的回鹘文木杵文书纪年的主张之上构建起来的，笔者并不赞同其说法。而且，F. Thierry 由于其所属的巴黎国家图书馆徽章部藏有卜古可汗硬币，以反驳杨富学论文的形式发表了专文[177]。正如本文第 3 节所述的那样，F. Thierry 认为这个卜古可汗是漠北回鹘第 7 代怀信可汗，并将笔者的论文[178]当作一个强有力的证据。不过很可惜，笔者对此结论很难赞同。虽然能支持笔者源于安部[179]的观点是很好，即从树木的"树瘿（Uig. Boquq，Buɣuɣ）"上出生的卜古可汗，在西州回鹘时代就成为传说化的人物，其真实身份是漠北回鹘的阿跌王朝的创建者（算上药罗葛王朝的 6 代可汗，他就是第 7 代了）。不过笔者还是认为，铸入外号的硬币，不是在当事人生前发行的。这么看来还是遵从羽田的说法比较稳妥。

另一方面，《东亚钱志》中没有解读的硬币铭文，现在得到如下解读，中国学界习惯将其称为"亦都护"钱[180]。

（仅一面）ïduq　　y(a)rlïɣ　　yorïzun
愿神圣的敕令通行！

"亦都护"不单是 ïduq，而是代表可汗号的最高称号 ïduq-qut 这个史料用语，虽然这个命名不够恰当，不过暂时就沿用此说法吧。有关"亦都护"钱，中国的研究者们都认为出自西州回鹘时代[181]，但其论据并不值得信赖。

这里让我们再次考察不知道铜钱的古回鹘语世界用 quan baqïr 和 bun baqïr 表示中国铜钱计数单位"贯""文"的背景。笔者之前的论文[182]中，举出了两种可能性解释 baqïr 作为铜钱的起源，即粟特语的 pnɣry (*panxəri) 和汉语重量单位"钱"的仿译词，但这两个都不对。我们还是应该回到这是突厥语"铜"这个字的衍生词这一普遍看法。换句话说，一直以来的突厥学界，都认为 baqïr 是从原意的"铜"直接衍生出来了第二个意思"铜钱"，笔者对此并不赞同。其中间，也有将铜钱单位"贯"和"文"用 quan baqïr 和 bun baqïr 表示的时期，这个时候开始 baqïr 就是指单单一枚铜钱了。这就让笔者想起，11 世纪的喀什噶里的辞典，一边说西州回鹘的货币是棉布，另一方面也说 baqïr 除有"铜"的意思外，还有"在中国进行买卖时候使用的铜钱"的意思[183]。

笔者在第 5 节的列表的 2：Quan baqïr 中列举的 2 个文书，即 baqïr 文书和双语土地买卖契约文书中所见的铜钱，基本都是唐宋钱，不过其中也很有可能混入了回鹘自己铸造的铜钱。西州回鹘的标准通货无非就是官布，不过同时也能看到铜钱在某种程度上的流通，可以认为出现了 2 个种类的回鹘铭硬币。当然，笔者和 F. Thierry 一样，都认为上述 2 种回鹘铭钱的发行，与其说是为了实际使用，倒不如说是为了夸耀权威和权利。然而，如果参考《辽史》的话：

> "是时（清宁中，1055—1063 年）诏，禁诸路不得货铜铁，以防私铸。又禁铜铁卖入回鹘。法益严矣。"[184]

此记载如果和西州回鹘的铜钱制造有关系的话，那或许发行这个货币就是为了实际使用。

吐鲁番的铜钱流通恐怕在盛唐时期的 8 世纪以后也勉强维持，相比 10 世纪，在进入 11 世纪以后稍有复活。这理应是乘借了当时宋钱得以大量铸造并流入周边诸国这一国际趋势。因此，古回鹘语的 baqïr，从① "铜"便衍生出了② "铜钱"的意思。而且，几乎在同时期，或者稍微比它早一些，来自汉语的重量单位"钱"（铜钱 1 枚的重量，约 4 克；这个用法在唐代"开元通宝"发行以后，成为药品、金银、宝石之类的重量计量单位）的③ "重量单位 baqïr（约 4 克）"也被加进了其用法当中，这之后，到了银作为货币而流通的时代，终于出现了④值铜钱 100 枚的"重量约 4 克的银"这一作为货币单位的用法。

西州回鹘的标准货币肯定是"官布"。这一点从喀什噶里的记载和汉籍两方面都可以得到确认[185]，而且这也和回鹘文书中出现的使用例子（本文第 5 节）完全一致，但是为何铜钱似乎也在被使用呢？而且正如尾注 81 和第 6 节所见，高额交易时使用的是绢织物自不必说，其中似乎也有银器，在西州回鹘真的有如此复杂的货币情况吗？

这里尝试通过黑田明伸的货币论[186]来进行考察。首先，即便是在西州回鹘"货币以各种钱币的形式存在"，国际性的高额结算中，西州回鹘使用比官布还要贵重的各种高级绢织物和金银器，不过这里面有价值尺度职能的是官布。但是，如果经济继续发展，就需要更为精确的价值尺度。比如日野就指出，商品、货币经济高度发展的唐朝先进地区，同时流通着为了高额贸易、远距离运输财物时的金银绢帛，以及小额交易和征税时的作为零钱的铜钱[187]。西州回鹘方面的情况恐怕也是一样，他们想要充分利用远比官布在单价上更为精确的铜钱开始在国际上进行流通这一时代背景。如果再次使用黑田的概念的话，作为有"地域间兑换性"interregional convertibility (of currency) 的某种"地域间结算货币"（国际通货），还是以高级绢织物为主，金银器次之。另一方面，作为担任"地域流动性"local liquidity 工作的"本地通货"，一个是棉布这个"商品货币"和"现金货币"，另一个是以从中国进口为主，再加上一些本地生产用来补足的铜钱。在西州回鹘流通的绢织物，有从东西方进口的，也有本地生产的，种类和品质都是多种多样的，但是由于一直没有计数职能，所以笔者认为它是官布、铜钱的一个替代品。如果铜钱和官布之间有一定的汇率，那么作为比起素材价值更看重计数职能的本地通货，其价值尺度职能或许可以相互补充。

第 10 节　欧亚的银动向（1）

第 4—6 节对本地出土的回鹘文书做了一个系统地把握，得出结论：10—11 世纪西州回鹘并没有将银作为货币而使用，13—14 世纪银才成为了主流货币，我们把这个结论在欧亚世界史上可以置于何种位置呢？这里就让笔者想到，接受其恩师宫崎市定有关当时银动向的见解、并独立展开论述的爱宕松男、佐藤圭四郎两位的观点，尤其是爱宕所提倡的欧亚银动向波澜壮阔的叙事。

首先从宫崎市定的说法开始讨论。宫崎市定在其著作《五代宋初的通货问题》中，针对中国货币的代替物——金银的使用历史，表示其从西域、岭南开始，逐渐流向内地，五代的东亚，国际间结算货币并不是铜钱，而是金银绢帛，并总结道："商人与金银曾一度建立结合，尽管后来在宋代天下归一，铜钱再次作为法定货币发行，但商人不会轻易放弃金银的价值。"[188] 而且说到了如下记载：

"（真宗大中祥符元年（1008 年）正月甲戌）时京城金银
价贵。上以问权三司使丁谓。谓言，为西戎回鹘所市入蕃。
乙亥，下诏，约束之。"[189]

宫崎对当时回鹘商人带走了金银导致金银暴涨一事的背景，做了如下三个推定[190]。①回鹘人将香料等奢侈品带进了宋朝的首都开封，并将金银带到了国外，导致金银的价格暴涨；②由于金银汇率的变动而出现了流出和流入（金银分别向相反方向移动）；③金银铜钱三者间发生了同样的现象，铜钱如果涨价，那么金银就会流出。另一方面，宫崎市定在《十字军波及东方的影响》中，指出①的论据是银流出到了西方，并特别将重点放到了②上，总的来说就是由于金银汇率，西方的银流入中国，中国的金就流出了，这和西亚的银不足是有关联的[191]。同样的，在宫崎市定《西域新疆史·近古》"宋元时代的西域"中，也表示"回鹘……在唐朝末期南下，入侵了天山南路，和当地原住民的伊朗系[192]种族混血，到了宋代，被中国所知的回鹘人是作为商人和资本家而享誉世界的。宋真宗之时，都城开封金银的价格暴涨，查证后发现是回鹘进行垄断导致的。必须要说，回鹘人拥有着可以左右都城金银价格的经济实力，是非常厉害的"[193]，还阐述道"辽和回鹘之间的交通也十分频繁。回鹘从西方将工艺品和奢侈品运到了辽，又从辽运出了黄金"[194]。总之宫崎市定并没有断定通过回鹘商人们的中介行为，银从中国单方面流向西方，反而认为黄金的西流和银的东流是很普遍的。这一点，和接下来所说的爱宕的结论是从根本上相反的。

爱宕松男首先在《岩波讲座世界历史》的旧版中承担撰写辽朝部分时，设置了"围绕银的辽国的经济情况"一栏[195]，并首次提出一个冲击性的观点：从宋到辽的岁币银是通过回鹘商人的手搬运到了西亚，曾经的绢之路变成了银之路。而且，这个想法在爱宕的《斡脱钱及其背景》中做了一个非常全面的论述。该文的立足点是在10—13世纪东伊斯兰圈和中国之间的强大民族是回鹘，活跃于远距离贸易的回鹘商人不仅在宋朝，而且还在辽金和西夏都留下了足迹这一获得广泛认同的前提。在此基础上，他如是展开论述。

第163—165页[196]：根据布兰克（译注：参见 Blake, R. P., The Circulation of Silver in the Moslem East Down to The Mongol Epoch, *Harvard Journal of Asiatic Studies*, vol. 2, no. 3/4, 1937, pp. 291-328）的说法，伊拉克以东一直到河中地区（阿姆河、锡尔河之间）的东部伊斯兰圈，在10世纪中叶—13世纪中叶的约300年里出现了银不足的现象。在这个地域，传统上由迪拉姆（dirham）银币充当本位货币。银不足其中一个原因是，10世纪大量的银币流出到了伏尔加河流域—罗斯—北欧和印度。另一方面，13世纪的伊斯兰世界所铸造的银币具有强白色的特征，这是因为其中含有锑，而且这正是中国银原材料的特征。因此，我认为在13世纪后半叶东部伊斯兰圈银不足问题最终得以消除是由于中国银的贡献，"十至十三世纪的丝绸之路，即便是一时也好，从东向西应该呈现出了白银之路的外观"。

第181—184页[197]：引用了宫崎所指出的11世纪初期的记载："时京城金银价贵。上以问权三司使丁谓。谓言，为西戎回鹘所市入蕃。乙亥，下诏，约束之。"并言："在北宋尚属于初期的真宗朝，大量聚集起来的京城的公私白银，竟然由于回鹘商人的囤积和外运而导致异常的行情飞涨，竟达到了引起天子注意的地步（第184页）。"此处不知为何金银中的金被无视，只有银被视作问题。希望引起注意的是，在这一点上，爱宕的观点与宫崎差异很大。

第 186—188 页[198]：宋朝给辽金赠送的岁币银，毫无疑问是通过回鹘商人之手被运到了西方。

第 189—201 页[199]：虽然北宋时期银的产量得到飞跃性的提升，但是北宋—金元期间银价格仍在不断上升。这是因为银的绝对值减少了，其流出范围也没有超过西方的东伊斯兰圈以外。

最后来介绍佐藤圭四郎的理论。佐藤在《北宋时代回纥商人的东渐》中，丝毫没有提到同门的爱宕的先行研究，仅是以恩师宫崎最开始的理论[200]为出发点，令人十分匪夷所思。佐藤在文章开头就将宫崎市定的理论做了总结：经北宋时期回鹘商人之手，"从中国流出的金银与内地金银价格变动有某些关联"。接下来他沿着宫崎的观点，认为宋代中国的金银比价是 1∶6—8[201]，然后又一个人算出东部伊斯兰圈的比是 1∶9.6，便断定中国方面金的价格稍微便宜一些。并且他还接着说道："贵金属生金的流动，与地区间金属生金的绝对量的增减、其市场价值的低昂、物价变动等相对应，表现出复杂的动态，这一点正如宫崎博士所指出那样。由位于东西方世界中间的、以商业为主要生计的回鹘人，将在国都开封府大量采购占有的金银运向西域，这致使京城金银市价暴涨，甚至达到引起当政者的注意的程度。大中祥符年间的这一记载，也应该视作构成包含此类不确定要素的贵金属生金流动之一环的现象。"[202]然而，佐藤在这里论证的是什么呢？笔者在通读之后，感觉到似乎是对于宫崎和爱宕两位所指出的欧亚金银价格这个大问题，通过重新提出东西金银价格比这个新问题，对爱宕的理论进行了补充。但是，仔细思考后发现，如果佐藤所说的有关金银价格比值的结论是正确的话，那么就会出现金从东流向了西，银从西流向了东[203]，这就和爱宕的理论完全相反了。实际上，宫崎比佐藤还早就已经指出了根据金银价格比，西方的银流入了中国，中国的金流出这一事情[204]。但是佐藤完全没有提到此事，也没有明确表示究竟哪一个是正确的判断。宫崎在《五代宋初的货币问题》第 240 页中指出，宋和回鹘之间的金银价格比没有差别，很难想象回鹘特地选择将银带出，银暴涨的原因应在宋国内部寻找。另一方面，宫崎通过中国和西亚的金银价格比的差值，指出"西方人将银带入中国，再买金回去，则能得到巨大的利益"，认为这与大中祥符元年（1008 年）的记载，即由回鹘商人将"金银"直接搬到国外并没有直接关系。但是，即使仔细审读上述宫崎连续两次的观点，以及发表于爱宕之后的佐藤的观点，不仅无法找到之前所言及的关于银流向的结论，而且也理解不清他们是如何把握大中祥符元年的记载和东西方之间金银比价的关系，其独创性在哪里，我是判断不出来的。

然而，通过本文的考察，抓住了"10—11 世纪西州回鹘银并没有被当作货币使用"这一事实的我们，不管是西流也好东流也好，应该将质疑的目光转向通过回鹘商人之手大量的银被运到了欧亚这一说法。

第 11 节　欧亚的银动向（2）

爱宕的理论要想成立，不可或缺的前提便是南边的宋朝（北宋、南宋）给北方的辽朝（之后是金朝）和西夏所支付的庞大的岁币银要直接留在了北方。虽然回鹘商人也来到过北宋，但是从丝绸之路的路线来看，其和北方的诸王朝（辽·西夏·金）之间的联系更为密切。但是这个前提已经从根本上土崩瓦解了。就是说，宋给北方诸王朝的岁币银，几乎全都流回了宋朝，这个说法现在在学界非常有力，是由日野开三郎首先提出的，不过宫崎市定曾经也有相同的思考，近年宋代商业史的大家斯波义信也对此非常支持[205]。

根据日野的研究，辽的银产量是很低的，宋给辽的岁币银是最大的供应源。10 世纪末到 11 世纪前期的辽明显出现了银不足的情况[206]。西夏恐怕也是同样[207]。这种情况下，回鹘商人是不会将银大量运往西方的[208]。

沿着本文的论证结果，畏兀儿之地有大量的银流通，是从 13 世纪进入蒙元时代开始，再早也是临近蒙元时代。西州回鹘时代的最盛期，即 10—11 世纪，银既没有在欧亚大陆上大量西流（爱宕的观点），相反也没有向东流（宫崎、佐藤的部分观点）。当然，这样的价值尺度，是不会被当做日常使用的货币的，而是作为银器的材料这样高价的商品以某种程度在流通，或是被当作贵重的财货而收藏起来。正如前文所述，两唐书的回鹘传中有很多唐朝赏赐金银器的记载，漠北回鹘对于金银器是有很强的欲望的。另一方面，西州回鹘，就像第 6 节所述的那样，迦尔迪齐描述了通奸罪的处罚就是 50satīr（约 2 千克）重的银杯。更有甚者，10 世纪开始来到敦煌的回鹘商人所留下的商业记录中也出现了 "银钵（kümüš čanaq）" 和 "银饰的箭筒（kümüšlüg kiš）"[209]，说明对银器的需求是很普遍的。发生在开封的、有关大中祥符元年回鹘商人的记载确实值得关注。对由此得出的回鹘商人对金银价格的变动反应敏感这一看法，我也毫不吝啬地予以承认。不过，过于拔高夸大从而描绘出一个庞大叙事，这样的事情还是应该收敛吧[210]。回鹘商人虽然没有将买卖做到东部伊斯兰圈，但是在中国本土内，或者宋、辽、西夏之间往来就已经足以进行买卖了。与宋朝银产量的大幅增大相反，辽和西夏出现了银的不足，因此仅仅是将宋朝生金生银送到爱好金银器的辽和西夏[211]，就能获得极大的利润了。从大中祥符元年的记载中可以得到的也无非就是这个程度的内容了。实际上，根据吕陶的《净德集》卷 5《又奉使契丹回上殿劄子》已经证明，11 世纪后半存在活跃于宋辽二国之间的回鹘商人[212]。

　　爱宕的理论因其恢弘壮阔，有风靡一世之感[213]，不过，如今即使断言其为虚构亦不为过[214]。银的流通量激增，并给欧亚整体的经济走向施加影响，这正是从进入蒙元时代的 13 世纪开始的。银自古以来，就既从西向东移动，也从东向西移动。即便是在蒙元时代也没有例外。但是在以前，至少在丝绸之路东部，银作为贵重财货的移动是主流。不过，在蒙元时代，银作为单纯货币的流通量爆发性增大，若从欧亚整体来看，恐怕从东到西的银的流通要胜于从西向东的流通。黑田明伸提出了一个很大的构想：在宋代至金代的中国大量积蓄下来的闲置银，在 13 世纪后半至 14 世纪前半从东向西进行了大移动，这不仅消除了西亚 10 世纪以来的银不足问题，而且使得英格兰的银币铸造激增[215]。如果将爱宕所言"含有锑的中国银流入到了穆斯林世界"考虑作进入这个时代以后的话，那就不存在矛盾。

那么，为什么到了蒙元时代，银就开始在欧亚出现了大规模的移动呢？这恐怕与蒙古征服世界和对统治阶级的财富分配体制，以及支撑它们的税收体制和构筑此体系的斡脱商人（佛教徒、聂斯脱利派基督徒回鹘人，伊斯兰教徒花剌子模人、突厥人、波斯人、阿拉伯人等）的动向有着深深的联系。由于辽、金以来驿传制的设置和扩大，陆上丝绸之路开始活跃，忽必烈连接了陆上和海上丝绸之路，完成了历史上最初的欧亚规模的物流系统，扮演其中血液的是斡脱商人，而扮演让血液流通的氧气的则是银的纵横无尽的运转[216]。

与此相关受到关注的是近来 M. A. Whaley 的研究。他以蒙古初期出现的银币"大朝通宝"为直接材料进行研究[217]，并论证其与 qubčir 税之间的关系。他以罕见的圆孔"大朝通宝"的存在，最重要的是他以 19 个"大朝通宝"重量均一这一点，主张"大朝通宝"源自西域[218]。确实，成吉思汗在征服花剌子模后，制作了约 3 克重的阿拉伯文字的银币（'Adil-Jingis type），这是在"大朝通宝"发行前征收 qubčir 税时所使用的货币。但是，据说这之后立马变成了方孔镶边的中国式"大朝通宝"银币[219]，因此笔者认为这个时候的重量也有可能发生变化。将有偏差的"大朝通宝"的平均重量视作 3 克[220]，即不视作与西方的银币相同重量，相反却认为"大朝通宝"的重量偏差很大。而且，应该注意到有数个"大朝通宝"的重量都接近 4 克这一事实[221]。如果是接近 4 克且带有方孔镶边的钱币，那么这正是中国式的钱币[222]。

中国传统上是以铜钱建立起来的经济圈，但从唐后半期开始，银在某种程度上开始流通，银和铜钱之间产生了一定的交换比率，在唐末五代初期的比率大约是银 1 两（约 40 克）合铜钱 1 贯（1000 枚；"短陌"的情况下数量更少）[223]。这个时候是"两＝贯"。然后到了金朝末的混乱时期，银终于作为货币被大量使用[224]。后来蒙古帝国登场，同时统治了东方和西方，西方的银世界和中国的铜钱世界的一体化的必要性越来越强烈。成吉思汗在打败了金朝后，转向了对西方的远征，远征花剌子模后，让西域的牙老瓦赤·马思忽惕父子负责征收 qubčir 税（根据财产差距征收人头税）[225]。那个时候依旧是按照传统铸造了 3 克重的银币。但是到了窝阔台时代，金朝完全被纳入到蒙古统治下后，牙老瓦赤被迫迁到了东方，在中国北方进行同样的征收，即实施包银制[226]，当时 3 克的"大朝通宝"是非常不方便的。因此发行了和中国铜钱同样重量的 1 钱 = 4 克的新的"大朝通宝"，并以此为征税的基准（即 1 两）。这种看法难道只不过是一片空想吗？仰赖经济史专家的批判。

第 12 节　银称量单位的起源、传播和回鹘

蒙元帝国所采用的以银为核心的货币体系，其根源又在哪呢？如果让我们追寻蒙古征服世界的足迹，那么就会有两个可能性。一个是中国的金朝，另一个是西域的花剌子模国。西域自古以来就在传统的西亚银经济圈中，是蒙元时代大为活跃的穆斯林商人的出生地之一。因此，将其由来求之于此的学者亦不在少数。然而，我们已经看到了金朝发达的银经济，蒙古帝国在欧亚全境推行的银锭（银铤）的形状正是继承自宋代、金代。而且，为了统一"锭、铤"这种金银块的标准大小，便将其重量定为 50 两的正是金朝。考虑到以上几点的话，那么蒙古以银建立起来的经济制度的渊源视作中国才较为妥当。这是依据前田直典的先驱性且不朽的业绩而得出的杉山正明和我的见解[227]。虽然如此，像彭信威等人那样，认为蒙古使用银是受到了花剌子模银币的影响这种看法，至今仍然根深蒂固[228]，即认为蒙古使用银是受到了花剌子模的影响。这恐怕是因为中国最早的铸造银币是金代的"承安重宝"，但仅过了 2—3 年就被废止，在这之后银币再也没有出现在金朝[229]。相反，在花剌子模，承袭西亚悠久传统的银币依然存在。彭信威等人，正是为此所迷惑。

中国唐代在发行"开元通宝"后，其铜钱 1 枚的重量约为 4 克，被称为了"钱"这一重量单位[230]，几乎在同时，其 10 倍的重量成

为了"两"。反而其十分之一重量的"分"是从宋代起才开始有的，至此，"1 两 = 10 钱 = 100 分"的重量单位体系得以建立。然后在宋代、金代，作为金银重量计算单位的"两、钱、分"得到了普及。此情况下，作为货币而使用的金银从唐代开始逐渐繁盛。中国的金银不过就是称量货币，并不是硬币，使用起来很不方便，因此慢慢就作为有一定重量的金属块而流通起来。这样的金银块被称作普通名词"锭"，而到了金代，则统一称呼 50 两重量的金银块为"锭"。于是"1 锭 = 50 两"和"1 两 = 10 钱 = 100 分"就联系了起来，"1 锭 = 50 两 = 500 钱 = 5000 分"成为金银的重量计算的单位和货币单位。1 钱约重 4 克，因此 1 锭重约 2 千克，这是拥有计数职能的作为高额货币的重量极限。

前田直典的研究表明，继承了如此伟大的货币单位体系的，与其说是欧亚，不如说只有回鹘。作为称量货币的银流入了回鹘，并不是来自传统的使用银币的西方世界，而是将银作为货币而使用的后起东方世界（中国）。中国的"1 锭 = 50 两 = 500 钱 = 5000 分"在蒙元时代的回鹘文书中成为了"1 yastuq = 50 sïtïr = 500 baqïr = 5000 vun"，这当中最基本的"钱 = baqïr"，正如第 8、9 节中做出的论述那样，可以追溯到西州回鹘时代的 10—11 世纪[231]。而且"钱"以上单位的"两"的翻译 sïtïr 作为重量单位的历史也可追溯到西州回鹘。sïtïr 作为银器等重量单位是借用了古代的粟特语[232]，整个西州回鹘时代都在使用。换言之，在蒙元时代及其之前，在回鹘之地银也开始流通，再次发生了与重量单位并列充当货币单位这一变化。这个时候，为了迎合中国当时使用的"钱、两"，一直以来回鹘使用的 sïtïr 和 baqïr 的重量或许多少都发生了变化。不过，并没有与最大的单位"锭"相对应的用语。因此，回鹘便因中国的银锭（成型的银块）的形状而给他起名叫 yastuq（枕头）。另一方面，也没有与最小单位"分"相对应的回鹘语。因此，回鹘直接采用了汉语的发音，起名叫 vun。这样一来，汉语的"锭、两、钱、分"都融合进了回鹘，成为回鹘语的"yastuq，sïtïr，baqïr，vun"，作为货币单位也好，重量单位也好，都形成了相应的体系。这件事本身，便描述了在当时的中国以及中亚贸易中的回鹘人所起到的重要的作用。而且在忽必烈导入"中统宝钞"这一纸币后，中国的"锭、两、钱、分"也顺利应用于纸币单位，从这个时候开始，回鹘的 yastuq 以下也出现了同样的情况。

对此，在蒙元帝国的主角——蒙古人之间，银的单位又如何了呢？最大的"锭"使用纯蒙古语被叫作 süke（斧），这和回鹘人叫它 yastuq 一样，也是从形状得来的称呼。前田直典根据《元朝秘史续集》的用例，指出这一现象最晚发生于窝阔台时代。不过，前田也同样指出，根据明代的《华夷译语》和《蒙古源流》，"两、钱、分"在蒙古的叫法是"sijir，bakir，wen"[233]。很明显，这不过是直接借用了回鹘语。众所周知，统治者蒙古人不仅从回鹘人那里借用了文字，还继承了社会经济、文化、宗教方面的相关词语，这里的"sijir，bakir，wen"也是这里的一环。

另一方面，波斯语中对于银锭的称呼，也是从回鹘语的 yastuq 中直译来的 bāliš（枕头），和回鹘语同样，成为既指代银锭，也指代 1 锭（=50 两，约 2 千克）的重量单位，而且也成为了纸币单位。由于该学界的泰斗伯希和曾经赞同先有 bāliš，然后才被翻译成 yastuq 的看法[234]，而且由于在银的使用上，相比丝路东部，西亚属于领先地带，所以，在伊斯兰研究者之中，由于感情因素抱有与我们相反想法的人有很多。不过，因为呈"枕头"形状的银锭的使用在中国可以追溯到宋金时期，所以这种观点是不合理的。而且我们也该考虑到，回鹘语中"sïtïr"（两）以下的单位也在被频繁使用，波斯语中"两"sir/ser 以下的单位实际上几乎完全没有被使用。

也就是说，将充当货币的、与银相关的中国方面的计量单位扩展到欧亚全域的中介者，并不是穆斯林回回商人，而是在蒙古统治下充任色目人之首（即准蒙古人）的、在政治、军事、经济、文化、宗教等所有方面都很活跃的佛教徒（或聂斯脱利派基督教徒）回鹘人。这与我们讨论过的斡脱商人源流问题[235]以及就回回名称问题[236]所阐明的事实相互联动。这里在相关范围内做一个要点归纳。即，参与到蒙古称霸世界和针对统治阶级的财富分配体系，以及参与到支撑这些的税收体系及其构筑的、作为斡脱商人的回回商人，迄今为止被毫无批判地视作伊斯兰教徒（花剌子模人、突厥人、波斯人、阿拉伯人等），但实际上汉籍之"回回"的相当一部分是佛教徒（或者是聂斯脱利派基督教徒）回鹘人。作为在蒙元帝国运营着被称为回回银、回鹘银、斡脱钱等资本的斡脱商人，至少在 13 世纪前半叶佛教徒（或者是聂斯脱利派基督教徒）回鹘人是要凌驾在穆斯林商人之上的。切忌过于夸大作为斡脱商人的穆斯林商人的作用，将回回银、回鹘银、斡脱钱等轻易地断定为穆斯林资本[237]。

最后让我们的视野转向纸币（钞）。回鹘语中将其称为 čao，并且只存在于蒙元时代，此点已为以往的研究所证明。在第 5 节的列表（6a：Yunglaqlïq čao，6b：Čao）中，这个词也仅在草书体文书中出现了。也就是说，和作为货币的银出现的地方相同。而且回鹘的 čao 的计算单位和银完全相同，都是 yastuq，sïtïr，baqïr，vun。

根据黑田的研究，纸币在拥有着极长铜本位经济传统的中国，是在积蓄了大量铜钱的时候才开始出现的[238]，这是宋代、金代的事情了。因此钞这个纸币是铜钱的替代品，表面画着铜钱，也理所当然是铜本位[239]。对此，杉山正明指出，将银作为经济基础的忽必烈元朝政府，为了代替不足的生银，而发行了"盐引"和钞，高额的纸币就是"盐引"，钞不过是代替铜钱而发行的。而且，虽然钞的面值是铜钱的贯文，但在流通的时候还要换算成银单位锭、两、钱，因此和银又产生了联系[240]。杉山之前将钞看作银本位的研究者也不少。那么钞究竟是铜本位还是银本位呢？有关这一点，最近市丸智子的论文成果引起了笔者很大的兴趣。据其研究，可以认为以银作为价值尺度的钞之"锭两"单位，基本上得到固定的地域仅限于中国西北部至大都（即本文所说的丝绸之路东部），在她具体探讨的对象旧南宋领土的江南地区存在双重构造，即以政府相关机构为核心使用"锭两"单位的同时，在民间源自铜钱的"贯文"单位作为前代以来的传统而广为通行[241]。

　　笔者不能判断钞究竟是铜本位还是银本位。总之，我认为钞是为了把银经济和铜钱经济结合起来而发行的。从面值上来看，钞有着贯文这种铜钱单位，这是尊重了传统中国的经济习惯，另一方面是为了贯彻将全欧亚通用的银置为新的经济之基础的蒙元政权的理念，便将钞按锭两计数的。也就是说，忽必烈元朝政府发行"中统宝钞"，还兼有将锭两单位的银本位经济圈（丝绸之路东部）和贯文单位的铜本位经济圈（江南—大都周边以外的华北）联系起来的目的。在畏兀儿之地所通行的钞所依据的是锭两单位这一事实有着怎样的意义，其探明有赖于今后的专家。

结　　语

　　撰写本文的首要目的就在第 5、6 节当中。通过分析中亚出土的回鹘文书，关于畏兀儿之地（西州回鹘王国—蒙元时代的畏兀儿之地）的当地通货，判明以下事实。① 10—11 世纪以棉布为主，经常被称为"官布"。② 13—14 世纪的蒙元时代以银为主，并用交钞，前代以来的棉布也在继续使用。据此，依据字体和格式的组合来判断回鹘文书的年代（第 4 节）这一笔者一贯以来的主张的实效性得到了进一步的巩固。在第 5 节的列表中，硬将"草书体"从蒙古特征中排除在外了。不过，今后理所当然地，"草书体"将被置于这个蒙古特征的首要位置。基于通常看法的、字体不能成为年代断定指标的这种批判，正已经失去存在的余地。进言之，今后作为新的蒙古特征，可以加上银锭（银铸块）及其单位 yastuq，sïtïr，baqïr。而且，在作为货币单位而自明的文章的上下关系上，即使 yastuq，sïtïr，baqïr 三个单独出现，这也将成为充分的蒙古特征。例如，USp 54[242] 等也与此相符。护雅夫曾将 sïtïr，baqïr 视为蒙古特征[243]。如在第 8、9 节所论，baqïr 竟含有四种词义，而且就"铜钱"这个词义而言，在未了解到其是在早于蒙元时代 2、3 世纪之前就已经开始使用这一点上，护雅夫是不正确的。但是，如果将护雅夫的说法理解为"和银有关的秤量单位"是蒙古特征的话，那么他的结论就是正确的。

　　本文的第二个目的，是基于第 5、6 节所发现的事实，在有关围绕欧亚银动向的经济史研究上提出一个问题。断定在西邻的喀喇汗朝及其以西地区流通着的银币，以及在东方的宋辽金西夏开始流通的银锭完全没有流入西州回鹘，这是不可能的。即便如此，这个时候大量的银经回鹘商人之手从中国被运到了穆斯林世界——爱宕松男的这一主张没有成立的余地。最初由佐藤圭四郎提出的东西方之间的金银比价如果是正确的话，那么银理应不是从东流向西，而是从西流向东。实际上这之间的矛盾已经由宫崎市定、斯波义信、杉山正明等人概述性地指出了。但是，由于他们的指明过于温和，因此不为认知，致使爱宕的主张长久地保持了影响力。

　　到了蒙元时代（或者说从之前的西辽时代开始），畏兀儿之地也被编入到了欧亚全体银动向的一环中，就连在民间契约文书这个层次上也频繁使用银和交钞[244]。即，作为拥有地域间兑换性的国际通货、地域间结算通货以及大通货[245]的代表，银开始入侵向来由官布充任的本土通货的领域，也开始发挥地方价值尺度之职能（尤其值得关注的是，本文未能论及的亦难赤家族冠婚葬祭账簿的具体实例）[246]。这表明位于丝绸之路东段几近中央位置、自古以来作为交通要冲而发挥重要职能的当时的畏兀儿之地，其流通是何等的发达。

　　本文弄清的有关回鹘银动向的事实，补充了杉山正明的理论，即覆盖欧亚全体的银经济，并不是由西欧列强从新大陆带来银才形成的，而是在蒙元时代就已经有了雏形。世界体系论和资本主义这些是西洋近代史理论下出现的定义。以未达到此点为理由，从而单方面割舍掉中央欧亚起源的世界史的动向的话，那么意见只能是平行的。结合与世界史之理解有关的近期拙稿中提到的相关问题[247]，笔者期待西洋史、中国史方面的积极反应。

（后　　记）

　　（1）本文为预计以英语发表的拙作 "From Silk, Cotton and Copper Coin to Silver. Transition of the Currency Used by the Uighurs during the Period from the 8th to the 14th Centuries" 大幅增加（约两倍）后的成果。这篇英语论文，是以在 2002 年 9 月 8—13 日德国举办的德国吐鲁番探险队派遣百周年纪念学会 "Turfan Revisited——The First Century of Research into the Arts and Cultures of the Silk Road" 上做的口头演讲为基础，刊登在会议纪要上（补记：Moriyasu takao, From Silk, Cotton and Copper Coin to Silver. Transition of the Currency Used by the Uighurs during the Period from the 8th to the 14th Centuries, In: Durkin-Meisterernst, D., et al., (eds.)., *Turfan Revisited—the First Century of Research into the Arts and Cultures of the Silk Road*, Berlin: Dietrich Reimer Verlag, 2004, pp. 228-239, incl. 2 pls.）。从学会名称就可以知道，丝绸之路并不仅是一条道路的名字，而是地域名，尤其是丝绸之路是作为在人类历史上发挥重要作用的前近代中亚的雅称而使用，这在中日也好，欧美也罢，均不稀奇。笔者是自 20 世纪 70 年代以降激烈起来的"脱丝绸之路论"和"丝绸之路史观论争"的当事人之一[248]。我并不站在陈旧的丝绸之路史观上，而是积极地倡导本土主义，关于这一点希望读者可以参考我的那些实证性的论著。虽说如此，我并不拒绝使用"丝绸之路"这一术语。脍炙人口的用语，也要随机应变地使用为好，我是这么想的。去年年末刚刚出版的森安孝夫编《丝绸之路和世界史》，同时也是作为 21 世纪 COE 项目的一环而实施的、全国高中世界史教员研修会的报告书。为了向高中世界史教育界呼吁注意中央欧亚史和东南亚史的重要性，采用了这个题目。再者，今年伦敦大英博物馆将进行"丝绸之路展"，明年 NHK 预计按 10 集播放"新丝绸之路"系列节目。

（2）本文在蒙元时代的斡脱商人这一点上，和第 10 篇论文《〈シルクロード〉のウイグル商人——ソグド商人とオルトク商人のあいだ》有相当密切的关系。这第 10 篇论文之后，有关蒙元时代斡脱的论文也不少，在此暂不列举。不过其中最值得注意的就是四日市康博。但是，四日市康博《銀と銅錢のアジア海道》（四日市康博《モノから見た海域アジア史》，九州大学出版会，2008 年）一文里写

道："近年，甚至出现了主张爱宕的理论（中国银流出到西方）是没有事实根据的研究者（第 136 页）"，"我认为，Blake 和爱宕的说法未必就是错的（第 139 页）"。如果这类说法是对笔者的批判，那么笔者有必要对这个误解做一个反驳。笔者并没有否定蒙元时代中国银向西方大量流出，而是同意这个观点。笔者明确否定的是，蒙元时代前的 11—12 世纪，即在宋朝时，中国银大量流向了西方这个 Blake 和爱宕的说法。笔者证明的是蒙元时代畏兀儿之地才开始出现了大量的银子，然后这些银子再通过陆上丝绸之路搬运到了西方。如果通过四日市的论证可以证实大量的中国银通过海上丝绸之路被运到了西方的话，那么两者将是一个互补的关系。

（3）2013 出版的 *Journal of the Royal Asiatic Society*，3rd ser. 23-2 是题为 "Textiles as Money on the Silk Road" 的特集号，当中收录的 E. Trombert 的论文全面接受了本文的内容[249]。

注　释

[1]　高中世界史教科书的丝绸之路完全指的是"绿洲之路"，笔者认为应该加入广义的"草原之路"和"海洋之路"。但是本文所说的以中央欧亚为对象的情况，是作为陆上丝绸之路来说密不可分的"绿洲之路"和"草原之路"的整合。这一点和开头脚注所说的内容结合起来，则本文所谈的丝绸之路会成为地域之名，丝绸之路东部甚至包括蒙古国和中国的内蒙古、甘肃、陕西、山西、河北的北部。关于将这些地区视为一体的历史意义，参见森安孝夫《ウイグルから見た安史の乱》，《内陸アジア言語の研究》第 17 卷，2002 年，第 117～170 页；森安孝夫《コレージュ＝ド＝フランス講演録》，森安孝夫《シルクロードと世界史》（大阪大学 21 世紀 COE プログラム《インターフェイスの人文学》报告书第 3 卷中有关"征服王朝"的各项论述。

[2]　除了这三个回鹘以外，为人所知的是河西地区存在过甘州回鹘王国和沙州回鹘。正如拙文所阐明，甘州回鹘是漠北回鹘在西迁时所派生出来的群体，和西州回鹘并没有直接关系。参见森安孝夫《ウイグルの西遷について》，《東洋学報》第 59 卷第 1—2 号，1977 年，第 105～130 页。另一方面，敦煌地区的沙州回鹘是西州回鹘的一支，绝没有形成独立王国。参见 Moriyasu Takao, The Sha-chou Uighurs and the West Uighur

Kingdom, *Acta Asiatica*, vol. 78, 2000, pp. 28-48; 森安孝夫《沙州ウイグル集団と西ウイグル王国》,《内陸アジア史研究》(第 15 辑), 2000 年, 第 21～35 页；Moriyasu Takao,The West Uighur Kingdom and Tun-huang around the 10th-11th Centuries, *Berichte und Abhandlungen der Berlin-Brandenburgischen Akademie der Wissenschaften*, vol. 8, 2000, pp. 337-368, incl. many pls. (pp. 358-368). 而且, 关于回鹘人拥有色目人首席地位需要举出众多文献, 不过首先请参考 Allsen, Th. T., The Yüan Dynasty and the Uighurs of Turfan in the 13th Century, In: Rossabi, M., (ed.), *China among Equals: The Middle Kingdom and Its Neighbors, 10th-14th Centuries*, Berkeley/Los Angeles/London: University of California Press, 1983, pp. 243-280; Rachewiltz, I. de.,Turks in China under the Mongols: A Preliminary Investigation of Turco-Mongol Relations in the 13th and 14th Centuries, In: Rossabi, M.,(ed.), *China among Equals: The Middle Kingdom and Its Neighbors, 10th-14th Centuries*, Berkeley/Los Angeles/London: University of California Press, 1983, pp. 281-310.

［3］《大慈恩寺三藏法师传》, 第 11、12 页。参见 Julien, S., *Histoire de la vie de Hiouen-thsang et de ses voyages dans l'Inde depuis l'an 629 jusqu'en 645, par Hoeï-li et Yen-thsong*, Paris, 1853, p. 40; Beal, S., *The Life of Hiuen-tsiang*, London, 1911, p. 30;（唐）慧立、彦悰撰,〔日〕长泽和俊译《玄奘法师西域纪行》(東西交涉旅行記全集 6), 东京：桃源社, 1965 年, 第 11、12 页。

［4］《大慈恩寺三藏法师传》, 第 21 页。参见 Julien, S., *Histoire de la vie de Hiouen-thsang et de ses voyages dans l'Inde depuis l'an 629 jusqu'en 645*, p. 40;（唐）慧立、彦悰撰,〔日〕长泽和俊译《玄奘法师西域纪行》, 第 30 页。

［5］（唐）玄奘撰, 章巽点校《大唐西域记》, 上海人民出版社, 1977 年, 第 2、3、15、23 页。

［6］（唐）玄奘、辩机撰, 季羡林等校注《大唐西域记校注》(中外交通史籍丛刊), 中华书局, 1985 年, 第 48、54、100、136 页。参见 Beal, S., *Si-yu-ki: Buddhist Records of the Western World*, 2 vols., London, 1884 (Repr.: Delhi 1981), part 1, pp. 18, 19, 38, 54;〔日〕水谷真成译注《大唐西域记》(中国古典文学大系 22), 东京：平凡社, 1971 年, 第 12、13、33、47 页。

［7］《大慈恩寺三藏法师传》, 第 24 页。参见 Julien, S., *Histoire de la vie de Hiouen-thsang et de ses voyages dans l'Inde depuis l'an 629 jusqu'en 645*, p. 47;（唐）慧立、彦悰撰,〔日〕长泽和俊译《玄奘法师西域纪行》, 第 35 页。

［8］ 参见冈崎敬《東西交渉の考古学》, 东京: 平凡社, 1973 年, 第 10 章
"サ サ ン・ペ ル シ ア 文 化 東 伝 の 編 年 試 論—貨 幣 考 古 学 の 立 場 か ら", 第
11 章 "サ サ ン・ペ ル シ ア 銀 貨 と そ の 東 伝 に つ い て"; 桑 山 正 进《東 方
に お け る サ ー サ ー ン 式 銀 貨 の 再 検 討》,《東 方 学 報》第 54 卷, 1982 年,
第 101～172 页; Skaff, J. K., Sasanian and Arab-Sasanian Silver Coins from
Turfan: Their Relationship to International Trade and the Local Economy, *AM*,
3rd. ser, vol.11, no. 2, 1998, pp. 67-115。夏鼐的先驱性业绩为这些论著所
引用。

［9］ 参见冈崎敬《東西交渉の考古学》, 第 255～260 页; 池田温《中国古代
の租佃契》（上）,《東洋文化研究所紀要》第 60 卷, 1973 年, 第 58～66
页（注释 34）; 池田温《敦煌の流通経済》, 池田温《講座敦煌（3）敦
煌の社会》, 东京: 大东出版社, 1980 年, 第 307～311 页; 姜伯勤著,
池田温译《敦煌・吐魯番とシルクロード上のソグド人（2）》,《東西交
渉（季刊）》第 5 卷第 2 号, 1986 年, 第 32～34 页; 桑山正进《大唐西
域記》（大乗仏典 中国・日本篇 9）, 东京: 中央公论社, 1987 年, 第
341～349 页。另 Skaff, J. K., Sasanian and Arab-Sasanian Silver Coins from
Turfan: Their Relationship to International Trade and the Local Economy, pp.
67-115. 这些先行研究从古钱币学的角度进行了总结, 并深入到了新的问
题当中。也有以英文写作之原因, 今后作为讨论丝绸之路东部流通之银
钱的基本文献应获得重视。不过, 其中关于 639 年用粟特文写成的女奴
买卖文书, 并非引用了注 10 所言及的吉田丰和我合写的论文, 而是间接
引用了 R. N. Frye 的不充分的介绍, 所以产生了误解的地方, 这是很可
惜的。

［10］ 吉田丰、森安孝夫《麹氏高昌国時代ソグド文女奴隷売買文書》,《内陸
アジア言語の研究》（第 4 辑）, 1989 年, 第 1～50 页。作为补充, 荒川
正晴《トゥルファン出土「麹氏高昌国時代ソグド文女奴隷売買文書」
の理解をめぐって》,《内陸アジア言語の研究》（第 5 辑）, 1990 年, 第
145～153 页的指摘和议论值得一读。另参见 É. De la Vaissière, *Histoire
des marchands sogdiens, Bibliothèque de l'Institut des Hautes Études
Chinoises*, vol.32, 2002, Paris, pp. 165-170; É. De la Vaissière, Histoire *des
marchands sogdiens, Bibliothèque de l'Institut des Hautes Études Chinoises*,
vol.32, Deuxième édition révisée et augmentée, Paris, 2004, pp. 153-158; É.
De la Vaissière, *Sogdian Traders: A History*, Tr. by Ward, J., Handbook of
Oriental Studies, Section 8: Central Asia, vol.10, Leiden/Boston: Brill, 2005,
pp. 169-174.

［11］ 参见姜伯勤著, 池田温译《敦煌・吐魯番とシルクロード上のソグド人

（2）》，第 33 页；吉田丰《ソグド語資料から見たソグド人の活動》，《岩波講座世界歴史（11）中央ユーラシアの統合》，东京：岩波书店，1997年，第 229 页。

［12］ 这是基于吐鲁番、库车、和田地区出土的 8 世纪的汉文文书群和铜钱实物得出的结论，这在中日学界已成通说。这里不能一一赘述众多的参考文献，仅限于举出与汉文文书有关的基本资料，以及与铜钱有关的 2 篇最新的英文论文。参见 Yamamoto Tatsurō, Ikeda On, *Tun-huang and Turfan Documents concerning Social and Economic History, III, Contracts,* Tokyo: Tōyō bunko, 1987; Thierry, F., On the Tang Coins Collected by P. Pelliot in Chinese Turkestan (1906-1909), In: *Studies in Silk Road Coins and Culture, Papers in Honour of Professor Ikuo Hirayama on His 65th Birthday,* Kamakura: The Institute of Silk Road Studies, 1997, pp. 149-179; Rhodes, N., Tang Dynasty Coins Made in Xinjiang, In: *Studies in Silk RoadCoins and Culture. Papers in Honour of Professor Ikuo Hirayama on His 65th Birthday,* Kamakura: The Institute of Silk Road Studies, 1997, pp. 181-186, incl. 1 pl.

［13］ 参见荒川正晴《唐の対西域布帛輸送と客商の活動について》，《東洋学報》第 73 卷第 3、4 合期，1992 年，第 31～63 页；荒川正晴《唐代前半の胡漢商人と帛練の流通》，《唐代史研究》第 7 卷，2004 年，第 17～59 页；荒川正晴《ユーラシアの交通・交易と唐帝国》，名古屋：名古屋大学出版会，2010 年。

［14］ 现在所知的最后的文书的纪年是 692 年。这一点也是中日学界共同肯定的，J. K. Skaff 将其制作成了方便使用的表格。参见 Skaff, J. K., Sasanian and Arab-Sasanian Silver Coins from Turfan: Their Relationship to International Trade and the Local Economy, *AM*, 3rd. ser., vol. 11, no. 2, 1998, pp. 79, 108-109. 另一方面，Trombert 和魏义天（É. De la Vaissière）指出 8 世纪的吐鲁番、库车、和田出土的汉文文书也有银钱的使用（Trombert, E., *Le crédit à Dunhuang. Vie matérielle et société en Chine médiévale, Bibliothèque de l'Institut des Hautes Etudes Chinoises,* vol. 29, Paris, 1995, p. 25; É. De la Vaissière, *Histoire des marchands sogdiens,* p. 322, n.112，但是，这之后 É. De la Vaissière 在其改订版（É. De la Vaissière, *Histoire des marchands sogdiens,* pp. 289-290）中，对这个误解进行了消除。这是他们对铜钱错误的理解。

［15］ 本文书在荒川正晴的《唐帝国とソグド人の交易活動》，《東洋史研究》第 56 卷第 3 期，1997 年，第 185～189 页中有详细的解说。

［16］ 桑山正进《慧超往五天竺国伝研究》，第 33、38、40 页。

［17］ 关于兴胡，参见桑山正进《慧超往五天竺国伝研究》，京都：京都大学

人文科学研究所，1992 年，第 121 页（森安孝夫承担）；荒川正晴《唐帝国とソグド人の交易活動》，《東洋史研究》第 56 卷第 3 期，1997 年，第 190、191、194、195 页；荒川正晴《ソグド人の移住聚落と東方交易活動》，《岩波講座世界歴史 15 商人と市場》，东京：岩波书店，1999 年，第 98、99 页。荒川正晴阐明，兴胡并非单纯的粟特商人，而是作为唐朝百姓被正式编入户籍，不仅被允许在唐朝境内移动，而且有时会越过国境参与或从事交易的粟特商人。顺言之，魏义天引用荒川观点，对"兴胡、商胡、客胡"的概念进行了界定，但其解释不正确。见 É. De la Vaissière, *Histoire des marchands sogdiens*, p. 136. 作为粟特商业史的研究成果，魏义天的上述著作是学术界最早的，且很优秀。可惜的是，偶尔存在未能正确把握日本学者最新研究高度的缺憾。

［18］桑山正进《慧超往五天竺国伝研究》，第 45、178～183 页。

［19］桑山正进《慧超往五天竺国伝研究》，第 38、121 页。

［20］参见日野开三郎《日野開三郎東洋史学論集（4）唐代両税法の研究本篇》，东京：三一书房，1982 年。

［21］参见加藤繁《唐宋時代に於ける金銀の研究》全 2 卷，（東洋文庫論叢 6），东京：（财）東洋文庫，1925、1926 年；日野开三郎《日野開三郎東洋史学論集（5）唐・五代の貨幣と金融》，东京：三一书房，1982 年，第 435 页；日野开三郎《日野開三郎東洋史学論集（5）唐・五代の貨幣と金融》，东京：三一书房，1982 年，第 291 页；砺波护《唐代社会における金銀》，《東方学報》第 62 卷，1990 年，第 233～270 页。

［22］加藤繁《唐宋時代に於ける金銀の研究》第二卷，第 726 页。

［23］硬要说的话，只有在金银的产地、且与海上丝绸之路相连结的中国南部（岭南道），金银作为货币而流通（加藤繁《唐宋時代に於ける金銀の研究》全 2 卷；日野开三郎《唐代嶺南における金銀の流通》，《続・唐代邸店の研究》，福冈：九州大学文学部东洋史研究室，1970 年，第 416～508 页），但这并不影响本文论述陆上丝绸之路的思路。

［24］加藤繁《東洋文庫論叢 56 中国貨幣史研究》，东京：（财）東洋文庫，1991 年，第 216 页。

［25］D. C. Twitchett 在总结了加藤的著作后言："According to his findings silk and precious metals were used in every variety of transaction, both public and private, for the payment of large sums. Theuse of silk was more widespread at the beginning of the dynasty, and it seems that silver began to replace it as the usual medium for payment of large sums after An Lu-shan's rebellion and especially during the ninth century." 见 Twitchett, D. C., *Financial Administration under the T'ang Dynasty*, 2nd edition, Cambridge,1970, p. 70. 但是，后段

的 "安史之乱以后，尤其是进入 9 世纪之后，银作为高额支付手段似乎开始取代了绢" 一句，看来是偏离了加藤的主旨。顺提一下，马飞海总主编的 1991 年的《中国历代货币大系（3）》第 536、537 页中有王裕巽的 "隋唐五代时期贵金属，尚未具备货币性质" 一节，言金银不仅没有价值尺度，甚至没有充当流通手段。

[26]　松田寿男《絹馬交易覚書》，《歴史学研究》第 6 卷第 2 期，1936 年，收入氏著《松田壽男著作集》第 2 卷，1986 年，第 140～153 页；松田寿男《絹馬交易に関する史料》，《遊牧社会史探究》第 1 卷，1959 年，收入氏著《松田壽男著作集》第 2 卷，1986 年，第 154～179 页。

[27]　在北朝—唐朝时期史料的《突厥传》《回鹘传》中，有很多中国赏赐 "金银器" 的记录，也可散见 "金帛" "黄金" "金银" 等词语。不过，在充当流通媒介而给丝绸之路东部经济带来影响这一点上，能够构成问题点的只有丝绸。精通这些汉文史料的松田寿男从绢马贸易的视点领会近代以前的丝绸之路东部的政治经济动向，没有特意论及金银或者金银器。但是在绢马贸易中仅有一次，出现了用 "帛十万匹，金银十万两" 来支付的记录。这个唯一的例外，就是在 782 年的时候，由于回鹘单方面将马匹带到唐朝，使得唐朝背上债务，唐朝因某一事件，不得不按回鹘要求统一支付马价绢 180 万匹。其中原委，在《旧唐书》卷 127《源休传》（北京，中华书局，1975 年，第 3575 页），以及《资治通鉴》卷 227 "建中三年" 条（北京，中华书局，1956 年，第 7330、7331 页）中有详细记载。另参见林俊雄《ウイグルの対唐政策》，《創価大学人文論集》第 4 卷，1992 年，第 126、133 页。此外，在 757 年，在太子叶护所率领的回鹘军队希望协助唐军收复长安之前，肃宗约定 "克城之日，土地士庶归唐，金帛子女皆归回纥"（《资治通鉴》卷 220 "至德二载九月" 条，第 7034 页）。这句话在《新唐书》卷 217 上《回鹘传》所载宰相李泌的上奏文中作 "土地人众归我，玉帛子女予回纥"（《新唐书》，北京，中华书局，1975 年，第 6123 页）。这只是口头表述，并非现实。此处金、玉与其说是货币，不如说是作为财宝的代名词而使用。与此相关的是，山西省北部的平鲁县出土了最有可能是在安史之乱时被赐给回鹘的金锭（参见砺波护《唐代の辺境における金銀》，谷川道雄《中国辺境社会の歴史的研究》，京都：京都大学文学部，1989 年，第 68 页）。据加藤繁《唐宋時代に於ける金銀の研究》第 17、18 页和宫崎市定《五代宋初の通貨問題》（京都：星野书店，1943 年，第 106 页；《宮崎市定全集》第 9 卷，东京：岩波书店，1992 年，第 95 页），唐宋时代的 "金帛" 是金银赠帛的简称。顺提一下，在《资治通鉴》所载相关安史之乱的记录中，有 "金帛"（第 7008 页）被替换成 "珍货"（第 7019 页）的

例子。总之，不能认为因此类金银的短期流入，使得金银在漠北回鹘作为货币而通用。虽说如此，在丝绸之路西部地区，金币和铸造而成的黄金生金是作为货币而流通的。因此，中国的黄金通过粟特人之手直接地，或一时经由突厥和回鹘而被运到西方世界，这看来并不稀奇。参见佐藤圭四郎《唐代商業の一考察——高利貸付について》,《加賀博士退官記念中国文史哲学論集》, 东京: 讲谈社, 1979 年, 第 580 页; 佐藤圭四郎《イスラーム商業史の研究—坿東西交渉史—》(東洋史研究叢刊 33), 京都: 同朋舍, 1981 年, 第 320 页。

[28] 关于匈奴，参见松田寿男《絹馬交易覚書》, 松田寿男《絹馬交易に関する史料》。关于辽金西夏，将在后段提及。

[29] 松田寿男《絹馬交易覚書》; 松田寿男《絹馬交易に関する史料》; Mackerras, C., Sino-Uighur Diplomatic and Trade Contacts (744 to 840), *Central Asiatic Journal*, vol. 13, no.3, 1969, pp. 215-240; Beckwith, Ch. I., The Impact of the Horse and Silk Trade on the Economies of T'ang China and the Uighur Empire: On the Importance of International Commerce in the Early Middle Ages, *Journal of the Economic and Social History of the Orient*, vol. 34, 1991, pp. 183-198; 林俊雄《ウイグルの对唐政策》,《創価大学人文論集》第 4 卷, 1992 年, 第 111～143 页; 斎藤勝《唐・回鶻絹馬交易再考》,《史学雑誌》第 108 編第 10 号, 1999 年, 第 33～58 页。

[30] 斎藤勝《唐・回鶻絹馬交易再考》,《史学雑誌》第 108 編第 10 号, 1999 年, 第 33～58 页。

[31] 在两唐书《回鹘传》中，有很多次唐朝给予金银器的记录。漠北回鹘对于金银器的渴求是毫无疑问的，突厥也有同样的情况，这不仅在东罗马历史学家 Menandros 的记录中有所提及（参见内藤绿《西突厥史の研究》, 东京: 早稻田大学出版部, 1988 年, 第 380 页）, 亦据近年毗伽可汗墓的发掘而被了解（Баяр, Д., Новые археологические раскопки на памятнике Бильгэкагана, *Археология, Этнография и Антропология Евразии* 20, 2004, (4), 73-84）。挖掘品的彩色照片，参见 2005 年在德国举办的蒙古展的 Dschingis Khan und seine Erben. Das Weltreich der Mongolen 的目录（第 75～78 页）。正如从近年中国考古学挖掘品可知，在中国，不仅是波斯和粟特等西方产的金银器有进口，更在唐朝的宫廷工房中产出了很多精品。毫无疑问，回鹘对这两者都很看重。

[32] Beckwith, Ch. I., The Impact of the Horse and Silk Trade on the Economies of T'ang China and the Uighur Empire: On the Importance of International Commerce in the Early Middle Ages, (n.18)& p.184.

[33] 冈崎敬《東西交渉の考古学》, 第 8 页。另参见姜伯勤著，池田温译

《敦煌·吐鲁番とシルクロード上のソグド人（2）》，第 32 页。

[34] 姜伯勤著，池田温译《敦煌·吐鲁番とシルクロード上のソグド人
（2）》，第 34、35 页中写道："像这样，北朝时代沿着'银之路'流入银
钱的状况在唐代得到了转变，反而是沿着'绢马贸易'之路铜钱开始流
出。"姜伯勤判断的根据为唐朝统治下西域的铜钱流通、邻接的粟特内
的中国式铜钱的流行、和铜钱有关的穆格山文书、天山以北的突骑施钱
的发行，并表示"在西域地区，唐朝的铜钱，不仅起到唐朝'藩域'内
的流通手段的职能，更承担着国际通货的作用"。然而，笔者并不赞同
这种看法。粟特的铜钱是经济高度发达的粟特内的本地通货，粟特人绝
不可能带着这些铜钱进行远距离移动。另一方面，突骑施钱恐怕和之后
的回鹘铜钱一样，仅仅是为了夸示权威、权力而铸造的一种纪念币。唐
朝统治下的西域，流通的铜钱大多是在当地铸造的，正如最近 Thierry,
F., On the Tang Coins Collected by P. Pelliot in Chinese Turkestan (1906-
1909), pp. 149-179 和 Rhodes, N., Tang Dynasty Coins Made in Xinjiang,
pp. 181-186, incl. 1 pl 所指出的那样。姑且不提海路，8 世纪时，重且廉
价的铜钱大费周折直接从中国本土经陆路搬运到西域是无法想象的。

[35] 加藤繁《唐宋時代に於ける金銀の研究》，第 77、78 页中介绍开元二
年，为了抵制骄奢淫逸之风，颁布了将金银器玩销毁以供国用的诏书。

[36] 砺波护《唐代社会における金銀》，第 243～256 页。

[37] 森安孝夫《〈シルクロード〉のウイグル商人——ソグド商人とオルト
ク商人のあいだ》，《岩波講座世界歴史（11）中央ユーラシアの統合》，
东京：岩波书店，1997 年，第 108～112 页。

[38] É. De la Vaissière, *Histoire des marchands sogdiens*, pp. 326, 331.

[39] É. De la Vaissière, *Histoire des marchands sogdiens*, pp. 146, 326.

[40] 有关粟特商业，以法文写成的魏义天专著 *Histoire des marchands sogdiens*，
在之后获得欧美学界的热评，2004 年有增补改订版，2005 年出版了
英译版。为了便于参考，笔者对页数进行一个追记（É. De la Vaissière,
Histoire des marchands sogdiens, 2002, pp. 146, 326, 331; É. De la
Vaissière, *Histoire des marchands sogdiens*, 2004, pp. 127, 293-294, 298; É.
De la Vaissière, *Sogdian Traders: A History*, pp. 139, 325, 330。笔者承认该
书是一本优秀的作品，但书中并未消化日语庞大的研究积累（忽略笔者
有关回鹘钱的先行研究就是一个例子）。这从日本的学界水平来看不能
放手不管，且难以令人高兴。有关于此请参见森安孝夫《ソグド研究動
向》，《日本におけるシルクロード上のソグド人研究の回顧と近年の動
向（増補版）》，收于森安孝夫编《ソグドからウイグルへ》，东京：汲
古书院，2011 年，第 6、7 页。

［41］ 佐藤圭四郎《唐代商業の一考察——高利貸付について》,《加賀博士退官記念中国文史哲学論集》, 东京: 讲谈社, 1979 年, 第 575～579 页; 佐藤圭四郎《イスラーム商業史の研究—坿東西交渉史—》（東洋史研究叢刊 33）, 京都: 同朋舎, 1981 年, 第 315～319 页。

［42］ Beckwith, Ch. I., The Impact of the Horse and Silk Trade on the Economies of T'ang China and the Uighur Empire: On the Importance of International Commerce in the Early Middle Ages, p. 189.

［43］ 佐藤圭四郎《北宋時代における回紇商人の東漸》,《星博士退官記念中国史論集》, 山形, 1978 年, 第 99 页; 佐藤圭四郎《イスラーム商業史の研究—坿東西交渉史—》, 第 336 页。

［44］ 参见 Mackerras, C., *The Uighur Empire according to the T'ang Dynastic Histories: A Study in Sino-Uighur Relations 744-840*, Canberra: Australian National University Press, 1972, pp. 48-49; Jagchid, S., The "Uighur Horses" of the T'ang Dynasty, In: Heissig, W., Sagaster, K., (eds.), *Gedanke und Wirkung. Festschrift zum 90. Geburtstag von Nikolaus Poppe*, Wiesbaden: Otto Harrassowitz, 1989, p. 175; Mackerras, C., The Uighurs, In: Sinor, D., (ed.), *The Cambridge History of Early Inner Asia*, Cambridge: Cambridge University Press, 1990, pp. 338-339.

［45］ 日野开三郎《唐代の回紇銭》,《東方学》第 30 号, 1965 年, 第 38～49 页。

［46］ Mackerras, C., Relations between the Uygur State and China's Tang Dynasty, 744-840, In: Christian, D., Benjamin, C., (eds.), *Realms of the Silk Roads: Ancient and Modern, Silk Road Studies*, vol.4, Turnhout (Belgium): Brepols, 2000, pp. 205.

［47］ Thierry, F., Les monnaies de Boquq qaghan des Ouïgours (795-808), *Turcica*, vol. 30, 1998, pp. 263-278.

［48］ 为了保证本书的统一, 原论文所有的 "ブクク", 均改为 "ブクグ"。

［49］ 不过, F. Thierry 所说的史料用语 "回鹘钱（Uighur money）" 并不是指具体的铸造出来的回鹘铜钱（Uighur coins）, 这一点还请注意。他认为被都市文明同化中的回鹘人所使用的作为资本的铜钱终究是唐朝的, 带有卜古可汗铭文的硬币, 和较早的突骑施的硬币一样, 只不过是作为权威、权力的象征而发行的。参见 Thierry, F., Les monnaies de Boquq qaghan des Ouïgours (795-808), pp. 274-275.

［50］ Mackerras, C., The Uighur Empire according to the T'ang Dynastic Histories, pp. 47-49; Mackerras, C., The Uighurs, pp. 337-342; Thierry, F., Les monnaies de Boquq qaghan des Ouïgours (795-808), pp. 273-274.

［51］ Golden, P. B., *Nomads and Sedentary Societies in Medieval Eurasia (Essays on Global and Comparative History)*, Washington, D. C.: American Historical Association, 1998, p. 34: "They (Uighurs) replaced the Soghdians, who by the eleventh century in many regions were already 'Turkicizing', as merchants, missionaries, and culture bearers."

［52］ 森安孝夫《〈シルクロード〉のウイグル商人——ソグド商人とオルトク商人のあいだ》,《岩波講座世界歴史（11）中央ユーラシアの統合》, 东京：岩波書店，1997 年，第 93～119 页。

［53］ 以回鹘文写成的回鹘语文献的分类方法可有多种。如《回鹘文契约文书集成》第 2 卷的第 ix-x 页所述，现在我们首先分为典籍、文书、碑铭三大类，再进行如下的细分。

1. 典籍　books (literary texts)
　　1-a. 宗教典籍　religious texts
　　1-b. 世俗典籍　secular texts
2. 文书（俗文书）　civil documents
　　2-a. 公文书　official documents
　　2-b. 私文书　personal documents
3. 碑铭　inscriptions
　　3-a. 宗教相关　religious texts
　　3-b. 世俗相关　secular texts

这里所说的"文书"，与敦煌文书 Dunhuang documents 和吐鲁番文书 Turfan documents 之文书之间，存在概念上的差异，此点敬请注意。敦煌文书和吐鲁番文书的情况，不仅含文书，也包含典籍，有时候也会含有碑铭。因此，这里把"文书"的英文表达方式不写成单纯的 documents，而是写作 civil documents。这里不仅包括行政、军事关系文书，而且还包括寺院经济关系文书和僧侣的信件等。

［54］ 提到字体区别的有以下论文：森安孝夫《ウイグル語文献》, 山口瑞凤《講座敦煌 6 敦煌胡語文献》, 东京：大东出版社，1985 年，第 16\39 页；森安孝夫《ウイグル＝マニ教史の研究》,《大阪大学文学部紀要》, 31、32 合并号，丰中：大阪大学文学部，1991 年，第 28、38、46、55、87、134、147、186、200 页；森安孝夫《ウイグル文書箚記（その三）》,《内陸アジア言語の研究》第 7（1991）辑，1992 年，第 48 页；森安孝夫《ウイグル文書箚記（その四）》,《内陸アジア言語の研究》（第 9 辑），1994 年，第 66～68 页；Moriyasu Takao, Zieme, P., From Chinese to Uighur Documents, *SIAL*, vol. 14, 1999, p. 74; Moriyasu Takao, Uighur Inscriptions on the Banners from Turfan Housed in the Museum für

Indische Kunst, Berlin, In: Bhattacharya-Haesner, Ch., (ed.), *Central Asian Temple Banners in the Turfan Collection of the Museum für Indische Kunst*, Berlin, Berlin: Dietrich Reimer Verlag, 2003, p. 461. 有关四个字体的定义，日文中笔者的《ウイグル文書箚記（その四）》最为详细。之后，进一步进行了补正，现阶段还请务必参考英文版的 Uighur Inscriptions on the Banners from Turfan Housed in the Museum für Indische Kunst, Berlin, In: Bhattacharya-Haesner, Ch., (ed.), *Central Asian Temple Banners in the Turfan Collection of the Museum für Indische Kunst, Berlin*, Berlin: Dietrich Reimer Verlag, pp. 461-474. 再者，四个字体的具体例一览参见 Moriyasu Takao, Four Lectures at the Collège de France in May 2003. History of Manichaeism among the Uighurs from the 8th to the 11th Centuries in Central Asia, In: Moriyasu, T., (ed.), *World History Reconsidered through the Silk Road*,（大阪大学 21 世紀 COE プログラム「インターフェイスの人文学」報告書，第 3 卷），Osaka: Osaka University, pp. 88-89. 在这之后，笔者在摘译该论文主要部分时，对四个字体的具体例一览的一部分进行了替换，以大开本刊出。见 Moriyasu Takao, From Silk, Cotton and Copper Coin to Silver. Transition of the Currency Used by the Uighurs during the Period from the 8th to the 14th Centuries, In: Durkin-Meisterernst, D., et al., (eds.), *Turfan Revisited — the First Century of Research into the Arts and Cultures of the Silk Road*，Berlin: Dietrich Reimer Verlag, 2004, pp. 232-233.

［55］谈及根据字体判断时代的有：森安孝夫《ウイグル語文献》，第 15、16、39、73 页；森安孝夫《トルコ仏教の源流と古トルコ語仏典の出現》，《史学雑誌》第 98 編第 4 号，1989 年，第 1～35 页；森安孝夫《ウイグル文書箚記（その一）》，《内陸アジア言語の研究》（第 4 輯），1989 年，第 51～76 页；森安孝夫《ウイグル文書箚記（その二）》第 5 节，《内陸アジア言語の研究》（第 5 輯），1989 年，第 69～72 页；Moriyasu Takao, L'origine du Bouddhisme chez les Turcs et l'apparition des textes bouddhiques en turc ancien, In: Haneda, A., (ed.), *Documents et archives provenant de l'Asie centrale. Actes du colloque franco-japonais, Kyoto, 4-8 octobre 1988*, Kyoto: Dōhōsha, 1990, pp. 147-150；森安孝夫《ウイグル＝マニ教史の研究》，第 38、46、53、54、87、134、147 页；森安孝夫《ウイグル文書箚記（その三）》，第 48～50 页；森安孝夫《ウイグル文書箚記（その四）》第 10 节，第 63～83 页，尤其是第 66、81～83 页；Moriyasu Takao, Notes on Uighur Documents, *MRDTB*, vol. 53, 1995, pp. 68-69, 79-81, 91-93；森安孝夫《ウイグル文字新考——回回名称問題解

决への一礎石》,《東方学会創立五十周年東方学論集》, 东京：东方学
会，1997 年，第 1235〜1233 页（逆页）；森安孝夫《ウイグル文契約文
書補考》,《待兼山論叢（史学篇）》第 32 卷，1998 年，第 5、10〜12、
14 页；Moriyasu Takao, Zieme, P., From Chinese to Uighur Documents, p.
74; Moriyasu Takao, Uighur Inscriptions on the Banners from Turfan Housed
in the Museum für Indische Kunst, Berlin, pp. 461-462.

［56］ 当然，字体的判定是相对的。森安孝夫《ウイグル文書箚記（その四）》
第 83 页中断言"半楷书体是'较早'的充分条件"，这个判断有些急躁
了。因为字体是有个人差别的，"半楷书体"的判断基准想让所有人都
赞同是很困难的。如森安孝夫《ウイグル文書箚記（その四）》第 67 页
注释 5 所示，笔者自己也有一些犹豫。而且对从一开始就不持有自信的
部分，设置了半草书体这样的灰色地带。所谓半草书体，终究是临时设
置的，将来有被半楷书体和草书体分别吸收的可能性。

［57］ 参见森安孝夫《トルコ仏教の源流と古トルコ語仏典の出現》,《史学
雑誌》第 98 编第 4 号，1989 年，第 1〜5 页。这里有提到和古突厥
语文献的语言学特征对编年的重要先行研究，还请参见。这之后，G.
Doerfer 发表了包括语言学特征字体的专著《古代東方トルコ語文献の
言語学的編年試論》，和我们意见不同的地方非常多。对此论著的批判
也是很多的，可以列举的是 Hamilton, J., On the Dating of the Old Turkish
Manuscripts from Tunhuang, In: Emmerick, R. E., et al., (eds.), *Turfan,
Khotan und Dunhuang*, Berlin: Akademie Verlag, 1993, pp. 135-145, incl. 2
pls；冲美江《9〜11 世紀におけるウイグル文字の諸特徴——時代判定
への手がかりを求めて》,《内陸アジア言語の研究》（第 11 辑），1996
年，第 15〜66 页。

［58］ 参见森安孝夫《トルコ仏教の源流と古トルコ語仏典の出現》，第 1〜5
页；Moriyasu Takao, L'origine du Bouddhisme chez les Turcs et l'apparition
des textes bouddhiques en turc ancien, pp. 147-150；森安孝夫《ウイグル
＝マニ教史の研究》全文，特别是第 3 章第 3〜5 节；冲美江《9〜11 世
紀におけるウイグル文字の諸特徴——時代判定への手がかりを求め
て》，第 43〜47 页。

［59］ 参见森安孝夫《トルコ仏教の源流と古トルコ語仏典の出現》，第 3、4
页；Moriyasu Takao, L'origine du Bouddhisme chez les Turcs et l'apparition
des textes bouddhiques en turc ancien, pp. 149-150；森安孝夫《ウイグ
ル文書箚記（その三）》，第 48〜50 页；森安孝夫《ウイグル文書箚記
（その四）》，第 68 页注 6，第 82 页；冲美江《9〜11 世紀におけるウイ
グル文字の諸特徴——時代判定への手がかりを求めて》，第 33〜37 页。

［60］ 小田寿典《ウィグル文八陽経写本のs、š字形に関する覚書》,《豊橋短期大学研究紀要》第5巻,1988年,第21～32頁;冲美江《9～11世紀におけるウイグル文字の諸特徴——時代判定への手がかりを求めて》,第19～25頁。

［61］ 参见 Laut, J. P., *Der frühe türkische Buddhismus und seine literarischen Denkmäler*, (Veröffentlichungen der Societas Uralo-Altaica 21), Wiesbaden, 1986, pp. 63-64, 69, 91; Geng S. M, Klimkeit, H.-J., Laut, J. P., Manis Wettkampf mit dem Prinzen. Ein neues manichäisch-türkisches Fragment aus Turfan, *Zeitschrift der Deutschen Morgenländischen Gesellschaft*, vol. 137, no.1, 1987, pp. 54-58, "Anhang: Bemerkungen zu der Handschrift" 这一部分单独由劳特（J. P. Laut）执笔; Doerfer, G., *Versuch einer linguistischen Datierung älterer osttürkischer Texte*, pp. 92-93.

［62］ 森安孝夫《ウイグル文書箚記（その四）》,第81頁;冲美江《9～11世紀におけるウイグル文字の諸特徴——時代判定への手がかりを求めて》,第51、52頁。

［63］ 森安孝夫《ウイグル文書箚記（その四）》,第68、81頁;冲美江《9～11世紀におけるウイグル文字の諸特徴——時代判定への手がかりを求めて》,第39～42頁;森安孝夫《ウイグル文字新考——回回名称問題解決への一礎石》,第1229頁。

［64］ 森安孝夫《ウイグル＝マニ教史の研究》,第54頁;森安孝夫《ウイグル文書箚記（その四）》,第69、82頁;森安孝夫《ウイグル文契約文書補考》,第18頁。

［65］ 森安孝夫《ウイグル文書箚記（その四）》,第69、82頁。

［66］ 森安孝夫《ウイグル文書箚記（その四）》,第64、65、81頁。

［67］ 森安孝夫《ウイグル文書箚記（その二）》,第69、70頁;森安孝夫《ウイグル文書箚記（その四）》,第68、81、82頁。

［68］ 森安孝夫《ウイグル＝マニ教史の研究》,第54頁。

［69］ 参见森安孝夫《ウイグル文書箚記（その一）》,第68～71頁; Moriyasu Takao, Notes on Uighur Documents, pp. 77-79; 森安孝夫《ウイグル文書箚記（その四）》,第69、81、82頁。

［70］ 森安孝夫《ウイグル文契約文書補考》,第11頁。

［71］ 庄垣内正弘《ウイグル語仏典について》,樋口隆康《続・シルクロードと仏教文化》,東京:東洋哲学研究所,1980年,第261、262、274頁; Zieme, P., *Religion und Gesellschaft im Uigurischen Königreich von Qočo. Kolophone und Stifter des alttürkischen buddhistischen Schrifttums aus Zentralasien, Abhandlungen der Rheinisch-Westfälischen Akademie der*

Wissenschaften, vol. 88, Opladen, 1992, pp. 40-42; Elverskog, J., *Uygur Buddhist Literature, Silk Road Studies*, vol. 1, Turnhout: Brepols, 1997, pp. 9, 11, 13.

[72] Clark, L.V., *Introduction to the Uyghur Civil Documents of East Turkestan (13th-14th cc.)*, Indiana University Ph.D. dissertation, Ann Arbor: Xerox University Microfilms，1975, pp. 139-143, 164: 税制（alban, qalan, qupčïr, yasaq），法律用语（qubi, tölä-, yasa, yosun），社会组织、称号（aqa, bayan, nökör, uluγ sü, taruγa, tüšümel），人名（Bayan, Mongol, Mongγolčïn, Ögödäy, Qaraγunaz），来源于汉语的借用语（čao＜汉语钞，čungdung baočao＜汉语 中统宝钞，ančaši＜汉语 按察使），其他（asïra-, čaγ）。还可追加 taydu＜汉语 大都和 učaγur 等。参见山田信夫等《ウイグル文契約文書集成》第 2 册，索引。

[73] 山田信夫《ウイグル売買契約書の書式》, 西域文化研究会《西域文化研究（6）歴史と美術の諸問題》, 京都：法蔵館, 1963 年，第 29～62 页；山田信夫等《ウイグル文契約文書集成》第 1 册，第 IX 页；山田信夫《ウイグル文貸借契約書の書式》,《大阪大学文学部紀要》第 11 卷，1965 年，收入山田信夫等《ウイグル文契約文書集成》第 1 册，第 IV 页，第 130 页；山田信夫《タムガとニシャン》, 日本オリエント学会編《足利惇氏博士喜寿記念オリエント学インド学論集》, 东京：国書刊行会, 1978 年，收入山田信夫等《ウイグル文契約文書集成》第 1 册，第 XIV 页；Clark, L.V., *Introduction to the Uyghur Civil Documents of East Turkestan (13th-14th cc.)*, pp. 326-328, n. 24 (pp. 371-372)；森安孝夫《ウイグル文書箚記（その四）》第 64、65、83 页。

[74] 梅村坦《違約罰納官文言のあるウイグル文書——とくにその作成地域と年代の決定について》,《東洋学報》第 58 卷第 3、4 号合期，1977 年，第 1～40 页。

[75] 山田信夫《カイイムトゥ文書のこと》,《東洋史研究》第 34 卷第 4 号，1976 年，第 32～57 页，收入山田信夫等《ウイグル文契約文書集成》第 1 册，第 XVI 页；Clark, L.V., *Introduction to the Uyghur Civil Documents of East Turkestan (13th-14th cc.)*, pp. 176-177, 180.

[76] 山田信夫《回鶻文斌通（善斌）売身契三種》,《東洋史研究》第 27 卷第 2 号，1968 年，第 79～104 页，收入山田信夫等《ウイグル文契約文書集成》第 1 册，第 XVIII 页；Clark,L.V., *Introduction to the Uyghur Civil Documents of East Turkestan (13th-14th cc.)*, pp. 106-108, 185；梅村坦《違約罰納官文言のあるウイグル文書——とくにその作成地域と年代の決定について》, 第 22～24 页。

［77］ Clark, L. V., *Introduction to the Uyghur Civil Documents of East Turkestan (13th-14th cc.)*, pp. 174-176; 梅村坦《違約罰納官文言のあるウイグル文書——とくにその作成地域と年代の決定について》，第 20～22 頁；梅村坦《イナンチ一族とトゥルファン - ウイグル人の社会》，《東洋史研究》第 45 巻第 4 号，1987 年，第 90～120 頁。

［78］ Clark, L.V., *Introduction to the Uyghur Civil Documents of East Turkestan (13th-14th cc.)*, pp. 178；小田寿典《ウイグル文トゥリ文書研究覚書》，《内陸アジア史研究》（第 6 輯），1990 年，第 9～26 頁；Oda Juten, On *baš bitig, 'ydyš bitig and čïn bitig. --* Notes of the Uighur Documents Related to a Person Named *Turï --. Türk Dilleri Araştırmaları*,vol. 1, 1991, pp. 37-46.

［79］ 参见松井太《モンゴル時代ウイグリスタン税役制度とその淵源——ウイグル文供出命令文書にみえる käzig の解釈を通じて》，《東洋学報》第 79 巻第 4 号，1998 年，第 26～55 頁；松井太《ウイグル文クトルグ印文書》，《内陸アジア言語の研究》第 13 輯，1998 年，第 1～62 頁 +14 図版；松井太《モンゴル時代ウイグリスタンの税役制度と文書行政》，1998 年度大阪大学大学院文学研究科博士学位論文，1999 年；松井太《モンゴル時代ウイグリスタンの税役制度と徴税システム》，松田孝一《碑刻等史料の総合的分析によるモンゴル帝国・元朝の政治・経済システムの基礎的研究》，大阪国際大学，2002 年，第 87～127 頁；松井太《ヤリン文書——14 世紀初頭のウイグル文供出命令文書 6 件》，《人文社会論叢（人文科学篇）》（弘前大学）（第 10 輯），2003 年，第 51～72 頁；松井太《西ウイグル時代のウイグル文供出命令文書をめぐって》，《人文社会論叢（人文科学篇）》（弘前大学）（第 24 輯），2010 年，第 25～53 頁。但是，松井太并没有认为所有的缴纳命令文书都是蒙元时代的。这些文书限于草书体和其他特征结合在一起判定为蒙元时代者，不过实际上到目前为止所公开的这些文书基本上都属于蒙元时代。

［80］ 1 sïtïr ≒ 40 克的说法，已经在森安孝夫《オルトク（斡脱）とウイグル商人》的第 10～13 页进行了讨论。正如该文中所言，在出土的大量银锭中，1 锭的平均重量是 2 公斤。而且，鉴于 "1 锭 =50 两；1 两 =10 钱 =100 分" = "1 yastuq=50 sïtïr; 1 sïtïr=10 baqïr=100 vun" 的度量衡体系已经很明确（参见前田直典《元代の貨幣単位》，《社会経済史学》第 14 巻第 4 期，1944 年，收入氏著《元朝史の研究》，东京：东京大学出版会，第 19～39 頁），故没有怀疑的余地。只是在前田的时代尚不充分的 "分 = vun"，业由 Sertkaya, O. F., Uygur para belgelerindeki kişi ve yer adları üzerine (Zu Personen- und Ortsnamen in uigurischen Gelddokumenten), *Handout for the Symposium entitled Turfan Revisited, Berlin 8th-13th September 2002, Istanbul*, 2002, pp. 9-10 的实例获得了证明。需要补充的是，正如本书第 10 篇论文的注 1 以及 "补记 14" 所述，第 10 篇论文，即森安孝夫《〈シルクロード〉のウイグル商人——ソグド商人とオルトク商人のあいだ》是可以称为原版的森安孝夫《オルトク（斡脱）とウイグル商人》（森安孝夫《近世・近代中国および周辺地域における諸民族の移動と地域開発》（平成 7～8 年度科学研究費補助金基盤研究（B）（2）研究成果報告書），丰中：大阪大学文学部，1997 年，第 1～48 頁）的缩略版。由于《オルトク（斡脱）とウイグル商人》是科研项目的报告书，所以本来不应该引用。在本文中引用时，删除了与《〈シルクロード〉のウイグル商人——ソグド商人とオルトク商人のあいだ》相重复之处，不相重复之处，不得不保留。这一点还请谅解。在保留的部分中，有采自《中国历史银锭》（云南人民出版社，1993 年）的宋代和金代的银锭的重量数据。进言之，在这之后与鲜明清晰的彩图一同出版的《辽西夏金元四朝货币图录精选》（远方出版社，2003 年）的第 304～307、346 页所刊载的 2 例至元银锭的重量是 1965 克和 1925 克，另一个至正银锭是 1930 克。

［81］值得一提的是，这个列表中并不包含绢织物。其理由首先就是发现不到时代上的差异。再者很难区分绢织物究竟是商品还是货币，而且绢织物充当以计数职能为重点的货币单位之例很少。毋庸置疑，绢织物从漠北回鹘时代开始到蒙古时代，一贯作为高额的实物货币而被使用着。关于此问题，本文不作论证，不过这可从东方的汉籍史料，当地出土的敦煌吐鲁番文书，还有西方喀喇汗朝的喀什噶里编的辞典和《福乐智慧》等得到明证。参见 Hamilton, J., *Manuscrits ouïgours du IXe-Xe siècle de Touen-houang*, 2 vols., Paris: Peeters,1986; Dankoff, R., Kelly, J., (eds.), *Maḥmūd al-Kāšyarī, Compendium of the Turkic Dialects (Dīwān Luγāt at-Turk)*, 3 vols., Cambridge: Harvard University Printing Office, 1982-1985, vol.1, pp. 164, 208, 260, 261, 320, 323, 335, 355, 360, 362, vol.2, pp. 105, 274, 339, vol.3, p. 256; Zieme, P., Zum Handel im uigurischen Reich von Qočo, *AoF*, vol. 4, 1976, pp. 235-249; Dankoff, R., Yūsuf Khāṣṣ Ḥājib, *Wisdom of Royal Glory (Kutadgu Bilig)*, A Turko-Islamic Mirror for Princes, Chicago/London: The University of Chicago Press,1983, p. 184.

［82］现在的名称从 Museum für Indische Kunst 变为了 Museum für Asiatische Kunst（亚洲艺术博物馆），简称也从 MIK 变为了 MAK，这里沿用旧稿的写法。

［83］ 参见森安孝夫《ウイグル文書箚記（その三）》，第 43～50 页；Moriyasu Takao, Notes on Uighur Documents, pp. 88-93.

［84］ 森安孝夫《ウイグル文契約文書補考》，第 7、8 页，以及第 23、24 页的图版。

［85］ 参见 Zieme，P., Manichäisch-türkische Texte, *BTT*, vol. 5, Berlin: Akademie Verlag, 1975, p. 70, pl. LI；森安孝夫《ウイグル文契約文書補考》，第 11 页。

［86］ 关于 Ot. Ry. 1415 以及下面列举的 Ot. Ry. 2718、Ot. Ry. 2782，参见羽田明、山田信夫《大谷探検隊将来ウイグル字資料目録》，西域文化研究会《西域文化研究 4 中央アジア古代語文献》，京都：法蔵館，1961 年，第 202、203、205 页，图版 15、22、23 页。这些文书有必要重新解读，笔者已经做好了准备，但是这次只能割爱。

［87］ Тугушева, Л. Ю. (Tuguševa, L. Ju., Тугушева, Л. Ю., Tuguševa, L. Ju., Tugusheva L. Yu.,), Некоторые дополнения к чтению древнеуйгурских деловых документов, *Письменные Памятники Востока*, 1976-1977, Москва: Наука, 1984, p.242, pl. 46 in p. 365.

［88］ Zieme, P., Uigurische Steuerbefreiungsurkunden für buddhistische Klöster, *AoF*, vol. 8, 1981, pp. 243-253, pl. XX-XXI；森安孝夫《ウイグル＝マニ教史の研究》，第 135、136 页。

［89］ 和 Usp74 相同，如今也有再次解读的必要。

［90］ 但是，现在更偏向于 U 5321 是半楷书体。

［91］ 不过，松井太提议 Ch/U 7214 应该判定为半楷书体（semi-square）。见 Matsui Dai, Six Uigur Contracts from the West Uigur Peiord（10th-12th Centuries），《人文社会論叢（人文科学篇）》（弘前大学）（第 15 辑），2006 年，第 48 页注释 42。

［92］ Тугушева, Л. Ю. (Tuguševa, L. Ju., Tugusheva, L. Yu.), Early Medieval Uighur Records from East Turkestan, *Manuscripta Orientalia*, vol.2, no.3, 1996, pp. 13-14. 实际上是 qaunpu 这一奇妙的词形。

［93］ 参 见 Moriyasu Takao, Zieme, P., From Chinese to Uighur Documents, pp. 85-88, pl. VIII.

［94］ 参见伊斯拉菲尔·玉苏甫《回鹘文领钱收据一件》，《内陸アジア言語の研究》（第 10 辑），1995 年，图版 II；森安孝夫《ウイグル文契約文書補考》，第 16～18 页。

［95］ 此 Hamilton, J., *Manuscrits ouïgours du IXe-Xe siècle de Touen-houang* 所收 No.28 为追加信息。

［96］ 关于与棉布、官布的形状相结合的回鹘语的特殊的计数单位，有田先千

春令人关注的研究。见田先千春《古代ウイグル語文献に見える baγ について——トゥルファンの棉布の規格に関する一考察》,《東洋学報》第 88 卷第 3 期，2006 年，第 1~26 页。

［97］ Тугушева, Л. Ю., Несколько уйгурских документов из рукописного собрания Санкт-Петербургского филиала ИВ РАН, *Петербургское Востоковедение*, vol. 8, 1996, pp. 219-220, pl. in p. 230.

［98］ Raschmann, S.-Ch., Baumwolle im türkischen Zentralasien, *VSUA*, vol. 44, Wiesbaden, 1995, No. 36.

［99］ Raschmann, S.-Ch., Baumwolle im türkischen Zentralasien, No. 48.

［100］ 松井太《モンゴル時代ウイグリスタンの税役制度と文書行政》，1998 年度大阪大学大学院文学研究科博士论文，1999 年，第 147、148 页，Text19，+1 图片。

［101］ Raschmann, S.-Ch., Baumwolle im türkischen Zentralasien, No. 55.

［102］ 松井太《モンゴル時代ウイグリスタンの税役制度と文書行政》，第 170、171 页，Text40，+1 图片。

［103］ 伯希和获自莫高窟第 181、182 窟（元代）的第 193、194 号回鹘文书断片。参见森安孝夫《敦煌出土元代ウイグル文書中のキンサイ緞子》,《榎博士頌寿記念東洋史論叢》，东京：汲古书院，1988 年，第 420~425 页，文本与图片。

［104］ 松井太《モンゴル時代ウイグリスタンの税役制度と徴税システム》，第 114、125 页，Text F，+1 图片。

［105］ 松井太《ヤリン文書——14 世紀初頭のウイグル文供出命令文書 6 件》，第 60、61 页，Text B，+1 图片。

［106］ 松井太《モンゴル時代ウイグリスタンの税役制度と徴税システム》，第 112、113、124 页，Text E，+1 图片。

［107］ 松井太《モンゴル時代ウイグリスタンの税役制度と徴税システム》，第 111、123 页，Text D，+1 图片。

［108］ 松井太《ウイグル文クトルグ印文書》,《内陸アジア言語の研究》（第 13 辑），1998 年，Text 14，第 49 页，图片 XIV。

［109］ 松井太《モンゴル時代ウイグリスタンの税役制度と徴税システム》，第 118、127 页，Text J，+1 图片。

［110］ 松井太《モンゴル時代ウイグリスタンの税役制度と徴税システム》，第 115、116、125 页，Text G+1 图片。

［111］ 松井太《ヤリン文書——14 世紀初頭のウイグル文供出命令文書 6 件》，第 64 页，Text F，+1 图片。

［112］ 梅村坦《ペテルブルク所蔵ウイグル文書 SI 4b Kr.71 の一解釈——人

身売買および銀借用にかかわる文書》,《内陸アジア言語の研究》(第 17 辑),2002 年,第 205 頁,图片 III。

［113］梅村坦《ペテルブルク所蔵ウイグル文書 SI 4b Kr.71 の一解釈——人身売買および銀借用にかかわる文書》,第 205 頁,图片 III。

［114］松井太《モンゴル時代ウイグリスタン税役制度とその淵源——ウイグル文供出命令文書にみえる käzig の解釈を通じて》,《東洋学報》第 79 巻第 4 号,1998 年,第 31 頁,Text VIII;松井太《モンゴル時代ウイグリスタンの税役制度と文書行政》,第 161、162 頁,Text 31,+1 图片。

［115］Sertkaya, O. F., Uygur para belgelerindeki kişi ve yer adları üzerine (Zu Personen-und Ortsnamen in uigurischen Gelddokumenten), p. 8, +1 pl.

［116］Usp64 即 T II Čiqtim 6,亦即 MIK III 50。参见多鲁坤·阚白尔、梅村坦、森安孝夫《ウイグル文仏教尊像受領命令文書研究——USp. No. 64 などにみえる "čuv" の解釈を兼ねて》,《アジア・アフリカ言語文化研究》第 40 巻,1990 年,第 22 的 Text B,第 23 頁图片。

［117］参见Тенишев, Э. Р., Хозяйственные записи на древнеуйгурском языке, In: *Исследования по Грамматике и Лексике Тюркских Языков*, Ташкент, 1965, pp. 37-67, +10 pls.; Clauson, G., A Late Uyğur Family Archive, In: Bosworth, C. E., (ed.), *Iran and Islam in Memory of the Late Vladimir Minorsky*, Edinburgh Univ. Press, 1971, pp. 167-196;梅村坦《ウイグル文書「SJ Kr. 4/638」——婚礼・葬儀費用の記録》,《立正大学教養部紀要》第 20 巻,1987 年,第 35～87 頁,含 10 幅图片。不过该文书中含有明示当时金银比价的重要记载,参见后注 212。

［118］梅村坦《イナンチ一族とトゥルファン—ウイグル人の社会》,第 98～105 頁。

［119］Тугушева, Л. Ю., Несколько уйгурских документов из рукописного собрания Санкт-Петербургского филиала ИВ РАН, *Петербургское Востоковедение* 8,1996, p. 221, p. 232 图片。

［120］伊斯坦布尔只有照片。

［121］松井太《モンゴル時代ウイグリスタン税役制度とその淵源——ウイグル文供出命令文書にみえる käzig の解釈を通じて》,第 35 頁,Text IX;松井太《モンゴル時代ウイグリスタンの税役制度と文書行政》,第 176～178 頁,Texts 45-48,+ 多幅图片。

［122］松井太《モンゴル時代ウイグリスタンの税役制度と文書行政》,第 181～183 頁,Text 50,+1 图片。

［123］Sertkaya, O. F., Uygur para belgelerindeki kişi ve yer adları üzerine, pp. 15-

16, +1 pl.

［124］ Sertkaya, O. F., Uygur para belgelerindeki kişi ve yer adları üzerine, p. 15-16, +1 pl.

［125］ 关于这一点，将在第 8 节中讨论。

［126］ Hamilton, J., Un acte ouïgour de vente de terrain provenant de Yar-khoto, *Turcica*, vol. 1, 1969, pp. 43-44.

［127］ 森安孝夫《ウイグル＝マニ教史の研究》，第 52、53 页。

［128］ 森安孝夫《ウイグル＝マニ教史の研究》，词注 41b。

［129］ 这里笔者所说的 "在半楷书体文书中作为货币的 böz 一次也没有出现过"，遭到了松井太《西ウイグル時代のウイグル文供出命令文書をめぐって》（《人文社会論叢（人文科学篇）》（弘前大学）第 24 号，2010年，第 32 页，注 15）的批判。似乎我的写法不佳致使其稍有误解。我视作问题的是没有任何修饰语的单一的 böz，是仅和数词相连的 böz。我想说的是和 quanpu 不同，仅 böz 一词并未充当货币单位。因此，这里将此句修改为 "在半楷书体文书中作为通货单位的 böz 一次也没有出现过"。

［130］ 如之后言及，森安孝夫 1998 年论文《ウイグル文契約文書補考》完成时也是这么考虑的，因此对于西州回鹘时代 baqïr 文书的解释缺乏一惯性。

［131］ 有关于此，在森安孝夫 1998 年论文《ウイグル文契約文書補考》第 18页中进行了论述。另，充当论据的史料为森安孝夫《ウイグル＝マニ教史の研究》第 53、54、170 页所引用。

［132］ 参见森安孝夫《ウイグル＝マニ教史の研究》，第 44、90、91 页。

［133］ 参见 Martinez, A. P., Gardīzī's Two Chapters on the Turks, *AEMA*, vol. 2, 1983, p. 135；森安孝夫《ウイグル＝マニ教史の研究》，第 163、164 页。

［134］ 引自王延德《高昌行纪》。参见（宋）王明清《挥麈录·前录》（宋代史料笔记丛刊），中华书局，1961 年，第 38 页；《宋史》卷 490《外国传·高昌》，中华书局，1977 年，第 14113 页。

［135］ 池田温《敦煌の流通経済》，池田温《講座敦煌（3）敦煌の社会》，东京：大东出版社，1980 年，第 316～319 页；Yamamoto Tatsurō（山本達郎），Ikeda On（池田温），*Tun-huang and Turfan Documents concerning Social and Economic History, III, Contracts*, Tokyo: Tōyō bunko, 1987, (A), p. 16；山本达郎与池田温的上述著作为以下论著所引用。见 Raschmann, S.-Ch.,*Baumwolle im türkischen Zentralasien. (VSUA*, vol. 44), Wiesbaden, 1995, p. 66;Trombert, E., *Le crédit à Dunhuang. Vie matérielle et société en Chine médiévale, Bibliothèque de l'Institut des Hautes Etudes*

Chinoises, vol. 29, Paris, 1995, pp. 25-27；堀敏一《中唐以後敦煌地域における税制度》，唐代史研究会《東アジア史における国家と地域》（唐代史研究会報告 8），东京：刀水书房，1999 年，第 334 页；É. De la Vaissière, *Histoire des marchands sogdiens*, p. 289, 322; É. De la Vaissière, *Sogdian Traders: A History*, p. 320.

[136] 参见森安孝夫《敦煌と西ウイグル王国——トゥルファンからの書簡と贈り物を中心に》，《東方学》第 74 卷，1987 年，第 58～74 页；荣新江《公元十世纪沙州归义军与西州回鹘的文化交往》，汉学研究中心《第二届敦煌学国际研讨会论文集》（汉学研究中心丛刊），台北，1991 年，第 583～603 页，修订版收入氏著《归义军史研究》第 11 章第 4 节，上海古籍出版社，1996 年；Rong Xinjiang, The Relationship of Dunhuang with the Uighur Kingdom in Turfan in the Tenth Century, In: Bazin, L.,Zieme, P., (eds.), *De Dunhuang à Istanbul. Hommage à James Russell Hamilton, Silk Road Studies*, vol. 5, Turnhout: Brepols, 2001, pp. 275-298.

[137] YARMAQ yarmaq "Dirham" (Dankoff, R., Kelly, J., (eds.), *Maḥmūd al-Kāšyarī, Compendium of the Turkic Dialects*, vol.2, p. 170)。这个例子多见，这里仅引用两条：män yarmāq ötnü berdim "I gave the dirhams as a loan." (Dankoff, R., Kelly, J., (eds.), *Maḥmūd al-Kāšyarī, Compendium of the Turkic Dialects*, vol.1, p.153); tümän miŋ yarmāq "A million dirhams" (Dankoff, R., Kelly, J., (eds.), *Maḥmūd al-Kāšyarī, Compendium of the Turkic Dialects*, vol.1, p. 306).

[138] Тугушева, Л. Ю., *Уйгурская версия биографии Сюань-цзана*, Москва: Наука, 1991, p. 40, V 17, *ll*. 1-2; p. 44, V 21, *ll*. 19-21; p. 52, V 31, *ll*. 18-19; pp. 53-54, V 34, *ll*. 2-3; p. 55, V 36, *l*. 10; p. 59, V 40, *ll*. 24-25. 很明显净是将汉文原文的金钱、银钱翻译为 altun yartmaq, kümüš yartmaq 的例子。

[139] 参见《弥勒会见记》（*Maitrisimit*）哈密版抄本第 13 张右手面；Geng Shimin, Klimkeit, H.-J., Eimer, H., Laut, J. P., *Das Zusammentreffen mit Maitreya. Die ersten fünf Kapitel der Hami-Version der Maitrisimit*, 2 vols., *Asiatische Forschungen*, vol. 103, Wiesbaden: Otto Harrassowitz, 1988, p. 212, *ll*. 2810-2811: kün ičintä yụz altun yartmaq asaɣ bulsar "如果（一个人）在一天内找到（字面意思：发现好处）一百个金币"。

[140] 回鹘文《弥勒会见记》（*Maitrisimit*）胜金口—木头沟版本，*BTT*, vol. 9, p. 47（3 次），p. 48 和脚注，pp. 158, 224. 其中的第 47 页与吐火罗语原文相对应。吐火罗语《弥勒会见记》，见 Ji Xianlin, Winter, Pinault, *Fragments of the Tocharian A Maitreyasamiti-Nāṭaka of the Xinjiang*

Museum, China, Trends in Linguistics, Studies and Monographs, vol. 113, Berlin/New York: Mouton de Gruyter, 1998, pp. 44-45.

［141］作为 yartmaq 表示拥有计数职能的钱币之例，茨默对笔者表达如下意见：yartmaq 与钱之间的明确的对应关系可以在菅原睦刊载在《京都大学言語学研究》第 20 卷（2001 年，第 229 页第 27 行）上找到：qayu barïnča adïn yartmaq-ïngïz ädingiz tavar-ïngïz，此即汉文《大正藏》第 1 册 No. 26 第 678 页 c20（我的识别）。确实如果对菅原睦论文（菅原睦《ウイグル語で書かれた甘蔗王にまつわる一説話の研究》，《京都大学言語学研究》第 20 卷，2001 年，第 225～241 页）中所引用的回鹘文文本和《大正藏》第 1 卷的对应之处进行比较的话，可以得到"yartmaq 即 qian（钱）"的结果。不过，这依然是翻译文本中的例子。

［142］von Gabain, A., *Das Leben im uigurischen Königreich von Qočo (850-1250), VSUA,* vol. 6, no. 2, Wiesbaden: Otto Harrassowitz, 1973, p. 63 中的"货币单位"一项言："satïr (s. auch Gewichtmaße) = yarmaq 'Abgespaltenes' = 1 Liang。"因无详细说明，所以很难理解。即使在把 yarmaq 视作来自动词 yar- 的派生词这一点上，与 Doerfer, B. G., *Türkische und mongolische Elemente im Neupersischen,* vol. 4, Wiesbaden: Franz Steiner Verlag, 1963-1975, p. 160，以及笔者的看法相同，但为什么将其视同为 sïtïr（两）呢？果然，这不是把 satïr 视作能够自由切割的"银的切片"，而是因为将其视作把 yastuq（锭）整齐地切割成五十分之一的"硬币"状物的原因吧。如是，这与笔者的想法彻底相异。对 Radloff, W., *Versuch eines Wörterbuches der Türk-Dialecte,* 4 vols.,St. Petersburg, 1893-1911(Repr.: 's-Gravenhage, 1960.), vol. 3, pp. 150-151 等把"硬币"置为首义的见解，我是反对的。

［143］Sertkaya, O. F., Uygur para belgelerindeki kişi ve yer adları üzerine, pp. 9-10, 15 中所使用的文本乍看之下并不是这样，但如果看了后附的照片的话，便可明白是笔误被删除了。

［144］本文中多次引用的学会用讲义"Uygur para belgelerindeki kişi ve yer adları üzerine"，经缩略后出版为 Sertkaya, O. F., Zu Personen- und Ortsnamen in uigurischen Gelddoku-menten, In: Durkin-Meisterernst, D., et al., (eds.), *Turfan Revisited,* Berlin: Dietrich Reimer Verlag, pp. 316-317.

［145］Clauson, G., A Late Uyğur Family Archive, pp. 193, 196；梅村坦《イナンチ一族とトゥルファン―ウイグル人の社会》，第 49、53 页。

［146］Dankoff R., Kelly, J., (eds.), *Maḥmūd al-Kāšyarī, Compendium of the Turkic Dialects (Dīwān Luγāt at-Turk),* vol. 2, p. 147.

［147］Dankoff R., Kelly, J., (eds.), *Maḥmūd al-Kāšyarī, Compendium of the*

　　　　　　　Turkic Dialects (Dīwān Luɣāt at-Turk), vol. 2, p. 368.

［148］Dankoff R., Kelly, J., (eds.), *Maḥmūd al-Kāšɣarī, Compendium of the Turkic Dialects (Dīwān Luɣāt at-Turk)*, vol. 2, p. 80.

［149］Dankoff R., Kelly, J., (eds.), *Maḥmūd al-Kāšɣarī, Compendium of the Turkic Dialects (Dīwān Luɣāt at-Turk)*, vol. 2, pp. 368-369.

［150］Clauson, G., *An Etymological Dictionary of Pre-Thirteenth-century Turkish*, Oxford: Clarendon Press, p. 969.

［151］森安孝夫《ウイグル文契約文書補考》，第 12～19 页；Moriyasu Takao, Zieme, P., From Chinese to Uighur Documents, pp. 87-89.

［152］伊斯拉菲尔《回鹘文领钱收拠一件》，第 9～11 页，+1 图片。

［153］森安孝夫《ウイグル文契約文書補考》，第 13～18 页中对此货币体系进行了展开说明，即 "银 1 锭（yastuq）=50 两（sïtïr），银 1 两（sïtïr）=10 钱（baqïr），银 1 钱（baqïr）= 铜钱 100 枚"，不消说这个结论至今仍是有效的。然而笔者本人在 18 页总结说 "前田（直典）推测以银锭为最高单位的货币体系的起源不早于窝阔台时期，我认为恐怕有所偏误"，但是在前段又主张这一体系的一部分在 10 世纪已经存在，这一点还是免不了招来自相矛盾的批评。

［154］Moriyasu Takao, Zieme, P., From Chinese to Uighur Documents, pp. 85-87.

［155］Karlgren, B., *Grammata Serica Recensa*, Stockholm, 1957, 159a.

［156］bun baqïr 意为 "worthless money"，在 Moriyasu Takao, Zieme, P., From Chinese to Uighur Documents, pp. 88-89 & fn. 40 中给出了蒙古时期的用例。但遗憾的是，Sertkaya 在半楷书体回鹘语谚语 T II Y 19 (U 560) 中读出的 bun baqïr 是错误的。

［157］Pulleyblank, E. G., *Lexicon of Reconstructed Pronunciation in Early Middle Chinese, Late Middle Chinese, and Early Mandarin*, Vancouver, 1991, p. 323.

［158］森安孝夫《ウイグル文書箚記（その一）》，第 52、53 页；Moriyasu Takao, Notes on Uighur Documents, pp. 68-69; Moriyasu Takao, Zieme, P., From Chinese to Uighur Documents, p. 97.

［159］参见池田温《住民の種族構成——敦煌をめぐる諸民族の動向》，第 316～319 页；Yamamoto Tatsurō, Ikeda On, *Tun-huang and Turfan Documents concerning Social and Economic History*, p. 16; Yamamoto, Ikeda cited in Raschmann, S.-Ch., *Baumwolle im türkischen Zentralasien*, VSUA, vol. 44), Wiesbade, 1995, p. 66; Trombert, E., *Le crédit à Dunhuang. Vie matérielle et société en Chine médiévale*, pp. 25-27; 堀敏一《中唐以後敦煌地域における税制度》，唐代史研究会《東アジア史における国

家と地域》（唐代史研究会報告 8），东京：刀水书房，1999 年，第 334 页；É. De la Vaissière, *Histoire des marchands sogdiens*, p. 322.

[160]　森安孝夫《敦煌と西ウイグル王国——トゥルファンからの書簡と贈り物を中心に》，第 58～74 页；荣新江《公元十世纪沙州归义军与西州回鹘的文化交往》；Rong Xinjiang, The Relationship of Dunhuang with the Uighur Kingdom in Turfan in the Tenth Century, pp. 275-298.

[161]　Thierry, F.,On the Tang Coins Collected by P. Pelliot in Chinese Turkestan (1906-1909); Rhodes, N.,Tang Dynasty Coins Made in Xinjiang. 这两篇论文，尤其是后者，证明了 "开元通宝" 也是在当地铸造的。另请参见《新疆文物》2004 年第 2 期，第 71、72 页。

[162]　森安孝夫《ウイグルと吐蕃の北庭争奪戦及びその後の西域情勢について》，《東洋学報》第 55 卷第 4 期，1973 年，第 60～87 页；森安孝夫《増補：ウイグルと吐蕃の北庭争奪戦及びその後の西域情勢について》，流沙海西奨学会《アジア文化史論叢》第 3 卷，东京：山川出版社，1979 年，第 199～238 页；Moriyasu Takao, Qui des Ouigours ou des Tibétains ont gagné en 789-792 à Beš-balïq? *JA*, vol. 269-1/2, *Numéro spécial Actes du Colloque international (Paris, 2-4 octobre 1979): Manuscrits et inscriptions de Haute Asie du Ve au XIe siècle*, pp. 193-205.

[163]　参见 Takeuchi Tsuguhito, *Old Tibetan Contracts from Central Asia*, Tokyo: Daizō shuppan, 1995, pp. 22, 26, etc. 武内叙述了 "1 srang of dmar=1000 钱 =1 缗" 的可能性。

[164]　参见 Shiba Yoshinobu, Sung Foreign Trade: Its Scope and Organization, In: Rossabi, M., (ed.), *China among Equals: The Middle Kingdom and Its Neighbors, 10th-14th Centuries*, Berkeley/ Los Angeles / London: University of California Press,1983, pp. 106, 108.

[165]　参见井上正夫《遼北宋間の通貨問題——太平銭偽造の経緯について》，《文明のクロスロード Museum Kyushu》第 51 卷，1996 年，第 3～10 页；井上正夫：《国際通貨としての宋銭》，《アジア遊学》第 18 卷，2000 年，第 19～29 页。

[166]　森安孝夫《ウイグル＝マニ教史の研究》，第 170 页中引《宋会要辑稿》197 册《蕃夷四》"回鹘" 条，第 7717 页的记录。

[167]　魏良弢《喀喇汗王朝与宋、辽及高昌回鹘的关系》，《中亚学刊》（第 1 辑），1983 年，第 212～223 页，收入氏著《喀喇汗王朝史稿》第 5 章，新疆人民出版社，第 137～155 页。在这里他也引用了《宋史》和《宋会要辑稿》197 册《蕃夷四》"于闐" 条，第 7721、7722 页中 11 世纪铜钱被宋朝赠送给喀喇汗朝的史料。

［168］文物编辑委员会《文物考古工作十年（1979—1989）》，文物出版社，1990年，第350页；新疆钱币图册编辑委员会《新疆钱币》，新疆美术摄影出版社、香港文化教育出版社，1991年，第10、11页。

［169］参见宫崎市定《十字軍の東方に及ぼした影響》，《オリエント》第7卷第3、4合期，1965年，第7、8页，收入氏著《アジア史論考》下卷，朝日新闻社，1976年，第55页，又见氏著《宫崎市定全集》第19卷，1992年，岩波书店，第88、89页。

［170］羽田亨《回鹘文字考》，《羽田博士史学論文集》下卷《言語・宗教篇》，京都：京都大学文学部東洋史研究会，1958年，第8～14页。

［171］奥平昌洪《回鹘銭》，《貨幣》第43卷，1922年，第2页。

［172］从结果来看，这个读法和Thierry, F., Les monnaies de Boquq qaghan des Ouïgours (795-808), p. 269 相同。按照回鹘文字的笔顺，笔者也认为逆时针读法是正确的（cf. von Gabain, A., Alt-türkisches Schrifttum, *Sitzungsberichte der Deutschen Akademie der Wissenschaften zu Berlin, Klasse für Sprachen, Literatur und Kunst.* No. 3, 1948, p. 5）。关于将"köl bilgä"翻译为"智海"，请参见森安孝夫《ウイグル＝マニ教史の研究》，第184页。

　　　正面：köl　bilgä　/　tängri　/　boquγ　uiγur　/　xaγan
　　　　　　 智　　海　　　天　　　boquγ　回鹘　　可汗

此外，笔者在本文第9节中，通过介绍与验证有关硬币铭文读法的先行研究的方式推进研究，故而未能提出自己的读法。现在此提出到目前为止的最终方案。另外，背面的铭文并非表面的回旋式行文，而是2行文字沿同方向平行书写。

　　　（正）　köl　bilgä　/　tängri　/　boquγ　uiγur　/　xaγan
　　　　　　 智（慧如同）海（一样的）天神般的（名为）boquγ 的回鹘可汗
　　　（反）　il　tutmïš　/　　yarlïγ-ïnga
　　　　　　 奉镇护国家之人的敕命（发行）

［173］王秉诚《吉木萨尔发现的回鹘文铜币》，《新疆文物》1992年第1期，第5～7页，+1图片。

［174］马飞海《中国历代货币大系（3）隋唐五代十国货币》，上海古籍出版社，1991年，第446、447页。

［175］Yang Fu-hsüeh, Two New Uighur Coins, *East and West (Rome)*, vol. 45, no. 1, 1995, pp. 375-380.

［176］例如，请参见张志中《古钱辞典——方孔圆钱卷》，天津古籍出版社，1993年，第120页。

［177］Thierry, F., *Les monnaies de Boquq qaghan des Ouïgours (795-808)*, pp.

263-278.

［178］ Moriyasu Takao, Qui des Ouigours ou des Tibétains ont gagné en 789-792 à Beš-balïq? pp. 193-205. 原日文版为《ウィグルと吐蕃の北庭争奪戦及びその後の西域情勢について》（1973 年）、《増補：ウィグルと吐蕃の北庭争奪戦及びその後の西域情勢について》（1979 年）。

［179］ 安部健夫《西ウィグル国史の研究》，京都：汇文堂书店，1955 年。

［180］ 参见马飞海《中国历代货币大系（3）隋唐五代十国货币》，第 505 页；Yang Fu-hsüeh, Two New Uighur Coins, p. 378. 但笔者并不清楚最早的解读人是谁。

［181］ 参见马飞海《中国历代货币大系（3）隋唐五代十国货币》，第 505～507 页；新疆钱币图册编辑委员会《新疆钱币》，第 25 页；上海博物馆青铜器研究部《上海博物馆藏钱币：魏晋隋唐钱币》，上海书画出版社，1994 年，第 430 页。

［182］ 森安孝夫《ウイグル文契約文書補考》，第 17 页。

［183］ BAQIR baqir "Copper coins"in Ṣīn, with which they buy and sell, cf. Dankoff, R., Kelly, J., (eds.), *Maḥmūd al-Kāšyarī, Compendium of the Turkic Dialects (Dīwān Luγāt at-Turk)*, vol.1, 1982, p. 279.

［184］《辽史》卷 60《食货志下》"鼓铸" 条，第 931 页。

［185］ 森安孝夫《ウイグル文契約文書補考》，第 18 页。

［186］ 黒田明伸《貨幣が語る諸システムの興亡》，《岩波講座世界歴史（15）商人と市場》，东京：岩波书店，1999 年，第 263～285 页；《貨幣システムの世界史（世界歴史叢書）》，东京：岩波书店，2003 年。

［187］ 日野开三郎《日野開三郎東洋史学論集 4 唐代両税法の研究本篇》，第 374、433、483 页；日野开三郎《日野開三郎東洋史学論集 5 唐・五代の貨幣と金融》，第 290、326 页。

［188］ 宫崎市定《五代宋初の通貨問題》，第 235～240 页，收入氏著《宫崎市定全集》第 9 卷，第 190～193 页。

［189］《续资治通鉴长编》卷 68，第 1521 页。

［190］ 宫崎市定《五代宋初の通貨問題》，第 235～240 页，收入氏著《宫崎市定全集》第 9 卷，第 190～193 页。

［191］ 宫崎市定《十字軍の東方に及ぼした影響》，第 6～9 页，收入氏著《アジア史論考》下卷，第 53～56 页，又见氏著《宫崎市定全集》第 19 卷，第 87～90 页。

［192］ 虽然原文为 "伊朗系"，但这是错误的。正确的应该是 "吐火罗系及伊朗系"。

［193］ 宫崎市定《トルキスタン史・近古》，《支那周辺史（下）》，1943 年，

东京：白杨社，第 180 页，再录于《宋元時代の西域》，《アジア史研究 第 2》，京都大学文学部東洋史研究会，1959 年，第 395 页，收入氏著《宮崎市定全集》第 20 卷，1992 年，第 386 页。

[194]　宮崎市定《トルキスタン史・近古》，第 181 页，再录于《宋元時代の西域》，第 396 页，收入氏著《宮崎市定全集》第 20 卷，第 387 页。

[195]　爱宕松男《遼王朝の成立とその国家構造》，《岩波講座世界歴史（旧版）（9）中世 3》，东京：岩波书店，1970 年，第 35～37 页。

[196]　爱宕松男《斡脱銭とその背景——十三世紀モンゴル＝元朝における銀の動向》，《東洋史研究》，第 32 卷第 2 号，1973 年，第 163～165 页，收入氏著《愛宕松男東洋史学論集（5）東西交渉史》，1989 年，东京：三一书房，第 157、158 页。

[197]　爱宕松男《斡脱銭とその背景——十三世紀モンゴル＝元朝における銀の動向》，第 181～184 页，收入氏著《愛宕松男東洋史学論集（5）東西交渉史》，第 173～175 页。

[198]　爱宕松男《斡脱銭とその背景——十三世紀モンゴル＝元朝における銀の動向》，第 186、188 页，收入氏著《愛宕松男東洋史学論集（5）東西交渉史》，第 177～179 页。

[199]　爱宕松男《斡脱銭とその背景——十三世紀モンゴル＝元朝における銀の動向》，第 189～201 页，收入氏著《愛宕松男東洋史学論集（5）東西交渉史》，第 180～191 页。

[200]　宮崎市定《五代宋初の通貨問題》，第 235～240 页，收入氏著《宮崎市定全集》第 9 卷，第 190～193 页。

[201]　根据弗兰克（A. H. Francke）的研究，唐代的吐蕃的金银比价为 1∶6，这和 13 世纪马可波罗所说的云南西部的情况几乎一样。参见 Stein, M. A., *Serindia, Detailed Report of Explorations in Central Asia and Westernmost China*. vol. 3, Oxford: Clarendon Press, 1921, p. 1465.

[202]　佐藤圭四郎《北宋時代における回紇商人の東漸》，第 95～97 页；佐藤圭四郎《イスラーム商業史の研究—坿東西交渉史—》，第 331～334 页。

[203]　Shiba, Yoshinobu（斯波义信），Sung Foreign Trade: Its Scope and Organization, In: Rossabi, M., (ed.), *China among Equals: The Middle Kingdom and Its Neighbors, 10th-14th Centuries*, Berkeley/Los Angeles/London: University of California Press, 1983, p. 95 中，应该是难以对佐藤说进行总结，使用了 "bullion" 这一暧昧的词汇，即可指金银（货币）也可指生金（矿产）。不过白桂思在总结以佐藤说为基础的斯波说时，明确认识到金为从东向西流动（cf. Beckwith, Ch. I., The Impact of the Horse and Silk

Trade on the Economies of T'ang China and the Uighur Empire: On the Importance of International Commerce in the Early Middle Ages, p. 189)。

［204］ 宫崎市定《十字軍の東方に及ぼした影響》，第 6～9 页，收入氏著《アジア史論考》下卷，第 53～56 页，又见氏著《宫崎市定全集》第 19 卷，第 87～90 页。(译注：同注释 191)

［205］ 关于岁币银由辽向宋的回流，参见日野开三郎《銀絹の需給上より見た五代・北宋の歳幣・歳賜》(上)，《東洋学報》第 35 卷第 1 号，第 6～7、21 页与《同文》(下)，《東洋学報》第 35 卷第 2 号，第 81 页，收入氏著《日野開三郎東洋史学論集（ 10 ）北東アジア国際交流史の研究》(下)，东京：三一书房，1984 年，第 446～447、459、497 页；畑地正宪《北宋・遼間の貿易と歳贈とについて》，《史淵》第 111 辑，第 114、116、123、129 页；Shiba Yoshinobu, Sung Foreign Trade: Its Scope and Organization, p. 98. 关于岁币银由西夏向宋的回流，参见日野开三郎《銀絹の需給上より見た五代・北宋の歳幣・歳賜》(上)，第 24 页与《同文》(下)，第 81 页，收入氏著《日野開三郎東洋史学論集（ 10 ）》，第 462、497 页；Shiba Yoshinobu, Sung Foreign Trade: Its Scope and Organization, p. 101. 同时，宫崎市定也叙述了关于在宋向辽、西夏进贡的岁币中，银被用于同宋贸易而流回中原，绢则用于同西方贸易的推测，参见宫崎市定《十字軍の東方に及ぼした影響》，第 13 页，收入氏著《アジア史論考》下卷，第 60 页，又见氏著《宫崎市定全集》第 19 卷，第 94 页。关于岁币银由金向宋的回流，参见 Shiba Yoshinobu, Sung Foreign Trade: Its Scope and Organization, p. 103.

［206］ 日野开三郎《銀絹の需給上より見た五代・北宋の歳幣・歳賜》(上)，第 15～21 页，收入氏著《日野開三郎東洋史学論集（ 10 ）》，第 454～459 页。另外，爱宕松男说 "众所周知，辽国内的银山极其少"，这一点没有异议，参见爱宕松男《斡脱銭とその背景——十三世紀モンゴル＝元朝における銀の動向》，第 186 页，收入氏著《愛宕松男東洋史学論集（ 5 ）東西交渉史》，第 177 页。

［207］ 日野开三郎《銀絹の需給上より見た五代・北宋の歳幣・歳賜》(上)，第 21～24 页，收入氏著《日野開三郎東洋史学論集 10 》，第 459～462 页。但是，佐藤贵保《西夏貿易史の研究》(大阪大学学位论文，未出版) 指出，在 12 世纪的西夏有银用于赏赐官僚和军人的规定。

［208］ 代田贵文《カラハン朝の東方発展》，《中央大学大学院研究年報》(第 5 辑)，1976 年，第 258 页中，否定了爱宕说（爱宕松男认为西州回鹘对辽朝贡的目的，是为了获得宋给辽的岁币银）。笔者对代田的结论表示赞同。只不过并不全盘接受其否定的论据，但仍有倾听的必要。顺

便一提，畑地正宪在《北宋·遼間の貿易と歳贈とについて》，第 127 页、第 131 页注 6 中也接受了爱宕的说法，但却和 129 页所说的"岁币银几乎都流回了宋朝"自相矛盾。

[209] Hamilton, J., *Manuscrits ouïgours du IXᵉ-Xᵉ siècle de Touen-houang*, No. 34, l. 2.

[210] 甚至唐、五代、宋时期经济史研究的大家日野开三郎也说"到五代以后，银发展为陆地贸易中的大问题"，但尚不清楚其真实意图。

[211] 参见畑地正宪《北宋·遼間の貿易と歳贈とについて》，第 128 页；江上波夫、李逸友监修《北方騎馬民族の黄金マスク展》，东京：旭通信社，1996 年；朱天舒《辽代金银器》，文物出版社，1998 年；中国历史博物馆、内蒙古自治区文化厅《契丹王朝：内蒙古辽代文物精华》，中国藏学出版社，2002 年；前注 207 引佐藤贵保学位论文，第 96 页注 11。

[212] 关于《又奉使契丹回上殿劄子》中所见之回纥商人，首先在日野开三郎《唐代の回纥銭》，第 39 页中有提及，不过其中还是稍有误解。其次是畑地正宪《北宋·遼間の貿易と歳贈とについて》，第 135～137 页中做了比较详细的介绍。之后道下将章《ウイグルと契丹の交渉》（1995 年度大阪大学提出卒業論文）中进行了正式论述。在这里笔者尝试复原不仅在契丹，还包括在北宋活动的回鹘商人的驻地与网络。

[213] 最近的例子，是江上波夫、李逸友监修《北方騎馬民族の黄金マスク展》，第 98 页中，宫下佐江子指出从北宋流入辽的银，在和伊斯兰的玻璃交易时又流出了辽，这也是受到了爱宕说的影响。除此之外，爱宕说的影响力之大在各种概论书中也随处可见。

[214] 参见杉山正明、北川诚一《大モンゴルの時代》（世界の歴史 9），东京：中央公论社，1997 年，第 168～173 页；市丸智子《元代貨幣の貫文·錠両単位の別について——黒城出土及び徽州契約文書を中心として》，《社会経済史学》第 68 卷第 3 号，2002 年，第 24 页注 69。在《大モンゴルの時代》第 170、171 页中，杉山正明指出："西亚的金银价格比是 1 比 13，但这不过是根据 1250 年这一瞬间的交易事例得出的数字。（中略）关于中华地区的金银价比（中略）如果仔细翻检元代汉文史籍，可以留意到蒙元政府规定金银比价为 1 比 10，后来为 1 比 7。蒙古时代的东方，确实是银价比较高。"顺言之，笔者发现了关于蒙古时代金银比价问题的重要史料，在此谨向读者报告。我在 2001 年 8 月拜访了圣彼得堡东方学研究所（现东方文献研究所），直接调查了 SI Kr IV 638 号回鹘文"婚丧费用记录"（译注：国内学者定名为"回鹘文家庭计账文书群"）。之后我再度确认了捷尼舍夫（Э. Р. Тенишев）正确

释读（参见 Тенишев, Э. Р., Хозяйственные записи на древнеуйгурском языке, p. 41），却因为在解释上会产生矛盾而被被克劳森、梅村坦无视的部分（参见 Clauson, G.,A Late Uyğur Family Archive,pp. 176, 179；梅村坦《ウイグル文書 "SJ Kr. 4/638"：婚礼・葬儀費用の記録》，第 39 页）。我的新释读结果与解释如下：（第 22-23 行）iki baqïr altun-nï iki stïr *iki* (or *üč*, or *altï* < '////) **baqïr**-qa altïmz "2 钱（重）的金子，用 2 两 2（或者 3，或者 6）钱（重的银）买入了"。这是蒙古时代某一年畏兀儿之地的金银比价，应该是 1：11（或是 11.5 或 13）。

[215]　黑田明伸《貨幣が語る諸システムの興亡》，《岩波講座世界歴史（15）商人と市場》，东京：岩波书店，第 277～279 页；黑田明伸《貨幣システムの世界史》（世界歴史叢書），东京：岩波书店，2003 年，第 61～64 页。（译注：下为原文补注 2）黑田明伸先生在校正阶段阅读本文后，提供了许多宝贵意见，特此致谢。现将与该部分特别相关的赐教列示如下："拙作的条理并不十分清晰，但基本上认为在'蒙古和平（Pax Mongolica）'下，受长途贸易交易费用削减的刺激，闲置银与新开发的银两方都投入到了东西贸易中，我认为这是使得各地货币发行量增加的原因。我推测流入英格兰的银大部分产自东欧的新兴银矿，当然实际情况还不得而知。"

[216]　这样的观点，在杉山正明近年来的大部分概论书中随处可见，我基本上也赞成。但是，大都是笼统的概述，在细节上还存在不同意见。关于斡脱我已经有了讨论（参见拙作《オルトク（斡脱）とウイグル商人》，第 1～48 页），但本文中关于银的单位与动向，还是提出了有些许差异的观点。参见杉山正明《大モンゴルの世界　陸と海の巨大帝国》（角川選書 227），东京：角川书店，1992 年，第 161～163、245～296 页；杉山正明《クビライの挑戦　モンゴル海上帝国への道》（朝日選書 525），东京：朝日新闻社，1995 年，第 184～241 页；杉山正明《モンゴル帝国の興亡》（下）（講談社現代新書 1307），东京：讲谈社，1996 年，第 187～194 页；杉山正明《遊牧民から見た世界史　民族も国境も越えて》，东京：日本经济新闻社，1997 年，第 323～352 页；杉山正明、北川诚一《大モンゴルの時代》，第 156～176 页；杉山正明《世界史を変貌させたモンゴル：時代史のデッサン》（角川叢書 13），东京：角川书店，2000 年，第 138～139 页。

[217]　宁夏回族自治区文物管理委员会办公室《中国古代建筑・西夏佛塔》，文物出版社，1995 年，第 248 页，图片 166、167 页中有 "大朝通宝" 正反面清晰照片。"大朝通宝" 的 "大朝" 指蒙古帝国，这已经由惠利（M. A. Whaley）加以论证（参见 Whaley, M. A., An Account of 13th

Century Qubchir of the Mongol "Great Courts", *AOH*, vol. 54, no.1, 2001, pp. 3-12.)。《俄藏敦煌文献》第 17 卷（上海，2001 年）所收的 Dx. 17433《大般若波罗蜜多经卷第二百四十二》中，有印刷的跋文如下："清信奉佛弟子 / 宣差图棽参谋喜藏都通印经三藏（齐）/ 集善利上资 / 皇化永转法轮普愿众生齐成佛道者 / 大朝国庚戌年（大朝国庚戌年是 1250 年，自不待言）月 日 / 燕京弘法寺大藏经局印造记"。

［218］ Whaley, M. A., An Account of 13th Century Qubchir of the Mongol "Great Courts", pp. 25-35.

［219］ Whaley, M. A., An Account of 13th Century Qubchir of the Mongol "Great Courts", pp. 32-33.

［220］ Whaley, M. A., An Account of 13th Century Qubchir of the Mongol "Great Courts", p. 28.

［221］ Whaley, M. A., An Account of 13th Century Qubchir of the Mongol "Great Courts", p. 65, Histogram；周亚树《辽西夏金元四朝货币图录精选》，远方出版社，2003 年，第 301～303 页。其中有 4 张彩色照片，其中最接近完好的重量为 4 克，其他分别为 3.47、3.35、3.55 克。

［222］ 1 枚钱币的重量大约是 4 克，杉山正明（《遊牧民から見た世界史　民族も国境も越えて》，第 336 页）认为这是自萨珊银币以来的"国际统一单位"，受到了来自西方的影响，这一点和我们的意见不同。参见黑田明伸《貨幣システムの世界史》，第 99 页。

［223］ 在收集了活跃在海上丝绸之路上穆斯林商人的情报后，阿布·赛义德（Abū Zayd）在 10 世纪初写成的《中国印度闻见录》中明确记述："（中国的铜钱）1000 枚相当于金子 1 米斯卡勒（mithqāl）"，参见藤本胜次译注《シナ・インド物語》（関西大学東西学術研究所　訳注シリーズ 1），吹田：关西大学出版·广报部，1976 年，第 36 页。如果将金银比价假定为 1：10（参见森安孝夫：《オルトク（斡脱）とウイグル商人》，第 13、38 页，注 9、10；本文前注 214），那么银 1 米斯卡勒＝铜钱 100 枚。藤本胜次（《シナ・インド物語》，第 110 页注 103）认为 1 米斯卡勒 =4.68 克，但后来松井太（《モンゴル時代の度量衡：東トルキスタン出土文献からの再検討》，《東方学》第 107 辑，2004 年，第 166～153 页逆页）明确论证了蒙古时代中 "1 mithqāl=1 baqïr=1 钱"。所以认为唐末五代初汇率基本都是"银 1 两 = 铜钱 1000 枚"的看法实在是太夸张了。时间稍向后延伸，宫崎市定（《五代宋初の通貨問題》，第 219、220 页，收入氏著《宫崎市定全集》第 9 卷，第 177、178 页）业已指出，在五代宋初的江南、蜀地银 1 两是铜钱 1 贯（1000 枚）的比例可算是常识了。（译注：下为修订版追加的注释）追加信

息：据藤善真澄译注《諸蕃志》，吹田：关西大学出版部，1991 年，第 127 页记载，印度的故临（Quilon）国（译注：今印度喀拉拉邦奎隆县）的金银比价为 1∶12。

［224］安部建夫《元代史の研究》，东京：创文社，1972 年，第 93～96，102 页；市丸智子《元代貨幣の貫文・錠両単位の別について——黒城出土及び徽州契約文書を中心として》，《社会経済史学》第 68 卷第 3 号，2002 年，第 24 页。

［225］安部建夫《元代史の研究》，第 133、149、231、232 页；本田实信《モンゴル時代史研究》，东京：东京大学出版会，1991 年，第 123、209 页。

［226］包银制的"包"为"承包"之意，但是舒尔曼（Schurmann, H. F., *Economic Structure of the Yüan Dynasty. Translation of Chapters 93 and 94 of the Yüan shih*, Cambridge, Massachusetts: Harvard University Press, 1967, p. 104.）和安部建夫（《元代史の研究》，第 139、142、149 页）对于谁承包了何物的见解还有不同。笔者同意前者。另外安部认为，牙剌瓦赤在西域的 qūbjūr 税制＝牙剌瓦赤税制和华北的包银制是一模一样的，但两者没有任何关系，参见安部建夫《元代史の研究》，第 112、127、128、133、134、138、223～227 页）。但是，如果蒙古政权试图在征服的旧花剌子模和旧金朝领土征收其本就有的 qūbjūr 税，那么尽管表面有差异但是实质上是相同的，都是"让他人承包"的意思。如果牙剌瓦赤在华北进行征收之时，加入了西域的经验，并且把征收金末以来流通的银一事对外承包的话，就可理解两者间的相似性了。因为没有论证，所以我不能说不负责任的话，但本田实信（《モンゴル時代史研究》，第 209 页）和村上正二（译注《モンゴル秘史》第 2 卷，东京：平凡社，1972 年，第 44 页）中也是这样认为的。税并非官员挨个向末端的民众征收，而是定额向大商人或官员发包，这在受律令制浸透的东亚传统中给人一种违和感。

［227］前田直典《元代の貨幣単位》；杉山正明《クビライの挑戦　モンゴル海上帝国への道》，第 213～217 页；森安孝夫《〈シルクロード〉のウイグル商人——ソグド商人とオルトク商人のあいだ》，第 99～100 页。另外，本文之后的"锭、两、钱、分"的说明也基本依据前田直典的观点。

［228］参见市丸智子《元代貨幣の貫文・錠両単位の別について——黒城出土及び徽州契約文書を中心として》，《社会経済史学》，第 68 卷第 3 号，2002 年，第 4、24 页。

［229］爱宕松男《斡脱銭とその背景——十三世紀モンゴル＝元朝における銀

の動向》，第 23 页，收入氏著《愛宕松男東洋史学論集（5）東西交渉史》，第 152～153 页。

［230］ "开元通宝"的重量为 3.5 克至 4.5 克形形色色不等，在日本文 1 文 = 1 匁 = 3.75 克，但通过出土银铤和金银器及其铭文可知唐代的 1 钱重量为 4 克多。参见砺波护《唐代社会における金銀》，第 233～270 页。

［231］ 关于"钱 = baqïr"这一比定的起源，前田直典（《元代の貨幣単位》，第 31 页）的解释过于简单，且词源和时代都错了。但是，这也不过是白璧微瑕罢了。

［232］ 在粟特，sïtïr 本来是银币的单位，5 世纪时从萨珊朝引入了德拉克马后，成为了单纯的重量单位，在被回鹘借用时它就只有这一个意思了。参见吉田丰、森安孝夫《麴氏高昌国時代ソグド文女奴隷売買文書》，《内陸アジア言語の研究》第 4 号，1988 年，第 16 页注 18。正如第 6 节所言，迦尔迪齐记载了在西州回鹘罚金是 50 satïr 的银杯的例子。

［233］ 前田直典《元代の貨幣単位》，《元朝史の研究》，第 24、25 页。

［234］ Pelliot, P., Le prétendu mot'iascot'chez Guillaume de Rubrouck, *TP*, vol. 27, 1930, p. 191; Clark, L. V.,The Turkic and Mongol Words in William of Rubruck's Journey (1253-1255), *JAOS*, vol.93, no. 2, 1973, p. 186.

［235］ 森安孝夫《〈シルクロード〉のウイグル商人——ソグド商人とオルトク商人のあいだ》，第 111～117 页。

［236］ 森安孝夫《ウイグル文字新考——回回名称問題解決への一礎石》。

［237］ 或许是因耶律大石西迁西辽帝国的出现，使得佛教徒回鹘商人和穆斯林回回商人通过银（作为货币而使用的银和秤量单位）联系在一起。在喀喇汗朝出身的喀什噶里所处的时代，即 11 世纪中叶，邻国西州回鹘并没有流通银。在这之后的时代，喀喇汗朝被西辽征服后，西州回鹘也加入到西辽控制下。当然，此时中原更替为金朝。降至这一时期，来到中国的西方商人，不仅是佛教徒或聂斯脱利派的基督教西州回鹘商人，或许还混杂了一些西辽统治下的穆斯林商人。

［238］ 黑田氏虽然没有明言交钞是用钱结算的，不过其立场是毫无疑问的。这一点我通过私信获得了确认。另参见宫泽知之《宋代中国の国家と経済》，东京：創文社，1998 年，第 509～511 页；宫泽知之《元代後半期の幣制とその崩壊》，《鷹陵史学》第 27 号，2001 年，第 53～92 页。

［239］ 参考前注 216。特别是杉山正明《大モンゴルの世界　陸と海の巨大帝国》，第 274、275 页；杉山正明《クビライの挑戦　モンゴル海上帝国への道》，第 210、211、219、220、222、224 页；杉山正明《遊牧民から見た世界史　民族も国境も越えて》，第 334、342 页。

［240］Тенишев, Э. Р., Хозяйственные записи на древнеуйгурском языке; Clauson, G., A Late Uyğur Family Archive; 梅村坦《イナンチ一族とトゥルファン—ウイグル人の社会》。

［241］市丸智子《元代貨幣の貫文・錠両単位の別について——黒城出土及び徽州契約文書を中心として》，第 22、23 頁。

［242］松井太《モンゴル時代ウイグリスタンの税役制度と徴税システム》，第 98、99 頁。

［243］护雅夫《ウイグル文消費貸借文書》，西域文化研究会《西域文化研究 4 中央アジア古代語文献》，京都：法蔵館，1961 年，第 226 頁。

［244］对于交钞有两种观点，一种认为它是盐引的辅助货币，本质上是以银计价的可兑换纸币，另一种认为它是在铜币流通的基础上产生的。

［245］参见黑田明伸《貨幣が語る諸システムの興亡》，第 269～270 頁；黑田明伸《貨幣システムの世界史》，第 58 頁。

［246］务必参见本文并未论及的亦难赤家族冠婚葬祭账簿（参见 Тенишев, Э. Р., Хозяйств-енные записи на древнеуйгурском языке; Clauson, G., A Late Uyğur Family Archive；梅村坦《ウイグル文書 "SJ Kr. 4/638"：婚礼・葬儀費用の記録》）的具体实例。

［247］森安孝夫《ウイグルから見た安史の乱》，《内陸アジア言語の研究》第 17 号，第 117～170 頁，+2 图 片；Moriyasu Takao, Four Lectures at the Collège de France in May 2003. History of Manichaeism among the Uighurs from the 8th to the 11th Centuries in Central Asia（コレージュ＝ド＝フランス講演録）.

［248］森安孝夫《ウイグル＝マニ教史の研究》，第 176、177 頁。

［249］Trombert, E., The Demise of Silk on the Silk Road: Textiles as Money at Dunhuang from the Late Eighth Century, *JRAS*, 3rd ser. vol. 23, no. 2, p. 346.

Currency in the Eastern Section of the Silk Road: From Silk, Western Silver Coins and Cottonon to Silver Ingot

Moriyasu Takao[1]　Bai Yudong[2]　Li Ruochen[3] (Tra.)

Li Shengjie[2]　Bai Yudong[2] (Rev.)

(1. Osaka University　2. Institute of Dunhuang Studies,

Lanzhou University　3. Tōhoku University)

Abstract: This article discusses one end of the currency history of the 6th and 7th centuries to the 14th centuries in the Eastern Section of the Silk Roads. Except for the first 6th and 7th centuries, this history basically overlaps with the active period of the ancient Uighurs. Based on statistics and mastery of the Uighur secular texts left in the Turpan Basin by the Uighur people in the Xizhou Uighur period and the Mengyuan period, this paper aims to clarify the drastic changes in the currency of the Uighur Kingdom of Xizhou in the eastern center of the Silk Road in the 10th-14th centuries, and at the same time to throw out a brick to attract a jade on the economic history of the Eurasian silver movement.

In the Xizhou Uighur Kingdom to the Mengyuan Dynasty, the currency in Xinjiang was dominated by cotton cloth in the 10th and 11th centuries, occasionally called "Cottonon", and in the 13th and 14th centuries it was mainly based on silver, and the previous generation of cotton cloth was also used. This is further supported by the age of the Uighur script judged by the combination of font and format. During the Mengyuan era (or from the previous Western Liao era), Xinjiang was added to the overall silver movement of Eurasia. As a representative of international currency, interregional settlement currency, and large currency with interregional exchangeability, silver began to slowly invade the field where the official cloth had been serving as the local currency, and played the function of regional value measure.

The above facts about the silver movement of the Uighurs show that the silver economy, which covers all of Europe and Asia, was not formed by the Western European powers bringing silver from the New World, but had already taken shape in the Mengyuan era.

Keywords: Uighur Paperwork, Silk Horse Trade, Uighur Money, Cottonon, Silver

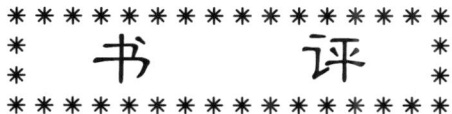

楼兰研究的新起点

——侯灿《楼兰考古调查与发掘报告》读后

姚崇新

（中山大学人类学系）

楼兰是汉魏时期重要的西域绿洲王国，地处西域丝路南道东端，在西域与中原王朝关系史以及东西方文化交流史上占有重要地位，因而颇受中外历史、考古、语言学界的关注。楼兰王国的消失，又与塔里木盆地的古气候环境的变迁有关，因而楼兰也是气候、环境、地理学界关注的重要课题。现代意义的楼兰地区的考古调查与发掘，始于西方探险者。1900 年，瑞典探险家斯文·赫定（Sven Hedin）首次对楼兰古城遗址进行了调查发掘；1906 年，英国考古学家斯坦因（Aurel Stein）又对楼兰古城遗址及其附近的墓葬进行了大规模的调查发掘；1909 年，日本大谷探险队的橘瑞超也对楼兰古城遗址进行了发掘；1914 年，斯坦因再入楼兰古城遗址发掘；1930、1933 年，作为中瑞西北科学考查团中方成员的黄文弼先生先后两次在罗布泊北端铁板河北岸的土垠遗址进行发掘，这也是我国学者首次在楼兰地区进行的考古活动；1934 年，中瑞西北科学考查团瑞方成员贝格曼（Folke Bergman）对孔雀河下游的"小河墓地"进行了发掘。此后，楼兰地区的考古活动中断了很长一段时间。

转机出现于 1979 年。是年，经中央有关部门批准，中央电视台与日本 NHK 电视台联合拍摄"丝绸之路"电视系列片，中央电视台即邀请新疆考古研究所协作，组成由王炳华为领队的考古队进入楼兰地区开展考古调查与发掘工作，侯灿为成员之一。这次的主要任务，一是确定楼兰古城的具体位置；二是寻找到一处早期墓地。1980 年，新疆考古工作者继续配合央视的电视片拍摄。这一年的楼兰考古，根据拍摄要求，分为东西两路。东路由穆舜英率领，自敦煌西行至楼兰；西路由吐尔逊、侯灿率领，由和硕直接进入楼兰。这是我国考古工作者首次对楼兰地区进行全面系统的考古调查与发掘。调查与发掘工作自 1980 年 3 月底开始，4 月下旬结束，考古队在极为恶劣的气候环境下，进行了为时近一个月的田野考古工作，取得了相当大的成果。田野工作结束后，侯灿先生即积极跟进后期整理与研究，早在 1987 年，侯灿先生就完成了本次考古调查与发掘报告的编写，即《楼兰考古调查与发掘报告》，但由于种种原因，报告的出版长期受阻，直到侯灿先生 2016 年去世时，仍未付梓，成为其终生遗憾。近年，在孟宪实、朱玉麒二位先生的共同努力和积极推动下，在凤凰出版社的大力支持下，《楼兰考古调查与发掘报告》终于于 2022 年 3 月正式出版。侯灿先生为报告的编写、出版耗费了大量心血，现在终于出版，他多年的夙愿终于得以实现，他的在天之灵也终于得以慰藉。该报告虽然迟到了三十多年，但仍未过时，因为此次调查与发掘仍然是迄今为止楼兰地区唯一的一次完全科学意义上的考古调查与发掘活动。

《楼兰考古调查与发掘报告》的顺利出版，首先得到了新疆师范大学的大力支持，2019 年 12 月，新疆师范大学黄文弼中心郑重接受了侯灿先生的遗稿，报告随即被纳入《新疆师范大学黄文弼中心丛刊》出版计划，进而得到中央财政支持地方高校改革发展专项资金的资助；其次也与出版方凤凰出版社的高度重视分不开，出版社在整理校勘文字、线图、图片方面付出了大量的辛勤劳动，从而也保证了出版的质量。

《楼兰考古调查与发掘报告》为十六开本精装，132 页＋59 幅彩色图版＋65 幅黑白图版。主要由正文、附录、图版三部分组成，书首有荣新江先生为本书作的序，书末有孟宪实先生撰写的《一部迟到的考古报告》一文作为"代后记"，书末另附张莉博士《楼兰未了情——侯灿先生未完成的楼兰研究写作计划》一文，介绍侯灿先生的楼兰研究写作计划大纲，兼及侯灿先生的治学理念和学术抱负。

正文共分六部分：1）工作经过。介绍工作缘起、田野工作概况、后期室内材料整理和报告编写等；2）古城遗迹。内容包括楼兰古城的位置与环境、古城结构与布局以及城郊遗迹等；3）采集与试掘的遗物。内容包括石器、陶器、木器、铜器、铁器、铅器、玻璃器、骨器、皮革制品、贝蚌珠饰、骨角器、粮食作物、钱币等；4）出土木简、纸文书及其考释。内容包括释官、释地、簿书、名籍、屯戍、廪给、器物、买卖、杂释、纸文书等；5）城郊墓地发掘。内容包括平台墓地、孤台墓地、XBM 墓等；6）结语。分三个时期进行归纳总结：关于史前文化时期、关于两汉时期、关于魏晋时期。

附录部分包括三个附录：附录一《碳-14 标本测定报告》；附录二《楼兰出土的大麦、小麦及小麦花的鉴定》；附录三《遗址采集与试掘文物表》《墓葬发掘清理文物表》。

综观整部报告，有以下几个突出特点。

第一个特点是对楼兰既往考古探察成果的充分掌握。

由于楼兰的早期考古探察活动主要是西方探险家主导的，所以相关成果大部分出自西方探险家之手，且有一定的数量。较重要的有斯文·赫定的《中亚与西藏》（*Central Asia and Tibet:Toward the Holy City of Lasa*）、《1899—1902 年中亚考察的科学成果》（*Scientific Results of a Journey in Central Asia 1899-1902*）、《罗布泊探秘》（*Lop-Nor*）、《我的探险生涯》（*My Life as an Explorer*），斯坦因的《沙埋契丹废址记》（*Ruins of Desert Cathay*）、《西域考古图记》（*Serindia: Detailed Report of Explorations in Central Asia and Westernmost China*）、《亚洲腹地考古记》（*Innermost Asia*）、《斯坦因西域考古记》（*On the Ancient Central Asian Tracks*），橘瑞超的《中亚探险》（一称《橘瑞超西行记》），贝格曼的《新疆考古记》（*Archaeological Researches in Sinkiang*），孔好古（August Conrady）的《斯文赫定在楼兰发现的汉文写本及零星物品》（*Die Chinesischen Handschriften und Sonstigen*

Kleinfunde Sven Hedins in Lou-Lan），沙畹（E. Chavannes）的《斯坦因在新疆考察所获汉文文书》（*Les Documents Chinois:Découverts par Aurel Stein dans Les Sables du Turkestan Oriental*），马伯乐（H. Maspero）的《斯坦因第三次中亚考察所获汉文文书》（*Les Documents Chinois de la Troisiéme Expédition de Sir Aurel Stein en Asie Centrale*），黄文弼的《罗布淖尔考古记》以及长泽和俊的《楼兰王国》等。

在阅读这部报告的过程中，笔者深深地体会到，侯先生在编写这部报告之前，花了大量的时间和精力来梳理和消化前人的楼兰研究成果。侯先生的外语并不是很好，但是如上所列，前人的相关成果绝大部分都是西文的，且涉及多种西文，这些西文著作在当时只有少数有中文译本，侯先生不畏艰难，克服了语言的障碍。在侯先生整理前人成果的过程中，得到过一些懂西文的学界朋友的热心帮助。但即便有人帮助侯先生翻译西文资料，获取这些资料也殊为不易。时值改革开放之初，国内获得国外学术资讯的途径极为有限，特别是西文学术资料的获取，在当时是非常困难的。可以想见，为了获取西方学者有关楼兰的资料，侯先生当时应该是想尽了各种办法。总之，侯先生对前期有关楼兰的考古调查与研究成果，包括楼兰史、考古报告、文书整理释读成果、探险纪实等的把握，以及对相关传世文献的把握，在当时的国内是无出其右的。

报告处处显示，侯先生对前人的成果是了然于胸的，对上列各种西文著作的内容熟悉到了信手拈来的程度，兹举二例以见一斑。例如，在提供了经他们重新核定的楼兰古城址的具体位置的经纬度数据之后，侯先生详细罗列了斯文·赫定、斯坦因等人测得的数据，以及日本学者长泽和俊后来所采用的数据，特别是对斯坦因不同著作中的数据差异也详细罗列，这些著作包括《沙埋契丹废址记》《亚洲腹地考古记》《斯坦因西域考古记》等（3—4 页）。再如，侯先生在回顾斯坦因在三间房及其周围遗迹的考古发现时，详细列出了沙畹和马伯乐整理的汉文木简的编号，并进一步查检。针对斯坦因对大垃圾堆的发现做的叙述，侯先生还发现斯坦因存在张冠李戴的问题（13—14

页）。如果不是对斯坦因的有关报告以及对上文所列沙畹、马伯乐的著作都非常熟悉，是发现不了这么细微的问题的。

侯先生对梳理消化楼兰既往考古探察成果的不遗余力，除了学术逻辑的客观要求之外，还隐含了侯先生的雄心和抱负，那就是与西方争夺话语权。用侯先生自己话说，就是要把这部报告打造成"拳头产品""核心产品"（参看报告所附张莉文）。具体而言，他想在完全吃透既往相关成果的基础上，力争利用此次考古所获新资料、新信息，得出更准确、更新的认识，从而扭转长期以来楼兰研究所呈现的西方一边倒的局面。此外，对前人成果的精准掌握，使得侯先生在编写报告时总是通过对比、比较的视角来呈现此次考古所获新资料、新信息的学术价值，既直观，又客观，使读者容易从总体上把握此次考古新收获的学术价值。

对以往西方人所做的工作、所做的判断全面地纠偏正误，是该报告的第二个特点。

由于侯先生对以往成果已充分掌握，所以纠偏正误得心应手。在报告中，揭瑕指谬不时出现，贯穿报告始终，因此可以认为，该报告是首次对以往西方探险成果中所存在问题的全面清理。要做到这一点，必须具备两个条件，一是作者必须对这些成果非常熟悉，二是作者必须重回考古现场，复盘当年西方探险家的田野工作。这两个条件侯先生都具备了，而且当时只有侯先生具备这两个条件。

由于指谬正误在报告中并不是个别情况，所以细心的读者只要稍微翻阅报告，便不难发现。大体而言，侯先生主要指出了西方探险家以下三个方面的问题：1）测量数据的误差；2）遗迹性质判断的失误；3）遗物及遗迹编号的张冠李戴、叙述不准确不全面。

对测量数据误差的纠正，兹举三例。一是对西方探险家所提供的楼兰古城址具体位置的经纬数据的纠正。关于楼兰古城址的具体位置，西方探险家提供的经纬度都存在一定程度的误差：斯文·赫定提供的经纬度数据为东经89°40′，北纬40°30′。斯坦因则有四组数据：东经89°55′，北纬40°31′；东经89°45′，北纬40°30′22″；东经 89°52′15″，北纬 40°31′15″；东经 90°06′，北纬 40°29′。另外，日本长泽和俊的数据为东经 89°50′53″，北纬 40°31′34″（3—4 页）。其混乱如此。楼兰古城址的具体位置，经侯灿先生他们的重新测量，核定为东经 89°55′22″，北纬 40°29′55″（3 页）。二是对西方探险家所提供的楼兰古城址总面积数据地纠正。按照斯坦因提供的测量线图计算，古城东面长 326.96 米，南面长 326.35 米，西面长 343.125 米，北面长 326.35 米，总面积为 109331.3 平方米（6—7 页）。侯先生的考古队以残存四面的城墙按复原线计算，作出了更准确的测量，测得的数据为东面长 333.5 米，南面长 329 米，西、北两面各长 327 米，总面积为 108240 平方米（6 页）。三是对斯坦因提供的孤台墓地数据的纠正。关于孤台墓地的范围，侯先生团队实测数据为长 43.4 米，宽 15.7 米（85 页）。但斯坦因所提供的墓地数据不但与侯先生团队的实测数据有差距，就连他的文字叙述和线图也存在较大差距。其文字表述为长约 56 码（约 51.24 米），宽约 32 码（约 29.29 米），而其所提供的该墓地的 LC 平面图，按比例尺计算，长约 50.3 米，宽约 20.3 米（85 页）。

　　对遗迹性质判断失误的纠正，兹亦举两例。一是古城东北的小佛塔。斯坦因认为这只是一个小土包，没有什么需要发掘的。可是经过侯先生的团队清理以后，发现环形台周围残留有五彩斑斓的佛像壁画，画风朴实，墨线勾勒，以土红为主色调，与斯坦因在米兰揭走的人首双翼像相类同。侯先生由此判断此遗迹应是一座佛塔，并根据佛塔壁画风格和塑像残段观察，推断其年代为西晋时期（19 页）。这在新疆早期佛教遗存中是不多见的，因此这座佛塔的发现，为研究丝绸之路南道东段佛教及佛教艺术的早期传播提供了很重要的资料，所以此处遗址性质的重新认定意义重大。二是古城西北郊的烽燧台。斯坦因原认定为一座废弃的佛塔，经侯先生的团队清理以后，从现存遗迹暴露的纵剖面观察，确定为烽燧台遗迹（19 页）。

　　最后需要补充说明的是，有一些遗迹的性质西方探险家并未作任何判断，侯先生则作出了准确的判断。如对三间房遗址附近的大垃圾堆遗迹的性质，斯坦因未做任何判断，侯先生敏锐地注意到，大垃圾堆所出简纸文书的内容与三间房所出简纸文书高度相似，而且从两地所出纪年文书来看，文书年代完全一致，因此侯先生十分肯定地判断，大垃圾堆出土的这些简纸文书，应是三间房官署中倾倒的废弃之物（14页）。

对遗物的张冠李戴错误的纠正，兹举一例。前文已经提及，斯坦因在大垃圾堆发现的汉文文书，经侯先生对斯坦因《西域考古图记》、沙畹《斯坦因在新疆考察所获汉文文书》所记、所载内容的反复勘检，发现斯坦因所记述的文书中，有部分文书并不是该地所出，而该地所出的文书却有遗漏，即如侯先生所说，"经我们查检745—746、759、777—779号文书并不属于这里所出，而是在LA. III. i的地方。从沙畹《斯坦因在新疆考察所获汉文文书》里的原始编号得知，斯坦因还漏掉了910—926、928—929号仍是出在这里的纸文书"（13—14页）。漏掉的这些文书，想必又被斯坦因安排到别的地方去了。对遗迹编号张冠李戴问题的纠正，亦举一例。经侯先生复检，发现斯坦因把三间房遗址的房间vi和vii，错编为x和xi了（13页）。对叙述不准确、不全面的补充，亦举一例。斯坦因在叙述孤台墓地的情况时说，更令他印象深刻的是，"墓穴中所表现出来的非常令人费解的混乱，其中大量被肢解了人骨和碎木板完全杂乱无章地混在一起"。但侯先生的考古队对一座未被斯坦因挖掘而保存完好的大型丛葬墓进行了清理，从清理情况来看，并不是如斯坦因所说的"非常令人费解的混乱"（86页）。可见斯坦因的叙述并不准确、并不全面，他所看到的很可能只是部分被盗扰过的墓葬的情况。

这样的纠偏正误工作，对后来的研究者而言，无疑是非常重要的。这一点毋庸赘言。

严谨细致是这部报告的第三个特点。

此次发掘是规范的、科学的考古发掘，田野工作做得更仔细，因此在斯文·赫定、斯坦因等人反复挖掘过且他们声称所有遗物都被彻底清理干净的地方，仍有收获，有些地方甚至有很大收获。如，考古队在斯坦因一再挖掘过的大垃圾堆遗迹上开挖探方一个，进行了清理，结果竟然又清出了残木简 60 枚，纸文书 1 枚，其中有绝对年号记载的木简 4 枚（14 页）；再如，考古队对斯坦因挖掘过的孤台墓地 iii 号墓重新进行了清理，又清出了不少遗物，特别是许多珍贵的丝毛棉织品（86 页）。因此如何将这些新收获精准、详细、客观地呈现给读者，考验着报告编写者的智慧。这部报告能够严格按照考古学的规范进行报告的编写，对遗迹遗物的处理，尽可能做到了精准、详细、客观，严谨细致，不忽细微。如对遗物信息有详细的披露，包括规格尺寸、造型特征等；对植物的重要发现，如大麦、小麦、小麦花等，提供了检测报告；对人骨标本也进行了检测；对遗物有详细的分类，比如将木器按用途分为建筑材料、生产用具、生活用具、木人以及其他木件等几大类，除木人类外，每一大类下又分若干个小类（36—41 页）。再如对纺织品类遗物的整理，其精细就达到了无以复加的程度。先将纺织品分为丝、毛、棉、麻四大类，再在大类下分若干小类，如丝织品依织制情况又分为锦、绢、絁三小类，毛织品依其织制和用途的不同，又分为毛布、毛毯、毛绳、毛辫带和毡制品等小类。不仅如此，还提供了每件标本每平方厘米的经线和纬线的根数，而且无论是采集品还是墓葬所出皆如此处理（52—53、96—101 页）。这样的工作，没有极大的耐心是无法完成的。

高标准是该报告的第四个特点。

这个高标准体现在侯先生在学术层面上有更高的追求。我们知道，常规考古报告的编写，只需做出客观的描述、提供客观的数据，最后适当作一些基本的判断和分析，基本上就完成了使命。但侯先生的这部报告，从严格意义上来讲，其实是"考古报告"＋"学术研究"。如果说"考古报告"主要是集体成果的反映，那么"学术研究"应是侯先生个人成果的反映。这也使得这部报告的写法跟传统的考古报告的写法有些不同，在报告的不少地方，都能看到侯先生结合新旧材料、新旧发现进行的分析和研判。在阅读过程中，笔者深深感受到，侯先生在报告编写的过程中，始终是边整理考古资料边思考问题，且始终围绕着楼兰的重大问题进行思考。因此报告的问题意识非常明显，问题导向非常清晰。因此这部报告里既有新发现，又有很多新见解。

比如，考古队在调查过程中十分注意城市的用水问题，以前来此的西方探险家如斯文·赫定、斯坦因等人都未注意此问题。考古队在城中发现了一条自西北向东南延伸的古水道遗迹，水道南北两端分别与城外的干河床相连接，侯先生判断，这应是解决城中居民生活用水而开凿的人工水道（8 页）。这既是此次考古的新发现，也是侯先生对有关楼兰的重大问题进行的关联性思考。城市用水问题，关涉楼兰古城的兴废，因此这一发现意义十分重大。再如，关于楼兰地区的史前文化，侯先生将前人的发现与此次考古所获石器文化标本进行比较后认为，楼兰遗址应当是石器时代孔雀河下游三角洲中人类活动的重要聚点。正如侯先生自己所说，这一认识对于研究楼兰王国的史前文化，具有十分重要的意义（104 页）。再如，侯先生根据此次考古所获人骨的体质人类学测定的结果，推测楼兰地区居民的欧罗巴人种成分与帕米尔塞克类型的居民之间存在着密切的种族系统学关系，同时指出，个别蒙古人种头骨的存在还说明，楼兰居民的人类学成分上，不是纯粹单一的欧罗巴人种民族。毫无疑问，这样的认识既有学术意义，又有现实意义（105 页）。再如，对这座古城的最后形制完成的时间，侯先生通过对楼兰古城所出简纸文书中有绝对纪年的数十枚文书的统计分析，认为这座古城的最后形制完成的时间应在曹魏两晋时期。这一认识对研究楼兰古城城建史及其兴废有重要意义（106 页）。再如，侯先生通过对古城遗址区出土的大量文物，特别是钱币中的五铢、贵霜王朝铜币以及非常精美的丝毛织物的综合观察，指出这里的确是古代东西方经济文化交流的中继城市，曾在古代"丝绸之路"上起过重要作用，特别是曹魏两晋时期，从而确立了曹魏两晋时期的楼兰在东西文化交流中的地位（105—106 页）。这无疑是这一问题的最新认识。楼兰古城的衰废问题也一直是侯先生思考的有关楼兰的重大问题之一，因此他一直在围绕此问题寻找相关线索，除寻找到城市用水的线索之外，侯先生还注意到，古城中出土的许多简纸文书，为分析古城的衰废提供了依据，因为不少文书中记录了当时不断缩减吏士口粮供应标准和耕地因干旱不能完成耕种任务的情况（108 页）。这无疑是侯先生发现的有关此问题的又一条重要线索。

综上所述，这部考古报告确实具有里程碑式的意义，可以作为未来楼兰学研究的新起点。因此相信随着时间的推移，其学术意义会不断显现出来。楼兰"有太多需要认识、研究的大大小小空间。唯其有鲜明、独特的个性，也就更具研究的价值。"（王炳华《我所亲历、了解的罗布卓尔考古碎片》，《澎湃新闻》2022 年 7 月 11 日）因此，相信随着此书的出版，使楼兰研究的空间更加广阔。

最后有两点建议，希望该书再版时予以考虑。一是存在少量西文拼写错误，希望再版时予以纠正。如第 4 页"Central-Asian"，应为"Central Asian"；第 10 页"Handschriftenund"应为"Handschriften und"；同页"Chinoisde"应为"Chinois de"。二是建议再版时在附录部分再增加一个"参考文献目录"，这更有助于读者全面把握这部报告对前期相关成果的掌握情况。另外，还存在个别错字，如第 1 页"屠国垒"应作"屠国壁"。

楼兰研究又一春
——《罗布泊考古研究》介评[*]

楼兰研究又一春
——《罗布泊考古研究》介评[*]

楼兰研究又一春
——《罗布泊考古研究》介评 [*]

韩树伟

（中共甘肃省委党校）

2022 年 1 月，陈晓露《罗布泊考古研究》由上海古籍出版社出版。这是继《楼兰考古》（兰州大学出版社，2014 年）之后的又一佳作。因笔者研究旨趣，通读了这两部著作，其中《罗布泊考古研究》利用考古学材料与传世文献资料，针对新疆罗布泊地区，从史前时期到中古时期最后被废弃这一长时段的人群与社会文化进行研究，对从事西域史、中西文化交流史研究的学者而言，无疑具有重要的意义。

学界关于罗布淖尔地区的历史、考古工作已有较多论述，如李青《古楼兰鄯善艺术综论》（中华书局，2005 年）结合实地考察，从多学科角度对该地区自远古至公元 6 世纪这一漫长历史时期的艺术发展状况、风格特征、文化源流、学术价值，以及对该地区艺术发展密切相关的民族关系、历史背景等作了综合性论述。夏训诚主编《中国罗布泊》（科学出版社，2007 年）分十四章探讨了罗布泊地区科学考察史、地质演化、荒漠地貌、干旱气候、土壤、植物、动物、水资源、环境变迁、盐壳、钾盐资源、生态保护与重建、古代人类活动、考察与探险回顾等。孟凡人《尼雅遗址与于阗史研究》（商务印书馆，2017 年）撷取新疆民丰县出土的佉卢文书探讨了古代尼雅遗址的相关历史故事。袁国映、袁磊撰《罗布泊》（世界图书出版公司，2017

---

* 本论文系国家社科基金西部项目"佉卢文文献所见汉晋鄯善国史研究"（项目编号：21XZS016）、国家社科基金青年项目"敦煌写本所见东西方文学交流研究"（项目编号：19CZW031）阶段性成果。

年）从自然地理、经济地理、历史地理、文化地理四个方面，图文并茂式地介绍了这一地区，有助于读者直观地了解罗布泊。侯灿《西域历史与考古研究》（中西书局，2019 年）是《高昌楼兰研究论集》（新疆人民出版社，1990 年）的升级版，内容更丰富、价值更高，其中第三部分围绕楼兰出土的木简和纸文书作了许多新的探索。然而长期以来，人们对这一地区历史文化遗存的综合研究、对这一地区在西域历史文化乃至中华文明多元一体格局形成进程中的作用与地位，缺乏全面的了解和深入探讨。《罗布泊考古研究》一书的出版，填补了这一重要学术研究领域的空白，是当前学术界对于罗布泊地区考古研究较为全面的学术总结，对罗布泊考古文化面貌、历史发展进程与文化交流状况进行了清晰的描述，对于认识该地区社会历史、社会生活具有重要的推动作用。兹就一些读后所思所想，不揣谫陋，撰成此文，不足之处，祈请作者及方家批评指正。

一

该著共七章。第一章《罗布泊地理环境与交通路线》有两部分，即《罗布泊地理位置与自然环境》和《罗布泊地区交通路线》。作者指出罗布泊在塔里木盆地东缘，史书中被称为"渤泽""盐泽""蒲昌海""牢兰海"等。"罗布泊地区"除了指代历史上的罗布泊湖盆及湖水曾漫及的地方外，还包括周边东抵北山、西邻塔克拉玛干沙漠、南到阿尔金山前山带、北抵库鲁克塔格的广大戈壁区域。罗布泊是塔里木盆地的最低点，每年 2—6 月盛行东北风，致使罗布泊北部的孔雀河下游龙城、楼兰古城一带形成了大片的雅丹地貌，史书中形容有"龙堆""白龙堆"。罗布泊也是塔里木盆地地表水和地下水的汇聚中心，塔里木河、孔雀河、车尔臣河是最主要的三条地表河流。由于罗布泊地区东望敦煌、北接哈密和吐鲁番、南依阿尔金山，西与塔里木盆地连成一片，是塔里木盆地东端的十字路口，因此地理位置显得格外重要。汉代在抵抗匈奴时，就出现了耳熟能详的"楼兰道"，自此之后，罗布泊地区是中原王朝经营西域的交通枢纽之一，这可以通过沿线的烽火台、"居卢仓"等遗址证明。作者提出，"罗布泊与楼兰实为汉代南北两道的分界点""南道应是主要的通行道路"（7页），对此笔者深表赞同，这里的"南北道"，即《汉书·西域传》中记载"自玉门、阳关出西域有两道。从鄯善傍南山北，波河西行至莎车，为南道；南道西逾葱岭则出大月氏、安息。自车师前王廷随北山，波河西行至疏勒，为北道；北道西逾葱岭则处大宛、康居、奄蔡焉"。"南山"指昆仑山，"北山"指楼兰与车师两地之间的库鲁克塔格山。

第二章《罗布泊史前考古文化》，内有《小河文化的面貌与年代》《小河文化人群的社会结构》《小河文化的经济发展状况》《小河文化的源流及与外界的联系》四部分。值得关注的是，对于小河文化的碳-14测年数据，学术界存在两种意见，一种是以王炳华先生为代表，认可这一技术手段和结果，另一种以肖小勇先生为代表，认为普遍存在偏早的问题，作者对第一种意见表示了赞同，并指出小河文化的主要年代大致为公元前2000—前1500年。小河文化主要分布在孔雀河下游，以三角洲地带最为集中，整体上看，小河文化处于物质相当匮乏的阶段，其社会结构的形式与生殖需要密切相关。从生产力角度来说，小河文化已经处于青铜时代，经济形态是畜牧业、农业为主，渔猎为辅。最引人注目的是，小河文化主体人群的体貌特征表现出明显的白种人特点。小河文化中有两个突出的特征，一是墓葬中出土有木质、石质小雕像，二是对麻黄的崇拜。小河文化大约在公元前1500年左右走向衰落。

第三章《罗布泊汉晋时期考古文化》，主要有《罗布泊汉晋墓葬的发现与分布》《罗布泊汉晋时期考古文化的变迁》《西域箱式木棺与文化交流》。作者先是对汉晋时期的罗布泊背景作了阐述，有助于深入了解考古发现的汉晋墓葬。这些墓葬，大多分布在尉犁县、若羌县、且末县，主要有斯坦因发现的LC、LF、LH墓地，20世纪30年代中瑞西北科学考查团发现的小河4号、6号、7号、米兰、孔雀河三角洲Grave34等墓地，1980年楼兰考古队清理的平台墓地、孤台墓地，楼兰彩棺墓、壁画墓、洞室墓，以及2014—2015年罗布泊综合考察中清理的营盘墓地、扎滚鲁克墓地、古大奇墓地、尼雅遗址，其中尼雅遗址格外引人注目，一般被认为是古代精绝国所在地。作者在论述罗布泊汉晋时期考古文化的变迁中，使用了三个时期，即楼兰王国时期、鄯善王国时期、鄯善王国后期，非常巧妙的将这一时期的文化变迁勾勒出来，同时将读者疑惑地一些问题解释地清晰明了，如交河沟西墓地一般被认为是车师人的遗存，车师本名姑师，原位于罗布泊沿岸，汉武帝元封三年（前 108 年）被赵破奴击败后，迁至吐鲁番盆地，改名车师（79 页）。西汉对楼兰的经营主要有四种方式：派遣使者、军事征伐、赐婚和亲、屯田戍边。鄯善王国前期，随葬品多以木器和汉式器物为大宗，如"一弓四失"、解注瓶、"王侯合昏千秋万岁宜子孙"织锦和"五星出东方利中国讨南羌"织锦等，反映了与中原文化的关系。又如该地区并未发现墓主人为汉人的墓葬，作者指出这与当时军屯实行更代制度以及人们告老还乡、回归故里的文化思想有关。在鄯善王国后期，尽管西域长史驻扎于楼兰，但这一时期的鄯善真正统一了塔里木盆地东南缘诸小国，侧面反映了中原军事势力在这一地区的减弱，而且这一时期出现了贵霜人的足迹与文化渗透，尼雅佉卢文反映了这一事实。笔者认为这一章内容翔实、考证缜密，最能代表作者的思想精髓与学术水平。

第四章《楼兰鄯善王国城址考古》，包含《城址发现与分布》《城址考古学特征分析》《城址的年代与性质》《伊循城的地望》。这章可以说是对学术界关于楼兰鄯善王国城址讨论的归纳与总结，并在这一基础上提出自己的见解。这些城址主要有：楼兰古城（LA、LE、LK、LL）、咸水泉古城、小河西北古城、麦德克古城、营盘古城、若羌且尔乞都克古城、孔路克阿旦古城、米兰古城、尼雅南方古城、安迪尔廷姆古城、圆沙古城等，从特征看，这些古城既有"西域土著城址"，如咸水泉古城、麦德克古城、营盘古城、尼雅南方古城和圆沙古城，又有"汉式城址"；从功能上看，这些古城主要有两类：一是出于军事防御性质的戍堡，二是兼具军事性质的政治管理中心。其中，楼兰 LA 古城被认为是魏晋时期西域长史官署遗址，咸水泉古城为楼兰城，小河西北古城为西汉卫司马治所，麦德克古城为姑师城，营盘古城为墨山城，且尔乞都克古城为鄯善都城扜泥城，尼雅南方古城为精绝城，安迪尔廷姆古城为"精绝都尉"所在地，圆沙古城为扜弥城，米兰古城是吐蕃占领时期的军事戍堡，学者疑似与汉代伊循城有关。有些城址的形状表现出弧形特征，这与防御风沙不无关系。据考证，有些城址规模与人口有关，户口数最多的是扜弥和鄯善，其次是山国和精绝（184页）。

第五章《罗布泊汉晋时期的日常生活》，分别论述了文字书写、建筑家具、生业饮食。从文书材料看，楼兰、尼雅等遗址不仅出土了汉文文书，而且还有佉卢文书，对于这一现象，作者指出罗布泊地区最先接受了汉字及其书写形式，而后当贵霜遗民进入此地后，因佉卢文相较于汉文更容易表达本地居民的语言，加上贵霜移民中有更多适合承担书写者角色的人，因此佉卢文最终被采纳，但统治者一直是本地人（215页）。笔者同意这一说法。

第六章《鄯善世俗佛教》，从鄯善佛教与酒、伎乐供养人与佛教仪式两个方面作了阐述。关于鄯善佛教世俗化，学界研究较多，并已形成一种共识，即鄯善僧侣不仅饮酒食肉，而且娶妻生子、置产敛财、奴役使婢。问题是为何会出现这一情况呢？作者认为，这与当地特殊的生态环境有关，饮酒能够滋养健身、抵御寒冷，集中心智研习佛法，而且酿酒是鄯善经济的重要来源之一，佉卢文书中就记载有酒库、酒税，同时鄯善佛教受到了中亚贵霜佛教的影响，他们认为佛教的极乐天堂就是饮酒作乐的极乐世界，很多壁画里面就有饮酒场面。这种分析似有一定的道理，值得参考。关于伎乐供养人，它不仅是对当时社会生活的史实记录，而且通过宏大的场面来吸引更多向往极乐世界的虔诚者加入到佛徒中来，另外这种现象与犍陀罗影响、本地居民能歌善舞积极乐观面对生活不无关系。

第七章《后鄯善时代的罗布泊》，主要围绕石城镇与弩支城、米兰吐蕃戍堡展开研究。如果说第二至六章是作者从考古学视角深入探讨罗布泊地区文化的话，那么第一、七章是从地理学、历史学和考古学的角度进行概述。和第一章一样，作者在第七章对石城镇、弩支城、米兰戍堡的来龙去脉，论述清晰明了，有助于读者对后鄯善时代的罗布泊地区的认识。

二

观以上内容，该著有以下特点和学术价值：

1）选题明确，有的放矢。作者针对新疆罗布泊地区，从考古学的视角，结合传世文献，论证该地区从史前时期到汉晋时期直至最后被废弃的这一长时段的人群与社会文化。作者从时、空二维角度研究这一地区，着实不易，因为很多史实并未被史书大量记载，所以长期处于扑朔迷离的神秘状态，像第二章《罗布泊史前考古文化》、第三章《罗布泊汉晋时期考古文化》就充分说明了这一点。通过考古学的方法对该地区进行探究，既有困难和挑战性，又有重要的价值和意义，是目前学术界对罗布泊考古最为全面的一本学术著作。

2）旁征博引，多元互证。不论是从该著的研究内容，还是先前出版的《楼兰考古》综合来看，作者征引史料丰富、全面、类型多样，非常重视学术史的总结梳理，这是该著资料运用上的最大特点。作者不轻率阐发自己的论点，而是注意全面搜罗诸家学说观点，体现了作者严谨求实的学术水平，这与作者的求学历程和学术素养分不开。作者从本科到博士均就读于北京大学考古文博学院，导师为林梅村先生，读博期间曾赴德国自由大学交流学习一年；做博士后转为教职，又在魏坚教授的指导下工作。这些优质的平台，给予了她难得的学习机会，受到了良好的考古熏陶。在《罗布泊考古研究》一书中，尽管有很多问题仍未能作最后定论，但对于研究方法的探讨和研究思路的模式，值得肯定。这方面更值得青年学者学习。

3）兼蓄诸说，视野宏阔。考古，离不开团队合作精神，如果没有国家项目经费的大力支持，没有众专家学者的精诚合作，仅凭一己之力，是做不出来重大的业绩和成果的。通过《罗布泊考古研究》《楼兰考古》两部著作，我们明显的能感受到作者重视学术史的总结梳理，对于前人研究以及她所在的考古团队取得的研究成果，充分的予以介绍，从不揽为己有，而且在阐述的过程中充满自信和包容，这充分体现了一代又一代考古学人传承下来的优良品质。

三

与所有精益求精的学术著作一样，该著难免存有一些瑕疵，但瑕不掩瑜。笔者试举几例并求教于作者：

1）关于人名斯文·赫定，前后尽量保持一致，见第 61 页与第 63、76、90 页便知。第 103 页"墓例 2"后漏"塔什库尔干"的"塔"。关于敦煌人氏"索劢（mài）"，该著全部写为"索励"，包括《楼兰考古》一书。第 199 页第二行"果然如此"，宜为"果真如此"，见第 204 页倒数第三行便知。第 282 页第八行"到唐玄宗大中二年（848）张议潮起事为止"中，"唐玄宗"应为"唐宣宗"。插图目录及出处，同《楼兰考古》一样，建议放在文末。

2）兼论《楼兰考古》：第 1 页脚注 2"中国社会科学出版社"应为"商务印书馆"。第 21 页脚注 3《中日日中共同尼雅遗迹学术调查报告书》第 3 卷的出版时间应为 2007 年。第 22 页第七行"断年"宜为"断代"。第 70 页倒数第六行末疑似多余空格。第 163 页倒数第一行"成己校尉"应为"戊己校尉"。第 188 页脚注倒数第三行"1992年"疑似有多余空格。

综上所述，《罗布泊考古研究》是近年来考古学、西域史、中西文化交流史研究领域一部具有新方法、新材料的高水平专著，有助于人们对罗布泊地区历史文化在中华文明多元一体格局形成进程中的作用与地位的认识，是当前学术界对于罗布泊地区考古研究较为全面的学术总结，值得学界广泛关注。我们也真诚地期待作者有更高质量的论著面世，以飨读者。

《丝绸之路考古》征稿启事

　　《丝绸之路考古》由中国考古学会丝绸之路考古专业委员会、西北大学文化遗产学院、宁夏文物考古研究所联合主办，主要刊发有关丝绸之路文物考古、历史、语言、民族、宗教、艺术等方面的学术论文及相关的学术著作书评（含译文），旨在加强学术交流，促进丝绸之路考古研究的发展。

　　《丝绸之路考古》2017年开始出版，目前已出版7辑。自2023年起，计划每年稳定出版2辑。现诚邀相关专家学者赐稿，中、英、日文稿件均可。为保证编辑工作的顺利进行，现将有关事项说明如下：

　　一、本书力求以专号的形式出版，每辑选取某个主题来集中发表相关文章。

　　二、本刊支持电子邮箱或纸质投稿。来稿请提交电子文本（包含论文、插图或照片）至：

　　JSRA2017@163.com，文末或邮件中请写明作者姓名、工作单位和职称、通讯地址和邮编、研究方向及联系电话。

　　来稿纸质本请寄至：

　　陕西省西安市长安区郭杜街道学府大街西北大学文化遗产学院《丝绸之路考古》编辑部（邮编：710119）。

　　电话：马老师13829740507　黎老师18629427812。

　　三、稿件内容在遵守国家相关法律法规的基础上，论文须主题明确，原创性突出；译文须得到原作者或相关责任者的授权；书评对象为国内外已经公开出版的正式出版物。

　　四、遵循学术争鸣原则，文责自负。编辑部有权对文字内容进行适当修改或提出修改意见，作者如不同意，请在投稿时予以注明。

五、来稿请勿一稿多投，并请遵守《丝绸之路考古》书写规范，正确引用。

六、论文电子版或纸本收到即发回执。《丝绸之路考古》编辑部负责组织审稿，审稿结果将在收稿后 3 个月内通知作者。一经采用出版，将向作者寄赠成书 2 册，抽印本 20 册，以及本年度出版另外一辑《丝绸之路考古》1 册，稿酬从优。

未尽事宜，请随时与我们联系，欢迎您的建议和批评！

《丝绸之路考古》编辑部

2023 年 4 月 20 日

《丝绸之路考古》稿件书写
格式及图片要求

一、《丝绸之路考古》将以简体中文字版发表（必须使用的繁体、异体、俗体字除外），电子版请使用与方正排版系统兼容的 WPS、Word 等软件。来稿字数不作限制。

二、来稿一律使用新式标点符号，除破折号、省略号占两格外，其他标点均占一格。中文书刊与论文题目均用《》括示，单书名号用〈〉括示，尤请海外作者注意。

三、标题采用黑体，行距为固定值 20 磅。一级标题为三号字，段前空 24 磅，段后空 6 磅；二级标题为小三，段前空 12 磅，段后空 6 磅；三级标题四号字段前空 12 磅，段后空 6 磅。各级标题分别用一、（一）、1、（1）排序。

四、正文采用小四号字、宋体，英文和阿拉伯数字采用 Times New Roman 体，行距为固定值 20 磅。注释用小五号字，单倍行距，段前段后无空行，悬挂缩进 1.5 字符。

五、第一次提及帝王年号，须加公元纪年，公元前纪年加"前"字；第一次提及外国人名、地名，须附原名。中国年号和古籍卷、叶数，用中文数字表示，如开元十五年、《旧唐书》卷一四八《李吉甫传》、《金石萃编》卷七八叶七正；其他公历和期刊卷、期、号、页等均用阿拉伯数字。

六、注释一律采用尾注方式。采用平角括号［1］，全篇连续编号。

如果是间接引用，注释号一般放于句号内，如：……的结果[1]。

如果是直接引用，则放在后双引号的外面，如："……的结果。"[1]

再次征引，用"作者＋文章名，第××页"或"作者＋书名，

第 ×× 页"格式，不用合并注号方式。

七、除廿四史点校修订本以及一些常用古籍可以略去著者信息外，一般引用古籍应标明著者、版本、卷数、页码或叶数；引用专书及新印古籍，应标明著者、章卷数、出版者及出版年代、页码；引用期刊论文，应标明期刊名、年代卷次、页码。

例一：（唐）张彦远《历代名画记》，浙江人民美术出版社，2011年，第 389 页。

例二：宿白《白沙宋墓》，文物出版社，1957 年，第 66 页。

例三：宿白《西安地区的唐墓形制》，《文物》1995 年第 12 期，第 41～49 页。

历史文献及研究文献引文，短引文可用引号直接引入正文，如果征引较长（一般超过三行），则另起段落。其格式：左右两侧缩进 2 个字符，首行缩进 2 个字符。

引用的研究文献，若有收在不同论著中，需注明首次发表的期刊或论著，及后来收录的论著，最后指明本论文所使用的该研究文献的文本依据。

引用西文论著，依西文惯例，书名、期刊名用斜体。如：

例一：David L. McMullen, The Death Rites of Tang Daizong, In: Joseph P. McDermott,(ed.), *State and Court Ritual in China*, Cambridge University Press, 1999, pp. 150-196.

例二：B. I. Marshak, The Sarcophagus of Sabao Yu Hong, a Head of the Foreign Merchants (592-98), *Orientations*, 2004, 35 (7), p. 59.

以上引用，再次出注时，可以省略版本、出版社、出版年代、期刊名、年代卷次等项。

八、论文应附中英文摘要及关键词，摘要字数限定在五百字以内，关键词五到七个。

九、文稿插图（照片及线图）要求高分辨率，线图为 jpg 或 tif 格式，像素不低于 600dpi，单幅图片大小 2～5MB。图片插入正文，并标注图片说明。图号用图一、图二……等表示，同一图中的子图号用阿拉伯数字 1、2、3……标明。投稿时请将所有图片及说明汇总并建立单独文件夹。引用网络文献需慎重，如确需引用，宜写明其详细来源，并下载图片所在网页一并汇总提交。